Strategisches Produktmanagement

Roman Pichler

Strategisches Produktmanagement

Produktstrategien und -Roadmaps für digitale Produkte und agile Teams

Übersetzung der 2. englischen Auflage von Stefan Zumbrägel

Roman Pichler
roman.pichler@romanpichler.com

Lektorat: Christa Preisendanz
Lektoratsassistenz: Julia Griebel
Übersetzung: Stefan Zumbrägel, Vechta
Copy-Editing: Ursula Zimpfer, Herrenberg
Satz & Layout: Birgit Bäuerlein
Herstellung: Stefanie Weidner, Frank Heidt
Umschlaggestaltung: Eva Hepper, Silke Braun
Druck und Bindung: mediaprint solutions GmbH, 33100 Paderborn

Bibliografische Information der Deutschen Nationalbibliothek
Die Deutsche Nationalbibliothek verzeichnet diese Publikation in der Deutschen Nationalbibliografie; detaillierte bibliografische Daten sind im Internet über *http://dnb.d-nb.de* abrufbar.

ISBN:
Print 978-3-86490-965-8
PDF 978-3-98890-080-7
ePub 978-3-98890-081-4
mobi 978-3-98890-082-1

1. Auflage 2023

dpunkt.verlag GmbH
Wieblinger Weg 17· 69123 Heidelberg

Autorisierte Übersetzung der englischen Originalausgabe mit dem Titel
»*Strategize: Product Strategy and Product Roadmap Practices for Agile Teams*«, 2nd Edition,
ISBN 978-0-9934992-4-1

Hinweis:
Dieses Buch wurde mit mineralölfreien Farben auf PEFC-zertifiziertem Papier aus nachhaltiger Waldwirtschaft gedruckt. Der Umwelt zuliebe verzichten wir zusätzlich auf die Einschweißfolie.
Hergestellt in Deutschland.

Schreiben Sie uns:
Falls Sie Anregungen, Wünsche und Kommentare haben, lassen Sie es uns wissen: *hallo@dpunkt.de.*

5 4 3 2 1 0

Vorwort

Fortschritt ist ohne Veränderung unmöglich, und diejenigen, die ihre Meinung nicht ändern können, können gar nichts ändern.

George Bernard Shaw

Ein erfolgreiches Produkt zu entwickeln, ist keine Frage des Glücks, kein Geniestreich und beruht auch nicht darauf, sich einfach nur genug Mühe zu geben. Auch wenn diese Faktoren zweifellos hilfreich sind, beginnt der Produkterfolg mit den richtigen strategischen Entscheidungen. Eine Herausforderung für viele Produktmanagerinnen und -manager, Product Owner und andere Produktverantwortliche ist, dass sie oft so sehr mit taktischen Maßnahmen beschäftigt sind – sei es das Schreiben neuer User Stories oder die Bearbeitung einer dringenden Supportanfrage –, dass sie manchmal den Wald vor lauter Bäumen nicht mehr sehen. Im schlimmsten Fall führen sie ihr Produkt auf den falschen Weg und landen im falschen Wald. Dann haben sie die falsche Strategie perfekt umgesetzt und stehen mit einem Produkt da, das unterdurchschnittlich abschneidet oder sogar zu einem Fehlschlag wird.

Warum Sie dieses Buch lesen sollten

Dieses Buch hilft Ihnen dabei, proaktiv zu agieren, die richtigen strategischen Entscheidungen zu treffen und diese in der Umsetzung zu nutzen, um die Chancen auf ein erfolgreiches Produkt zu maximieren. Es erklärt, wie Sie eine inspirierende Produktvision, eine erfolgreiche Produktstrategie und eine umsetzbare Produkt-Roadmap für digitale Produkte erstellen, die mit agilen Methoden entwickelt werden. Das Buch bietet eine breite Palette sorgfältig ausgewählter, bewährter Techniken und Werkzeuge, die sich gegenseitig ergänzen und unterstützen. Wenn Sie als Produktmanager:in, Scrum Product Owner, Produktportfoliomanager:in, Produktleiter:in oder Produktcoach arbeiten, dann ist dieses Buch genau das Richtige für Sie[1].

1. *Anm. d. Übers.*: Im weiteren Verlauf des Buches wird abwechselnd pro Kapitel die weibliche und die männliche Form verwendet. Wir hoffen, dass sich dadurch alle Leser:innen angesprochen fühlen. In Zitaten wird die Schreibweise wie angegeben übernommen.

Ein kurzer Leitfaden zu diesem Buch

Aufbau und Inhalt des Buches

Das Buch beginnt mit einer Einleitung, gefolgt von vier Kapiteln zur Produktstrategie und drei Kapiteln zu Produkt-Roadmaps. Obwohl man versucht sein könnte, direkt zu den Abschnitten zu gehen, die einen am meisten interessieren, empfehle ich, zuerst die Einleitung zu lesen. Darin werden zentrale Ideen vorgestellt, die die Grundlage für den Rest des Buches legen. Durch das Lesen der Einleitung erhalten Sie den Kontext, um die einzelnen Kapitel und Abschnitte richtig einzuordnen. Obwohl ich versucht habe, das Buch so zu schreiben, dass die Kapitel nur geringe Verbindungen untereinander haben, bestehen doch Abhängigkeiten zwischen ihnen. Vor allem die Roadmap-Kapitel bauen auf den Strategiekapiteln auf, da eine realistische und umsetzbare Produkt-Roadmap auf einer validierten Produktstrategie basieren sollte.

Bitte beachten Sie, dass dieses Buch weder eine Einführung in das Produktmanagement noch in agile Praktiken ist – es gibt viele andere gute Bücher, die Ihnen dieses Wissen vermitteln. Stattdessen gehe ich davon aus, dass Sie bereits mit zentralen Produktmanagementkonzepten und einem agilen Framework wie Scrum vertraut sind.

Quellen, Beispiele und verwendete Begriffe

Dieses Buch stützt sich, zusätzlich zu meinen eigenen Methoden und Vorlagen, auf eine Reihe von Ansätzen. Insbesondere sind hier Lean Startup, Customer Development, Design Thinking, die Blue-Ocean-Strategie, Business Modeling, Jobs to be done, User-Centred Design, Lean Management, Scrum und Kanban zu nennen. Ich habe jedoch darauf geachtet, die verschiedenen Konzepte, Techniken und Werkzeuge so zu kombinieren, dass sie zueinander passen und sich gegenseitig ergänzen.

Die meisten Beispiele in diesem Buch stammen aus dem Consumer-Bereich. Der Grund dafür ist einfach: Ich habe mich bemüht, Produkte zu verwenden, von denen Sie hoffentlich schon gehört haben. Die behandelten Praktiken sind jedoch auf nahezu jedes digitale Produkt anwendbar, auch auf B2B-Angebote. Die meisten meiner Ratschläge können Sie auch auf nicht digitale Produkte anwenden. Dafür müssen Sie eventuell einige der Praktiken anpassen und die softwarespezifischen Empfehlungen ignorieren.

Eine letzte Bemerkung: Um mögliche negative Assoziationen der Leserschaft mit Begriffen wie *Produktmanager:in* und *Scrum Product Owner* zu vermeiden, bezeichne ich in diesem Buch die Personen, die dafür verantwortlich sind, ein Produkt erfolgreich zu machen oder zu erhalten und den Wert, den das Produkt erzeugt, zu maximieren, als *Produktpersonen* (*Product People*).

Änderungen in der zweiten Auflage

Diese Auflage von *Strategize* (dt. Titel: *Strategisches Produktmanagement*) aktualisiert und verbessert die erste Auflage von 2016. Es wurden neue Konzepte und Materialien hinzugefügt, die Anzahl der Tipps erweitert, neue Beispiele und Illustrationen ergänzt, bestehende Inhalte erweitert und detailliert sowie die Buchstruktur vereinfacht. Ich glaube, dass das Buch dadurch noch besser geworden ist und die darin enthaltenen Empfehlungen leichter anzuwenden sind.

Danksagungen

Dieses Buch wäre ohne die Hilfe und Unterstützung vieler Menschen nicht möglich gewesen. Besonders dankbar bin ich meiner Frau Melissa Pichler, die mich bei der ersten und zweiten Auflage dieses Buches unterstützt hat, indem sie mit mir Ideen diskutiert und die Manuskripte durchgesehen hat. Ich möchte auch Petra Färm dafür danken, dass sie mir bei der Entscheidung über die Strukturierung der zweiten Auflage geholfen hat, und allen, die mir Feedback zur ersten Auflage gegeben haben, insbesondere Marc Abraham und Stefan Roock.

Inhaltsübersicht

1 Einleitung 1

2 Grundlagen der Produktstrategie 21

3 Entwicklung der Produktstrategie 55

4 Validierung der Produktstrategie 95

5 Überprüfung der Produktstrategie 119

6 Grundlagen der Produkt-Roadmap 133

7 Entwicklung der Produkt-Roadmap 145

8 Überprüfung der Produkt-Roadmap 173

9 Epilog 181

Anhang 183

Über den Autor 185

Über den Übersetzer 186

Literatur 187

Index 191

Inhaltsverzeichnis

1 Einleitung **1**

1.1 Ein Modell für Produktstrategie und Produkt-Roadmap 1

1.1.1 Die Bestandteile des Modells 2

1.1.2 Integration von verschiedenen Plänen und Planungsebenen 4

1.1.3 Strategische Planung, Agilität und OKRs 6

1.2 Befugnisse, Zusammenarbeit und strategische Entscheidungen 7

1.3 Vier Erfolgsfaktoren für ein Produkt 9

1.4 Ein Produktstrategieprozess 11

1.4.1 Zeitlich begrenzte Strategieentwicklung 12

1.4.2 Kontinuierliche Strategieentwicklung 14

1.5 Digitale Produkte und Produktstrategie 18

2 Grundlagen der Produktstrategie **21**

2.1 Was ist eine Produktstrategie? 21

2.1.1 Die Definition der Produktstrategie 22

2.1.2 Mit einer Produktstrategie beginnen 23

2.2 Denken Sie groß und beschreiben Sie Ihre Vision 24

2.3 Nutzen Sie die Geschäftsstrategie als Leitfaden für strategische Produktentscheidungen 27

2.4 Verstehen Sie den Innovationstyp Ihres Produkts 28

2.4.1 Innovationen im Kerngeschäft 30

2.4.2 Angrenzende Innovationen 30

2.4.3 Disruptive Innovationen 31

2.4.4 Zusammenfassung 33

2.5 Profitieren Sie vom Produktlebenszyklusmodell 34
2.5.1 Entwicklungsphase 37
2.5.2 Einführungsphase 39
2.5.3 Wachstumsphase 42
2.5.4 Reifephase 43
2.5.5 Rückgangsphase 46
2.5.6 Zusammenfassung 48
2.6 Arbeiten Sie mit den Stakeholderinnen und den Entwicklungsteams zusammen 49
2.6.1 Identifizierung der Interessengruppen 49
2.6.2 Stakeholder-Analyse und Engagement 49
2.6.3 Gemeinsame Workshops 52

3 Entwicklung der Produktstrategie 55
3.1 Segmentieren Sie den Markt 55
3.1.1 Segmentierung nach Kundeneigenschaften und Nutzen 56
3.1.2 Auswahl des richtigen Segments 57
3.2 Finden Sie einen Reiz, der es wert ist, gekitzelt zu werden 59
3.2.1 Die richtige Einstellung finden 60
3.2.2 Ein Bedürfnis entdecken 61
3.2.3 Verwendung von Empathie- und Konsumkettenkarten 62
3.2.4 Konkretisierung des Bedarfs 65
3.2.5 Auswahl eines primären Bedarfs 66
3.3 Beschreiben Sie Nutzer und Kunden mit Personas 67
3.3.1 Eine Persona-Vorlage 67
3.3.2 Tipps zur Erstellung effektiver Personas 69
3.4 Heben Sie Ihr Produkt hervor 70
3.4.1 Das Strategie-Canvas 70
3.4.2 Das Kano-Modell 73
3.4.3 Das Eliminate-Reduce-Raise-Create (ERRC)-Raster . . . 74
3.5 Erfassen Sie Ihre Strategie mit dem Product Vision Board 77
3.5.1 Lassen Sie sich von der Vision leiten 77
3.5.2 Konzentrieren Sie sich auf einen bestimmten Markt oder ein Marktsegment 78
3.5.3 Nennen Sie klar das Hauptproblem oder den Nutzen 78
3.5.4 Beschreiben Sie, was Ihr Produkt außergewöhnlich macht 79

3.5.5 Erfassen Sie die gewünschten Vorteile für das Unternehmen 80
3.5.6 Machen Sie Ihr Product Vision Board testbar 80
3.5.7 Erstellen Sie das Board in einem gemeinsamen Workshop 80

3.6 Ergänzen Sie Ihre Strategie mit einem Geschäftsmodell 81
3.6.1 Beispiele für Geschäftsmodelle 81
3.6.2 Erfassen des Geschäftsmodells 81
3.6.3 Verwendung des Geschäftsmodells zur Erstellung eines Business Case 83

3.7 Berücksichtigen Sie die ethischen Aspekte Ihres Produkts 84
3.7.1 Nutzer zuerst 84
3.7.2 Faires Geschäftsmodell 85
3.7.3 Richtige Design- und Technologieentscheidungen 85
3.7.4 Auswirkungen auf die Umwelt 86

3.8 Entwickeln Sie Varianten und entflechten Sie Ihr Produkt 86
3.8.1 Vorteile 87
3.8.2 Zu vermeidende Stolperfallen 88
3.8.3 Produktstrategie für Varianten und entflochtene Produkte 89

3.9 Nutzen Sie die Vorteile von Softwareplattformen 89
3.9.1 Vor- und Nachteile von Softwareplattformen 89
3.9.2 Plattform-Tipps 90

3.10 Erstellen Sie eine Produktgruppe 92
3.10.1 Vorteile 92
3.10.2 Zu vermeidende Stolperfallen 93

4 Validierung der Produktstrategie 95

4.1 Testen und korrigieren Sie Ihre Strategie iterativ 95
4.2 Führen Sie die minimal notwendige Vorarbeit durch 97
4.3 Beziehen Sie die richtigen Personen mit ein 98
4.4 Nutzen Sie Daten zur Entscheidungsfindung 99
4.5 Verwandeln Sie Misserfolge in Chancen 100
4.6 Verlassen Sie das Gebäude 102
4.7 Identifizieren Sie das größte Risiko 103
4.7.1 Wählen Sie das größte Risiko aus 105
4.7.2 Waschen, spülen und wiederholen 105

4.8 Wählen Sie die richtigen Validierungstechniken 106
4.8.1 Beobachten Sie direkt Nutzerinnen und Kundinnen 106
4.8.2 Führen Sie problemzentrierte Interviews durch 107
4.8.3 Verwenden Sie Produktattrappen 109
4.8.4 Bauen Sie Spikes zur Bewertung der technischen Machbarkeit 111
4.8.5 Verlassen Sie sich nicht auf eine einzige Methode und trennen Sie die Datenanalyse von der Datenerhebung 112
4.9 Umdenken, weitermachen oder aufhören 112
4.9.1 Überprüfen und analysieren Sie die Daten 112
4.9.2 Ergreifen Sie sie richtige Maßnahme 113
4.10 Planen und verfolgen Sie die Validierungsarbeiten 114
4.10.1 Legen Sie eine Timebox fest 114
4.10.2 Verwenden Sie ein Kanban-Board 115
4.10.3 Nutzen Sie Standup-Meetings und wöchentliche Reviews 116

5 Überprüfung der Produktstrategie 119

5.1 Wählen Sie die richtigen Leistungsindikatoren (KPIs) aus 119
5.1.1 Konzentrieren Sie sich auf Bedürfnisse, Geschäfts- und Produktziele 120
5.1.2 Verwenden Sie Gesundheitsindikatoren 120
5.1.3 Setzen Sie realistische Ziele 122
5.1.4 Kombinieren Sie quantitative und qualitative KPIs . . . 122
5.1.5 Profitieren Sie von Trends 123
5.1.6 Setzen Sie Spät- und Frühindikatoren wirksam ein . . . 123
5.1.7 Überprüfen und passen Sie regelmäßig die KPIs an . . . 124
5.1.8 Vermeiden Sie diese häufigen Fehler bei der Verwendung von KPIs 124
5.1.9 Eine Liste von Beispiel-KPIs 125
5.2 Überprüfen und aktualisieren Sie regelmäßig die Produktstrategie 127
5.2.1 Fünf Faktoren 127
5.2.2 Häufigkeit der Überprüfung 128
5.2.3 Vier Auswahlmöglichkeiten 129
5.2.4 Kombinierte Strategie- und Roadmap-Überprüfungen 130

6 Grundlagen der Produkt-Roadmap 133

6.1 Die Vorteile, die eine Produkt-Roadmap bieten kann 133

6.2 Nutzen Sie die Vorteile zielgerichteter, wirkungsorientierter Produkt-Roadmaps 135

6.3 Praktizieren Sie gemeinsames Produkt-Roadmapping 137

6.4 Bauen Sie Ihre Roadmap auf einer validierten Produktstrategie auf 138

6.5 Schaffen Sie das richtige Verhältnis zwischen Roadmap und Product Backlog 139

6.6 Unterscheiden Sie zwischen internen und öffentlichen Produkt-Roadmaps 140

6.7 Vermeiden Sie diese häufigen Fehler bei der Arbeit mit Roadmaps 141

6.7.1 Stakeholderinnen bestimmen die Inhalte der Roadmap 141

6.7.2 Die Roadmap wird als fester Plan angesehen 141

6.7.3 Die Roadmap ist spekulativ 141

6.7.4 Die Roadmap führt zu einem »Death March« 142

6.7.5 Die Roadmap enthält Epics und User Stories 142

6.7.6 Die Roadmap wird mit einem Releaseplan verwechselt 143

7 Entwicklung der Produkt-Roadmap 145

7.1 Unternehmen Sie die richtigen Schritte 145

7.2 Erfassen Sie Ihre Roadmap mit der GO-Vorlage 147

7.3 Legen Sie die richtigen Produktziele fest 148

7.3.1 Leiten Sie die Produktziele aus den Bedürfnissen und Geschäftszielen ab 148

7.3.2 Verwenden Sie KPIs zur Bestimmung der Produktziele 149

7.3.3 Verfolgen Sie nur ein Produktziel auf einmal 150

7.3.4 Verwechseln Sie Leistungsmerkmale nicht mit Zielen 150

7.4 Machen Sie die Ziele messbar 151

7.5 Priorisieren Sie die Produktziele 153

7.5.1 Semantische Abhängigkeiten 153

7.5.2 Verzögerungskosten (Cost of Delay) 154

7.5.3 Abhängigkeiten zwischen Produkten 155

7.6 Setzen Sie die Leistungsmerkmale auf der Roadmap richtig ein 156

7.7 Legen Sie Termine fest 158

7.7.1 Window of Opportunity 159
7.7.2 Gleichmäßiger Releaserhythmus 160

7.8 Schätzen Sie die Kosten top-down 161

7.8.1 Bottom-up vs. top-down 161
7.8.2 Flexibles Budget 162
7.8.3 Festes Budget und Entwicklungsteam 162

7.9 Halten Sie die Produktziele, Termine und Kosten im Gleichgewicht 163

7.9.1 Das eiserne Dreieck 163
7.9.2 Primärer Erfolgsfaktor 164
7.9.3 Sekundärer Erfolgsfaktor 165
7.9.4 Feste vs. sich ändernde Erfolgsfaktoren 166

7.10 Leiten Sie das Product Backlog von der Roadmap ab 166

7.11 Stimmen Sie verwandte Produkte mit einer Portfolio-Roadmap aufeinander ab 168

7.12 Nutzen Sie gemeinsame Workshops 169

8 Überprüfung der Produkt-Roadmap 173

8.1 Verfolgen Sie den Entwicklungsfortschritt 173

8.2 Überprüfen und passen Sie die Roadmap an 175

8.2.1 Überprüfungsfaktoren 175
8.2.2 Häufigkeit der Überprüfung 177

8.3 Beziehen Sie richtigen Leute mit ein und nehmen Sie die Einzelnen mit in die Verantwortung 178

9 Epilog 181

Anhang 183

Über den Autor 185

Über den Übersetzer 186

Literatur 187

Index 191

1 Einleitung

Wenn Sie nicht wissen, wohin Sie gehen, werden Sie irgendwo anders landen.

Yogi Berra

Meine erste Erfahrung im Produktmanagement war nicht gerade das, was man einen Erfolg nennen würde: Ich war Teil eines Teams, das hinzugezogen wurde, um bei der Entwicklung eines neuen Produkts zu helfen, und arbeitete schließlich mit dem Produktmanager zusammen, der das Produkt leitete. Obwohl ich dabei viel gelernt habe, ist das Produkt leider gescheitert. Aber ich habe daraus eine wichtige Lehre gezogen: Es hat keinen Sinn, sich über die Produktdetails Gedanken zu machen sowie Use Cases und User Stories zu schreiben, wenn eine solide Produktstrategie fehlt und keine umsetzbare Produkt-Roadmap vorhanden ist. Ich werde in diesem Kapitel zeigen, warum Strategie und Roadmap wirklich grundlegend sind.

1.1 Ein Modell für Produktstrategie und Produkt-Roadmap

Eine effektive Produktstrategie und eine Produkt-Roadmap sind entscheidend für die erfolgreiche Erstellung, Verbesserung und Betreuung eines Produkts. Aber was genau ist eine Produktstrategie und was ist eine Produkt-Roadmap? Wie hängen die beiden Konzepte zusammen? Und in welchem Verhältnis stehen sie zur Produktvision und zum Product Backlog? Um diese Fragen zu beantworten, habe ich ein Modell entwickelt, das in Abbildung 1–1 dargestellt ist.

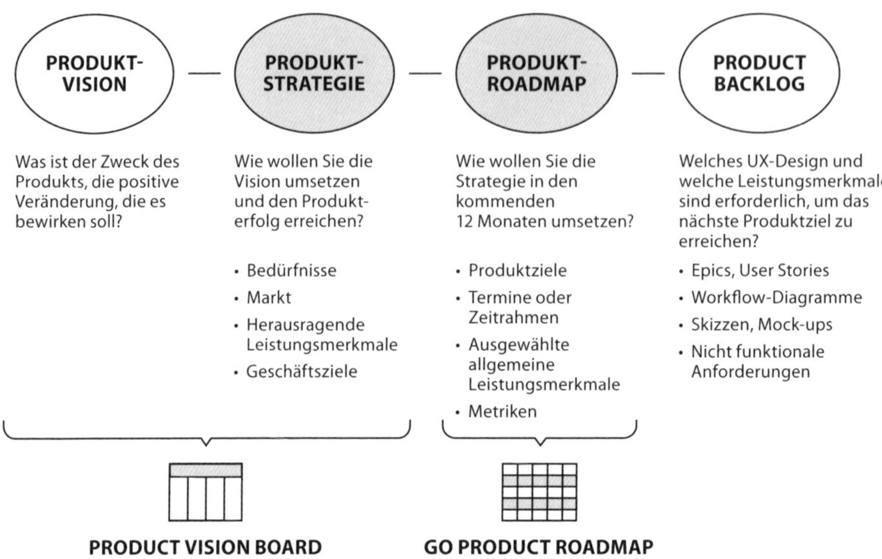

Abb. 1–1 *Ein Modell für Produktstrategie und Produkt-Roadmap*

In den nächsten Abschnitten werfen wir einen genaueren Blick auf das Modell und betrachten die darin enthaltenen Elemente und Verbindungen. Noch ein Hinweis: Die detaillierten Praktiken für die Arbeit mit den Artefakten in Abbildung 1–1 werde ich im weiteren Verlauf dieses Buches erörtern. Im Folgenden wird zunächst ein Überblick gegeben.

1.1.1 Die Bestandteile des Modells

Im Mittelpunkt des Modells in Abbildung 1–1 stehen vier Artefakte: die Produktvision, die Produktstrategie, die Produkt-Roadmap und das Product Backlog. Die *Produktvision* beschreibt den Zweck des Produkts, den ultimativen Grund für seine Erstellung und die positive Veränderung, die es bewirken soll. Man kann sich die Vision als den Nordstern des Produkts vorstellen, der alle am Produkterfolg Beteiligten leitet und ausrichtet. Dazu gehören die Stakeholder, der Sponsor aus dem Management und die Entwicklungsteams.[1]

1. Ich verwende den Begriff *Entwicklungsteam* in diesem Buch für eine funktionsübergreifende, selbstverwaltende Gruppe, deren Mitglieder ein digitales Produkt entwerfen, entwickeln, implementieren, testen, dokumentieren und bereitstellen.

Die *Produktstrategie* gibt die Vorgehensweise vor, mit der die Vision verwirklicht und das Produkt erfolgreich gemacht werden soll. Bei der Ausarbeitung einer Strategie müssen Sie vier wichtige Entscheidungen treffen:

- die Auswahl der Bedürfnisse, die das Produkt erfüllen soll,
- die Bestimmung des Marktes oder Marktsegments – welche Nutzer und Kunden sollen von dem Produkt profitieren –,
- die Auswahl von herausragenden Leistungsmerkmalen, die das Produkt von konkurrierenden Angeboten abheben, und
- die Festlegung realistischer Geschäftsziele, die die Vorteile beschreiben, die das Produkt für das Unternehmen schaffen wird.

Um diese Entscheidungen treffen zu können, müssen Sie zu anderen Ideen und Vorschlägen Nein sagen. Das kann zwar schwierig sein, ist aber ein notwendiger Bestandteil der strategischen Entscheidungsfindung. Ein Produkt, das versucht, es allen recht zu machen, läuft Gefahr, niemandem zu nützen. Des Weiteren muss eine neue oder stark veränderte Strategie *validiert* werden, um die Chancen auf einen Produkterfolg zu maximieren. Dies geschieht am besten durch eine systematische Auseinandersetzung mit den wichtigsten Annahmen und Risiken.

Mit einer validierten Produktstrategie sind Sie in einer hervorragenden Position, um eine umsetzbare Produkt-Roadmap zu erstellen. Die Roadmap beschreibt, wie die Produktstrategie in den nächsten sechs bis zwölf Monaten umgesetzt werden soll. Sie vermittelt, welche konkreten Vorteile von dem Produkt erwartet werden. Zudem gibt sie den Stakeholdern und Entwicklungsteams eine gemeinsame Ausrichtung und schafft dadurch Orientierung. Eine effektive Produkt-Roadmap baut auf *Produktzielen* auf, die die Ergebnisse beschreiben, die das Produkt erzielen soll, z.B. die Gewinnung neuer Nutzer sowie die Steigerung der Nutzerbindung.[2] Die Roadmap kann auch zusätzliche Elemente wie *Termine* oder *Zeitrahmen*, ausgewählte grob beschriebene *Leistungsmerkmale* und *Metriken* enthalten. Ein Datum oder ein Zeitrahmen gibt an, wann ein Ziel erreicht werden soll, die Leistungsmerkmale skizzieren das Ergebnis, das zum Erreichen eines Ziels erforderlich ist, und die Metriken helfen Ihnen zu verstehen, ob ein Ziel erreicht wurde.

Eine Produkt-Roadmap, die auf Produktzielen aufbaut, bietet eine hervorragende Grundlage für die Ableitung eines Product Backlog und die richtigen taktischen Produktentscheidungen. Sie können einfach das nächste Produktziel zusammen mit seinen Leistungsmerkmalen in das Backlog kopieren. Fügen Sie dann

2. In der ersten Auflage dieses Buches habe ich den Begriff *Releaseziele* anstelle von Produktzielen verwendet. Da aber nicht jedes Release notwendigerweise einen greifbaren Wert für die Nutzer und das Unternehmen schafft, z.B. ein kleineres Release zur Fehlerbehebung, habe ich den Namen geändert. Dies bringt den Begriff in Einklang mit meiner neueren Arbeit [Pichler 2022] und dem Scrum Guide 2020. Letzterer sieht die Produktziele als Teil des Scrum-Frameworks.

weitere Elemente hinzu, die zur Erreichung des Ziels erforderlich sind, z.B. Epics, User Stories, Workflow-Diagramme, Skizzen, Mock-ups und nicht funktionale Anforderungen (Non-Functional Requirements, NFRs).

Ergänzend zu den vier oben beschriebenen Elementen bietet mein Modell zwei Vorlagen, die ich erstellt habe: das *Product Vision Board* und die *GO*[3] *Product Roadmap*. Erstere hilft Ihnen, die Produktvision und -strategie zu erfassen. Letztere unterstützt Sie dabei, eine Produkt-Roadmap zu kommunizieren, die auf den Produktzielen und -ergebnissen basiert. Noch ein Hinweis: Selbstverständlich müssen Sie nicht unbedingt die Vorlagen verwenden, um die Vorteile des Modells in Abbildung 1–1 zu nutzen. Sie können auch Alternativen einsetzen, vorausgesetzt, dass Sie die Bedürfnisse und Geschäftsziele in Ihrer Strategie klar formulieren und mit einer wirkungsorientierten Roadmap arbeiten.

1.1.2 Integration von verschiedenen Plänen und Planungsebenen

Eine Produktstrategie und eine Roadmap zu haben, ist großartig. Doch wie stellen Sie sicher, dass die beiden Pläne systematisch miteinander sowie mit der Produktvision und dem Product Backlog verbunden sind? Mit dem Modell in Abbildung 1–1 wird dies auf folgende Weise erreicht: Die Vision gibt den Rahmen für die Strategie vor, die Strategie bildet die Grundlage für die Erstellung einer effektiven Roadmap und aus der Roadmap leitet sich schließlich das Product Backlog ab.

Mit jedem Schritt werden die Entscheidungen, die Sie treffen, konkreter, und übergeordnete Ziele werden in immer detailliertere und fokussiertere Ziele umgesetzt. Die Vision wird in Bedürfnisse und Geschäftsziele umgewandelt. Daraus werden Produktziele abgeleitet, die wiederum zur Ermittlung der richtigen Product-Backlog-Einträge führen. Außerdem werden die Zeiträume immer kürzer – von fünf bis zehn Jahren, die von der Vision abgedeckt werden, bis hin zu einem Product Backlog, das Elemente für die nächsten paar Monate enthält.

Das Modell suggeriert, dass die Produktplanung mit der Festlegung einer Vision beginnt. Die Verbindungen zwischen den Elementen sind aber *bidirektional*. Das bedeutet, dass größere Änderungen im Product Backlog zu Änderungen in der Roadmap führen können. So kann es sein, dass ein oder mehrere Ziele auf der Roadmap angepasst werden müssen oder dass die Termine und Zeitrahmen korrigiert werden müssen. In ähnlicher Weise können größere Aktualisierungen der Roadmap zu einer Änderung der Produktstrategie führen. Sie könnten beispielsweise feststellen, dass eines der Geschäftsziele unrealistisch ist, dass die Anforderungen angepasst werden müssen oder dass ein herausragendes Leistungsmerkmal überarbeitet werden muss. Wenn Sie am Ende keine validierbare Produktstrategie finden können, müssen Sie die Produktvision ändern oder im schlimmsten Fall aufgeben.

---

3. *Anm.d.Übers.*: GO steht für goal-oriented (an Zielen ausgerichtet) und beschreibt damit den Unterschied zu klassischen, an Funktionen ausgerichteten Roadmaps.

Strategie und Ausführung sind daher in dem Modell in Abbildung 1–1 systematisch miteinander verbunden. Strategische Entscheidungen setzen den Rahmen für die Umsetzung von Product-Backlog-Einträgen und die Erkenntnisse aus der taktischen Arbeit führen zu Änderungen an der Produkt-Roadmap und der Strategie. Dies gewährleistet konsistente Entscheidungen und vermeidet eine *Kluft zwischen Strategie und Ausführung*, bei der strategische und taktische Entscheidungen voneinander entkoppelt sind. Im schlimmsten Fall führt eine solche Kluft dazu, dass die Entwicklungsteams großartige Arbeit leisten und dabei das falsche Produkt entwickeln. Abbildung 1–2 veranschaulicht die Verbindung zwischen Strategie und Ausführung.

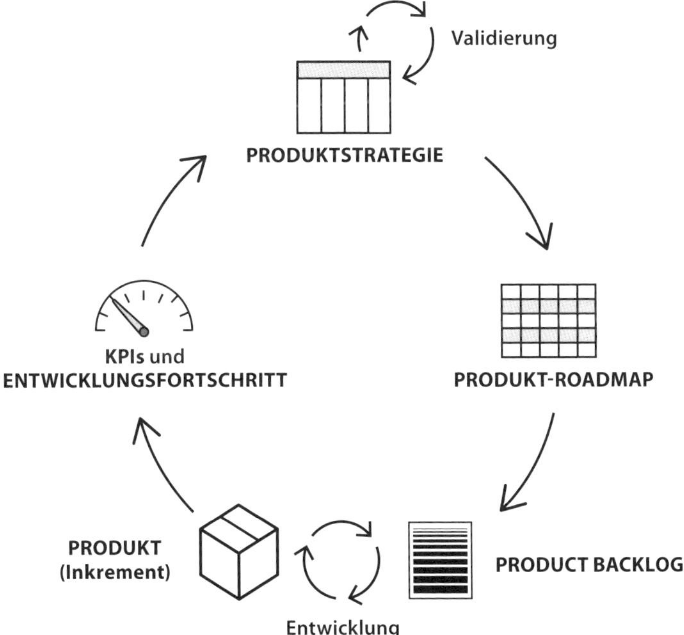

Abb. 1–2 *Der Produktstrategiezyklus*

Abbildung 1–2 zeigt, dass die strategische Arbeit die taktischen Produktentscheidungen beeinflusst. Die Erkenntnisse aus der Softwareentwicklung helfen Ihnen, die Produktstrategie und die Roadmap anzupassen. Aus einer validierten Produktstrategie wird die Produkt-Roadmap abgeleitet, die dabei hilft, die richtigen Product-Backlog-Einträge zu finden. Diese werden in Produktinkremente[4] und schließlich in ein Produkt umgewandelt. Ersteres ermöglicht es Ihnen, den Entwicklungs-

4. Ein *Produktinkrement* ist das Ergebnis eines Sprints. Es wird üblicherweise als funktionierende Software definiert, die getestet und dokumentiert wurde und ausgeliefert werden könnte. Sie können sich ein Inkrement als wiederverwendbaren Prototyp vorstellen, als Sprungbrett für ein neues Produkt oder eine neue Produktversion.

fortschritt zu bestimmen, z.B. mithilfe eines Release-Burndown-Charts. Mit Letzterem können Sie die Produktleistung anhand von Leistungskennzahlen (Key Performance Indicators, KPIs) wie Nutzerbindung, Umsatz und Kundenzufriedenheit messen. Die gesammelten Daten helfen Ihnen, die Strategie und die Roadmap zu überprüfen und die Pläne anzupassen bzw. weiterzuentwickeln.[5]

Beachten Sie auch die zwei kleineren Kreise im Diagramm: den einen für die Validierung, der anzeigt, dass die Produktstrategie am besten iterativ getestet wird, und den anderen für die Entwicklung, der zeigt, dass ein digitales Produkt in Sprints entwickelt werden kann.

1.1.3 Strategische Planung, Agilität und OKRs

Wenn ich das Modell aus Abbildung 1–1 erkläre, werden mir oft zwei Fragen gestellt: Unterstützt es eine agile Arbeitsweise? Und kann es mit Objectives and Key Results (OKRs) verwendet werden? Die kurze Antwort auf beide Fragen lautet: *Ja*. Ich teile Ihnen aber gerne auch die lange Antwort mit.

Das Modell bietet einen Rahmen für Agilität in zweierlei Hinsicht:

- Erstens geben die Produktstrategie und die Roadmap übergeordnete Ziele vor, aus denen die detaillierten Produktentscheidungen abgeleitet werden, ohne sie vorwegzunehmen oder vorzuschreiben. Stattdessen entstehen die Produktfunktionalitäten und das detaillierte Design der Nutzererfahrung während der Produktentwicklung mit einem agilen Framework wie Scrum.
- Zweitens werden die Produktstrategie und die Roadmap regelmäßig überprüft und aktualisiert. Dabei handelt es sich nicht um statische, starre Pläne, sondern sie entwickeln sich auf der Grundlage sich ändernder Marktbedingungen, Technologien und regulatorischer Anforderungen weiter. Zusätzlich wird in Abbildung 1–2 deutlich, dass die Erkenntnisse aus Produktvorführungen und der Auslieferung von Produktinkrementen an Nutzer und Kunden in die Strategie und die Roadmap integriert werden. Wie bereits erwähnt, können Änderungen im Product Backlog eine Aktualisierung der Roadmap nach sich ziehen, was wiederum zu einer Änderung der Produktstrategie führen kann. Mit anderen Worten: Der von mir vorgeschlagene strategische Planungsansatz unterstützt das empirische Management und die adaptive Planung.

---

5. Abbildung 1–2 bietet eine prozessorientierte Sicht auf das in Abbildung 1–1 dargestellte Modell. Sie ergänzt das Strategie- und Roadmap-Modell durch zusätzliche Elemente wie Produktinkrement, Produkt, Entwicklungsfortschritt und KPIs. Bitte beachten Sie jedoch, dass in Abbildung 1–2 einige der Verbindungen vereinfacht dargestellt sind, um die Beziehung zwischen Strategie und Ausführung deutlich zu machen. So zeigt die Abbildung beispielsweise nicht, dass größere Änderungen im Product Backlog eine Änderung der Roadmap auslösen können oder dass Daten zum Entwicklungsfortschritt zu einer Aktualisierung der Roadmap führen können.

Wenn Sie OKRs verwenden möchten, können Sie die Ziele in Abbildung 1–1 als Objectives betrachten. Es gibt vier Ziele:

- die *Vision*,
- die *Bedürfnisse*, die die Nutzer- und Kundenziele abdecken,
- *Geschäftsziele* und
- *Produktziele*.

Diese Ziele bilden eine kaskadenförmige Kette. Aus der Vision werden die Bedürfnisse und Geschäftsziele abgeleitet, aus denen wiederum die Produktziele.[6] Sie könnten beispielsweise die Produktziele als Objectives und die entsprechenden Termine, Messgrößen und Leistungsmerkmale als Key Results formulieren. Ich persönlich finde OKRs nicht gut geeignet, um Produkte zu managen und produktspezifische Ziele zu setzen. Der Grund dafür ist folgender: Die Verwendung von OKRs führt tendenziell zu einem eher textlastigen Ansatz. Das kann zu Dokumenten führen, die vergleichsweise lang und schwer verständlich sind. Das fühlt sich an, als würde man die Uhr in die 1970er-Jahre zurückdrehen, als Andy Grove die OKRs bei Intel erfand. Es ignoriert die Fortschritte, die in den letzten Jahren durch die Entwicklung spezieller visueller Produktmanagementtools wie meinem Product Vision Board und meiner GO Product Roadmap oder Alexander Osterwalders Business Model Canvas [Osterwalder & Pigneur 2014] erzielt wurden.

1.2 Befugnisse, Zusammenarbeit und strategische Entscheidungen

Um die Pläne effektiv zu nutzen, die Stakeholder auf eine gemeinsame Linie zu bringen und die Arbeit der Entwicklungsteams zu steuern, ist es wichtig, zu verstehen, was die Produktstrategie und die Roadmap sind und wie sie zusammenhängen. Aber das reicht nicht aus. Ohne das richtige Maß an Befugnissen besteht die Gefahr, dass die aktiven und meinungsstarken Stakeholder Ihre Strategie und Roadmap bestimmen und dass die Pläne in erster Linie auf deren Bedürfnisse und nicht auf die der Nutzer und Kunden ausgerichtet sind. Mit einem solchen Ansatz werden Sie jedoch kaum Erfolg mit einem Produkt haben. Im schlimmsten Fall haben Sie am Ende ein *Frankenstein-Produkt* – ein Produkt, das aus einer seltsamen Ansammlung von Leistungsmerkmalen besteht, am Markt kaum Akzeptanz findet und ein schlechtes Benutzererlebnis bietet. Als Produktperson müssen Sie für die

6. Das Modell in Abbildung 1–1 setzt die Hierarchie der produktbezogenen Ziele um, die ich in [Pichler 2022] vorschlage. Wie Sie die richtigen Bedürfnisse und Geschäftsziele ermitteln können, erkläre ich ausführlicher im Kapitel 3, und wie Sie aus den Bedürfnissen und Geschäftszielen Produktziele ableiten können, erörtere ich im Kapitel 7.

Produktstrategie und die Roadmap verantwortlich sein und Sie sollten das letzte Wort bei strategischen Entscheidungen haben.

Das heißt aber nicht, dass Sie die Strategie und die Roadmap allein erstellen müssen, die fertigen Pläne den Stakeholdern und Entwicklungsteams übergeben und erwarten, dass diese sie in die Tat umsetzen. Wie gut durchdacht Ihre Produktstrategie und Roadmap auch sein mögen, sie sind wertlos, wenn die Stakeholder und Entwicklungsteams sie nicht annehmen. Sie müssen sie daher in die Erstellung und Aktualisierung der Pläne einbeziehen, am besten in Form von gemeinsamen Workshops, wie ich später in diesem Buch näher erläutere. Solch ein kollaborativer Ansatz bietet die folgenden drei Vorteile:

- Erstens führt es zu besseren Entscheidungen, da Sie das Fachwissen der Stakeholder und der Mitglieder des Entwicklungsteams nutzen können.
- Zweitens schafft es Transparenz und ein gemeinsames Verständnis – die Leute wissen, was getan werden muss und warum eine Entscheidung getroffen wurde.
- Drittens wird eine größere Akzeptanz erreicht. Wenn Sie den Beteiligten die Möglichkeit geben, strategische Entscheidungen mitzugestalten, werden sie diese eher unterstützen und umsetzen.

Wenn Sie gemeinsam mit den Stakeholdern und Entwicklungsteams Entscheidungen treffen, sollten Sie eine Kultur der Offenheit pflegen und nicht an vorgefassten Meinungen festhalten. Hören Sie stattdessen den einzelnen Personen aufmerksam zu und würdigen Sie ihre Ideen und Bedenken, auch wenn Sie anderer Meinung sind. Machen Sie aber nicht den Fehler, es allen recht machen zu wollen, oder lassen Sie nicht zu, dass einzelne Personen dominieren. Suchen Sie stattdessen nach einer Entscheidung, die den Wert Ihres Produkts maximiert und die größtmögliche Unterstützung erhält.

Einen Mangel an Befugnissen überwinden

Wenn Sie derzeit nicht über die Produktstrategie und Roadmap verfügen können und nicht befugt sind, strategische Produktentscheidungen zu treffen, sollten Sie die folgenden drei Tipps beachten:

1. Erweitern Sie Ihr Fachwissen über Produktstrategie und Roadmaps. Dazu gehört, dass Sie in der Lage sind, eine Produktstrategie zu erstellen, zu validieren und daraus eine Produkt-Roadmap abzuleiten – etwas, das Sie in diesem Buch lernen werden. Andernfalls wird es Ihnen schwerfallen, das Vertrauen der Stakeholder zu gewinnen und Führung zu übernehmen.

2. Stärken Sie Ihre Führungsqualitäten und Ihre Fähigkeit, andere zu beeinflussen. Dazu gehört, dass Sie sich im aktiven Zuhören üben und konstruktiv mit Meinungsverschiedenheiten und Konflikten umgehen, wie ich in meinem Buch *Leadership im Produktmanagement* [Pichler 2022] näher erläutere.
3. Setzen Sie sich für mehr Befugnisse ein und sprechen Sie mit den verantwortlichen Entscheidungsträgern in der Organisation. Erklären Sie den Personen, warum Befugnisse eine Voraussetzung für den Produkterfolg sind. Ihr Scrum Master oder Agile Coach kann Ihnen dabei helfen, da es zu seinen Aufgaben gehört, den Rahmen für organisatorische Veränderungen zu schaffen. Dazu zählt auch die Einrichtung eines effektiven Produktmanagements.

1.3 Vier Erfolgsfaktoren für ein Produkt

Das ultimative Ziel der Erstellung einer Produktstrategie und einer Produkt-Roadmap ist ein *nachhaltiger* Produkterfolg. Sie möchten sicherstellen, dass Ihr Produkt seinen Nutzern und Kunden einen guten Dienst erweist und kontinuierlich einen Mehrwert für das Unternehmen schafft. Der Erfolg eines Produkts lässt sich zwar nicht auf eine einfache Formel reduzieren, aber es gibt vier Faktoren, die einen großen Einfluss darauf haben. Diese sind: Attraktivität, Machbarkeit, Rentabilität und Ethik, wie in Abbildung 1–3 dargestellt.

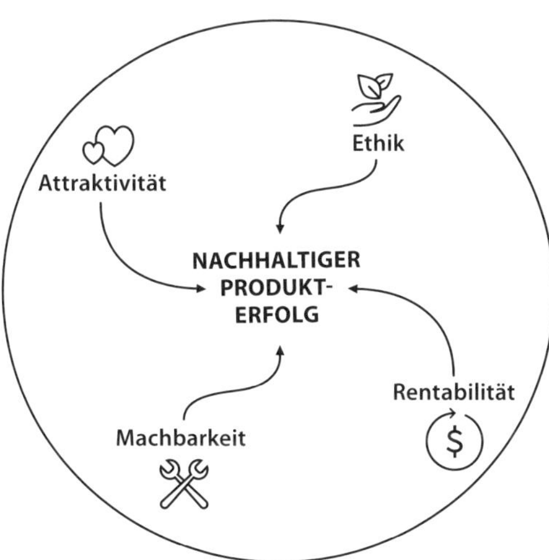

Abb. 1–3 *Die vier Erfolgsfaktoren für ein Produkt*

- Die *Attraktivität* ist wahrscheinlich der wichtigste Faktor. Wenn die Menschen ein Produkt nicht brauchen oder benutzen wollen, wird es scheitern. Um attraktiv zu sein, muss ein Produkt ein bestimmtes Problem lösen oder einen greifbaren Nutzen bieten. Ein Beispiel für Ersteres sind die AirTags von Apple, die Menschen helfen, ihre Schlüssel und andere verlegte Gegenstände wiederzufinden. Für den anderen Ansatz steht Sonos, ein kabelloses HiFi-System, das den Musikgenuss durch einfachen Zugang zu einer Reihe von Streaming-Diensten ermöglicht. Aber ganz gleich, ob ein Produkt ein Problem löst oder einen Nutzen bietet, es muss einen Mehrwert für seine Nutzer schaffen – oder es ist dem Untergang geweiht.
- *Machbarkeit* bedeutet, dass es möglich ist, das Produkt zu entwerfen und zu bauen. Die erforderlichen Technologien existieren also oder können entwickelt werden. Außerdem sind genügend Mitarbeitende mit den richtigen Fähigkeiten verfügbar oder können eingestellt werden. Wenn die Entwicklung des Produkts beispielsweise fortgeschrittene Algorithmen des maschinellen Lernens erfordert, müssen Sie sicherstellen, dass geeignete Frameworks für das maschinelle Lernen existieren oder entwickelt werden können.
- *Rentabilität* bedeutet, dass die Entwicklung und Bereitstellung des Produkts aus wirtschaftlicher Sicht rentabel ist. Das Produkt muss also genügend geschäftlichen Nutzen bringen, um die Ausgaben dafür zu rechtfertigen. Dazu können die Generierung von Einnahmen, die Senkung von Kosten, die Steigerung der Produktivität und die Stärkung der Marke gehören. Beispiele für Produkte, die Einnahmen generieren, sind die Google-Suche, die durch Werbung Geld einbringt, und Microsoft Word, das durch Abonnements (als Teil der Office-Suite) finanziert wird. Demgegenüber stehen Produkte wie der Google Chrome-Browser und Microsoft Edge, die den Unternehmen andere Vorteile bieten. Sie ermöglichen den Unternehmen die Kontrolle darüber, wie die Nutzer auf das Internet zugreifen, binden sie an ihr jeweiliges Ökosystem und erhöhen die Wahrscheinlichkeit, dass sie mit umsatzgenerierenden Angeboten interagieren.
- Die *Ethik* schließlich besagt, dass ein Produkt den Menschen und dem Planeten keinen Schaden zufügen darf. Es darf das psychische Wohlbefinden der Menschen nicht beeinträchtigen, indem es sie beispielsweise süchtig macht oder Inhalte anbietet, die Fehlinformationen, Selbstverletzung oder Gewalt fördern. Außerdem trägt ein ethisches Produkt nicht negativ zum Klimawandel bei und schadet der Umwelt nicht durch die Art und Weise, wie es entwickelt, bereitgestellt und – falls es Hardware enthält – hergestellt, geliefert und entsorgt wird. Um dies zu erreichen, müssen Sie ein Geschäftsmodell wählen, das für alle Beteiligten fair ist, und ethisch vertretbare Design- und Programmierent-

scheidungen treffen, z.B. indem Sie die Verwendung von »Dark Patterns«[7] vermeiden und Verzerrungen beim maschinellen Lernen abmildern, wie ich später in diesem Buch näher erläutern werde.

Eine kurze Geschichte der vier Erfolgsfaktoren

Die ersten drei Faktoren – Attraktivität, Machbarkeit und Rentabilität – wurden ursprünglich von Tim Brown in seinem Buch *Change by Design* vorgeschlagen. Er beschreibt sie als konkurrierende Zwänge, die ausbalanciert werden müssen, um erfolgreich Innovationen einzuführen. Wie Brown feststellt, könnte dies jedoch dazu führen, dass »verlockende, aber im Grunde bedeutungslose Produkte entwickelt werden, die für die örtliche Mülldeponie bestimmt sind – und die Menschen dazu verleiten, mit Geld, das sie nicht haben, Dinge zu kaufen, die sie nicht brauchen, um Nachbarn zu beeindrucken, die sich nicht dafür interessieren« ([Brown 2009], S. 20). Die Auswirkungen, die digitale Produkte auf die psychische Gesundheit der Menschen haben können, machen es meines Erachtens zwingend erforderlich, die Ethik als vierten Erfolgsfaktor hinzuzufügen. Auf der positiven Seite erhöht ein ethisches Produkt die Chancen auf einen dauerhaften Produkterfolg und verringert das Risiko, dass die Reputation des Unternehmens leidet.

1.4 Ein Produktstrategieprozess

Um die richtigen strategischen Produktentscheidungen zu treffen, müssen Sie in der Regel Daten sammeln und neues Wissen erwerben. Möglicherweise müssen Sie mit potenziellen Nutzern sprechen, eine Wettbewerbsanalyse durchführen und geeignete Technologien untersuchen – um nur einige der üblichen Aufgaben zu nennen. Diese Arbeit muss geplant und gemanagt werden, und dazu ist es von Vorteil, den richtigen Prozess zu etablieren. Es gibt zwei Arten von Prozessen: die zeitlich begrenzte und die kontinuierliche Strategieentwicklung.

7. *Anm. d. Übers.*: Der Begriff »Dark Patterns« steht für Techniken, die darauf ausgelegt sind, Nutzer von digitalen Produkten (z.B. Onlinedienste oder soziale Netzwerke) zu Handlungen zu animieren, die eigentlich nicht in ihrem Interesse sind oder sogar negative Konsequenzen haben. Beispiele sind getarnte Werbung, zeitlicher Druck beim Kauf oder wenn ungefragt Produkte in den Warenkorb gelegt werden.

1.4.1 Zeitlich begrenzte Strategieentwicklung

Immer wenn Sie ein neues Produkt entwickeln oder ein bestehendes Produkt in größerem Umfang verändern, empfehle ich Ihnen, einen entsprechenden Innovationsprozess anzuwenden, wie er in Abbildung 1–4 dargestellt ist.

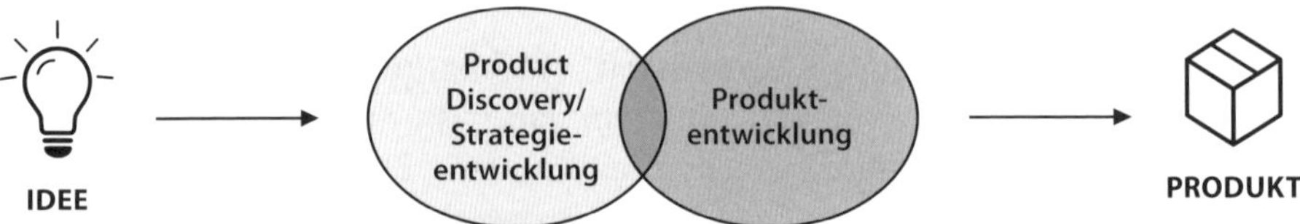

Abb. 1–4 *Innovationsprozess mit zeitlich begrenzter Strategieentwicklung*

Dieser Prozess besteht aus zwei Gruppen von Aktivitäten, der Product Discovery[8]/ Strategieentwicklung und der Produktentwicklung. In der ersten Gruppe wird festgelegt, ob und warum das Produkt entwickelt wird. Dies kann die Beobachtung und Befragung von Nutzern, die Entwicklung und Erprobung von Prototypen und die Erforschung des Geschäftsmodells, das dem Produkt zugrunde liegt, erfordern. Die Ergebnisse umfassen eine validierte Produktstrategie, eine umsetzbare Produkt-Roadmap und ein erstes Product Backlog sowie ein valides Geschäftsmodell, ein übergeordnetes Designkonzept für die Nutzererfahrung (User Experience, UX) und einen groben Entwurf der Softwarearchitektur.

In der zweiten Gruppe von Aktivitäten wird festgelegt, wie das Produkt aussehen und funktionieren soll und wie es entwickelt werden muss. Dabei geht es darum, das richtige UX-Design und die richtige Funktionalität zu ermitteln und umzusetzen sowie die richtigen technischen Entscheidungen zu treffen. Wenn Sie einen Scrum-basierten Entwicklungsprozess verwenden, werden Sie Produktin-

8. Ich benutze den Begriff *Product Discovery*, um auf Arbeit zu verweisen, die darüber entscheidet, ob und warum ein neues Produkt entwickelt werden soll und wie ein bestehendes Produkt erfolgreicher werden oder erfolgreich bleiben kann. Dies schließt die Entwicklung eines brandneuen wie auch die Weiterentwicklung eines bestehenden Produkts mit ein. Es beinhaltet strategisch relevante Aufgaben wie die Bestimmung von Wertbeitrag, Zielgruppe, Alleinstellungsmerkmalen und Geschäftszielen sowie auch die Erstellung oder Aktualisierung einer Product Roadmap, die kommuniziert, wie die Strategie sehr wahrscheinlich umgesetzt wird und wie sich das Produkt vermutlich entwickeln wird.

   Die Durchführung dieser Arbeit erhöht die Wahrscheinlichkeit, dass ein Produkt entwickelt wird, das die Benutzer wollen und brauchen. Cagan schlägt vor, dass dies die Beantwortung der folgenden vier Fragen beinhaltet (siehe [Cagan 2018], S. 27): Werden die Menschen das Produkt nutzen oder kaufen? Können die Nutzer herausfinden, wie es zu verwenden ist? Können die Entwickler es bauen? Können und wollen die Stakeholder das Produkt unterstützen? Wie diese Definition zeigt, können Product Discovery und Strategiearbeit als weitgehend identisch angesehen werden.

kremente frühzeitig und häufig mit ausgewählten Nutzern testen, indem Sie ihnen z. B. Demos von der Software zeigen oder ausliefern. Auf diese Weise lernen Sie aus deren Feedback, passen das Produkt während der Entwicklung an und maximieren die Chancen, ein Produkt zu entwickeln, das seinen Nutzern einen guten Dienst erweist.

Noch ein Hinweis: In Abbildung 1–4 werden Product Discovery/Strategie und Produktentwicklung als sich überschneidende Aktivitäten und nicht als getrennte Phasen dargestellt. Der Grund dafür ist: Einige Entwicklungsaufgaben, wie z. B. der Entwurf der Benutzeroberfläche und der Architektur, sind oft Teil der anfänglichen Arbeit. So können Sie Risiken angehen, die mit der Attraktivität und Machbarkeit des Produkts zusammenhängen. Außerdem wird die Entwicklungsarbeit vorbereitet und macht so einen Vorbereitungs-Sprint oder Sprint 0 überflüssig. Achten Sie jedoch darauf, dass Sie nicht den Fehler machen, einen vollständigen Entwurf im Vorfeld (»Big Design Up Front«, BDUF) durchzuführen. Kümmern Sie sich nur um die wichtigsten UX- und Architekturrisiken und treffen Sie die meisten Design- und Implementierungsentscheidungen erst dann, wenn das eigentliche Produkt entwickelt wird.

Da es schwierig ist, genau vorherzusagen, wie viel Zeit benötigt wird, um die notwendigen Arbeiten abzuschließen sowie eine validierte Produktstrategie und eine umsetzbare Roadmap zu erstellen, empfehle ich die Verwendung eines festen Zeitraums (Timebox), in dem die Arbeiten abgeschlossen werden müssen. Ihr Ziel sollte es sein, *gerade so viel* Product-Discovery- und Strategiearbeit zu leisten, dass Sie die Pläne erstellen und eine fundierte Go/No-go-Entscheidung über die Entwicklung des eigentlichen Produkts treffen können. Wenn Sie sich nicht sicher sind, wie groß die Zeitspanne sein muss, beginnen Sie mit einem Monat und führen Sie wöchentliche Review-Meetings mit den relevanten beteiligten Personen durch, um den Fortschritt zu bewerten, wie ich es im Kapitel 4 näher erläutern werde.

Zu guter Letzt, vergessen Sie nicht, die wichtigsten Stakeholder und Mitglieder des Entwicklungsteams in die Strategieentwicklung einzubeziehen. Es kann zwar hilfreich sein, wenn das gesamte Entwicklungsteam an den Aktivitäten teilnimmt, oft reicht es jedoch aus, das Team zu bitten, drei Personen zu benennen: eine Person mit den passenden UX-Fähigkeiten – vorausgesetzt, das Produkt ist für den Endbenutzer bestimmt –, eine Person mit den entsprechenden Architektur- und Technologiekenntnissen und eine Person, die über die richtigen Qualitätssicherungskenntnisse verfügt. Auf diese Weise können Sie die wichtigsten Risiken für das Benutzererlebnis und die Technologie betrachten, einschließlich der Verfügbarkeit der entsprechenden Entwicklungs- und Testtools.

Design Thinking und zeitlich begrenzte Strategieentwicklung

Wenn Sie sich für Design Thinking interessieren, fragen Sie sich vielleicht, ob Sie Design-Thinking-Konzepte verwenden können, um die in Abbildung 1–4 gezeigte Strategiearbeit durchzuführen. Bevor ich diese Frage beantworte, möchte ich kurz darauf eingehen, was Design Thinking ist. Der Ansatz lässt sich als eine Reihe von fünf Aktivitäten oder Phasen beschreiben, die gemeinhin als *Verstehen, Definieren, Ideenfindung, Prototyping* und *Testen* bezeichnet werden.

Die erste Aktivität hilft Ihnen zu verstehen, wer Ihre Nutzer sind und was diese brauchen, indem Sie sie zum Beispiel beobachten und Interviews durchführen. Im zweiten Schritt wird das spezifische Problem der Nutzer definiert, das Sie lösen wollen. In der dritten Phase entstehen Ideen für mögliche Lösungen, die in der vierten Phase in einfache Prototypen umgesetzt werden. In der letzten Phase werden die Prototypen mit ausgewählten Nutzern getestet, um einen Ansatz zu finden, der wahrscheinlich zu einem erfolgreichen Produkt führen wird.

Beachten Sie, dass die Aktivitäten in der Regel nicht sequenziell durchgeführt werden. Stattdessen kann es vorkommen, dass Sie in einer Schleife zu einer früheren Phase zurückkehren. So könnte man beispielsweise in der Prototypenphase feststellen, dass keine der Lösungsideen positives Feedback von den potenziellen Nutzern erhält. In diesem Fall müssen Sie zur Ideenfindungsphase zurückkehren und neue Ideen entwickeln.

Können Sie die Design-Thinking-Phasen nutzen, um die in Abbildung 1–4 dargestellte Strategiearbeit zu strukturieren und zu organisieren? Ja, das ist möglich. Darüber hinaus sind die Phasen mit dem in diesem Buch besprochenen Ansatz zur Erstellung und Validierung einer Produktstrategie kompatibel. Sie sollten also in der Lage sein, die Praktiken in einem Design-Thinking-Kontext anzuwenden.

1.4.2 Kontinuierliche Strategieentwicklung

So hilfreich der Ansatz der zeitlich begrenzten Strategieentwicklung bei der Erstellung einer Produktstrategie und einer Roadmap auch ist, er reicht nicht aus. Die Welt steht nicht still, Märkte und Technologien verändern sich oder neue Mitbewerber tauchen auf. Deshalb ist es wichtig, dass Sie Ihre Strategie und Ihre Roadmap regelmäßig überprüfen und anpassen. Dazu gehören die folgenden fünf Aktivitäten:

1. Bestimmung der Produktleistung anhand von KPIs wie Nutzerbindung, Konversion und Kundenzufriedenheit.
2. Überprüfung von Markttrends, die sich auf Ihr Produkt auswirken könnten, wie maschinelles Lernen und Internet der Dinge (Internet of Things, IoT).
3. Beobachtung der Konkurrenz und der Änderungen, die Ihre Mitbewerber an ihren Produktportfolios und individuellen Angeboten vornehmen.
4. Betrachtung der Entwicklungen in Ihrem eigenen Unternehmen, die sich auf die Produktstrategie und die Roadmap auswirken könnten, wie z.B. eine Änderung der Geschäftsstrategie.
5. Organisation eines Treffens mit ausgewählten Nutzern und Kunden mindestens einmal pro Quartal. Dieses Treffen kann sowohl online als auch vor Ort stattfinden. Dies wird Ihnen helfen, sich in sie hineinzuversetzen und neue Ideen für Produktverbesserungen und neue Angebote zu entdecken.

Sie können sich die kontinuierliche Strategieentwicklung als einen kontinuierlichen Arbeitsablauf vorstellen. Dieser Workflow steuert die taktische Arbeit und stellt Informationen für detaillierte Produktentscheidungen bereit, die im Product Backlog festgehalten werden.[9] Gleichzeitig fließen die Erkenntnisse aus der taktischen Arbeit in die strategischen Entscheidungen ein und unterstützen Sie dabei, die Produkt-Roadmap und die Strategie anzupassen. Wie bereits erwähnt, sollten die strategische und die taktische Arbeit miteinander verbunden sein. Strategische und taktische Produktentscheidungen müssen eng aufeinander abgestimmt werden.[10]

9. Torres schlägt vor, dass kontinuierliche Product Discovery mindestens wöchentlich stattfindende Rechercheaktivitäten beinhaltet, zu denen auch die Interaktion mit Kunden gehört (siehe [Torres 2021], S. 21]).

10. Eine Möglichkeit, dies zu erreichen, besteht darin, die für das Produkt verantwortliche Person zu bitten, sich um die Produktstrategie und die Produkt-Roadmap sowie das Product Backlog zu kümmern. Dies führt zu dem, was ich *Full-Stack Ownership* nenne: die komplette Inbesitznahme eines Produkts durch eine Person. Um dieses Konzept auf größere Produkte und in einer skalierten Umgebung anzuwenden, sind spezialisierte Produktrollen erforderlich, die für Teilprodukte wie Funktionen und Komponenten verantwortlich sind. Dies erkläre ich ausführlicher in [Pichler 2016]. Die Verwendung von Produktzielen auf der Produkt-Roadmap und das Überführen des nächsten Ziels in das Product Backlog ist eine weitere Maßnahme zur Erreichung einer gemeinsamen Ausrichtung, die ich im Abschnitt 7.10 noch näher erläutern werde.

Damit Sie die kontinuierliche Strategiearbeit effektiv durchführen können, empfehle ich Ihnen die folgenden zwei Maßnahmen:

1. Stellen Sie sicher, dass Sie genügend Zeit einplanen. Als Faustregel würde ich mindestens einen halben Tag pro Woche ansetzen. Einige Produktpersonen verwenden gerne eine Stunde pro Tag auf die kontinuierliche Strategiearbeit, andere ziehen es vor, die notwendige Arbeit ein- oder zweimal pro Woche durchzuführen. Beachten Sie, dass das Ausmaß an Unsicherheit und Veränderung den Aufwand für die Strategieentwicklung beeinflusst: Ein junges Produkt erfordert einen höheren Aufwand als ein älteres, ausgereiftes Produkt.
2. Planen Sie regelmäßige Strategie- und Roadmap-Reviews ein – etwa einmal pro Quartal – und laden Sie Stakeholder und Mitglieder des Entwicklungsteams dazu ein.

Die erste Maßnahme hilft Ihnen, böse Überraschungen zu vermeiden, z.B. wenn ein Mitbewerber eine neue Killerfunktion anbietet. Damit können Sie eher Frühwarnzeichen wie sinkende Anmeldequoten, zunehmende Abwanderung oder eine steigende Anzahl von Supportanfragen erkennen. Auf diese Weise können Sie frühzeitig reagieren und Maßnahmen ergreifen, damit Sie am Ende nicht einen Brand bekämpfen und möglicherweise eine Krise bewältigen müssen. Die vierteljährlichen Reviews ermöglichen es Ihnen, längere Zeiträume und größere Trends zu berücksichtigen. Durch die Einbeziehung von Stakeholdern und Personen aus dem Entwicklungsteam nutzen Sie das kollektive Fachwissen der Mitarbeitenden, schaffen eine einheitliche Ausrichtung und sichern sich die Akzeptanz. Im Idealfall wählen Sie dieselben Personen aus, die Sie bei der Erstellung der aktuellen Produktstrategie und der Roadmap bereits unterstützt haben. Obwohl ich empfehle, die Reviews im Voraus zu planen, müssen Sie natürlich nicht bis zum nächsten Review warten, wenn es neue Entwicklungen gibt, die dringend angegangen werden müssen. In diesem Fall sollten Sie das nächste gemeinsame Review so bald wie möglich durchführen.

Tipps, wie Sie sich Freiräume für die kontinuierliche Strategiearbeit schaffen können

Als Produktperson sind Sie vielleicht schon so stark ausgelastet, dass Ihnen eine kontinuierliche Strategieentwicklung unmöglich erscheint. In diesem Fall sollten Sie die folgenden vier Tipps befolgen, um Zeit zu gewinnen:

1. Erledigen Sie keine Aufgaben, die nicht zu Ihrer eigentlichen Rolle gehören. Dazu gehört die Übernahme von Scrum-Master-Aufgaben, was meiner Erfahrung nach ein häufiger Fehler ist.[11]
2. Delegieren Sie und teilen Sie einen Teil der Arbeit auf. So könnten Mitglieder der Entwicklungsteams beispielsweise einige Arbeiten zur Verfeinerung des Product Backlog selbst durchführen.
3. Wechseln Sie nicht zwischen den Aufgaben. Erledigen Sie stattdessen eine Aufgabe nach der anderen. Jedes Mal wenn Sie eine neue Aufgabe beginnen, sei es das Lesen einer E-Mail oder das Betrachten neuer Daten, brauchen Sie Zeit, um sich daran zu erinnern, was zu tun ist und wie Sie es tun müssen.
4. Legen Sie regelmäßig Pausen ein, in denen Sie neue Energie tanken können. Zu lange und zu hart zu arbeiten ist kontraproduktiv. Die Produktivität sinkt und die Fehler häufen sich.

Seien Sie sich darüber im Klaren, dass das Zurückstellen von Prioritäten oder die Vernachlässigung strategischer Arbeit höchstwahrscheinlich zu ungeplanter Arbeit in der Zukunft führen wird. Wenn Sie sich nicht die Zeit nehmen, den Nutzern zuzuhören und den Markt zu beobachten, müssen Sie sich nicht wundern, wenn die Nutzerbindung und die Weiterempfehlungsrate sinken oder wenn Sie von einem Mitbewerber überholt werden. In diesem Sinne ist die Strategieentwicklung wie Fahrradfahren oder Autofahren: Wer nicht nach vorne schaut, riskiert einen Unfall.

11. Die Übernahme von Scrum-Master-Aufgaben erhöht nicht nur Ihre Arbeitsbelastung. Es verdeckt auch ein systemisches Problem und ein organisatorisches Hindernis: Wenn Sie offenbar in der Lage sind, die Verantwortlichkeiten des Scrum Masters zu übernehmen, dann besteht für Ihr Unternehmen kaum die Notwendigkeit, Scrum Master einzustellen oder auszubilden.

1.5 Digitale Produkte und Produktstrategie

Eine Produktstrategie und eine Produkt-Roadmap sind Pläne, die den Wert beschreiben, den ein Produkt schaffen soll. Aber was ist ein Produkt? Diese Frage mag zwar trivial erscheinen, aber ich stelle fest, dass vielen Unternehmen eine klare und gemeinsame Antwort darauf fehlt, insbesondere wenn es um digitale Produkte geht. Dies kann jedoch zu den folgenden zwei Problemen führen:

1. Sie könnten ein Teilprodukt – wie ein Leistungsmerkmal oder eine Komponente – mit dem eigentlichen Produkt verwechseln. Ich betrachte ein Leistungsmerkmal als eine Produktfähigkeit, als ein großes Stück Funktionalität, zum Beispiel die Möglichkeit, eine Datei zu speichern. Eine Komponente ist ein Architekturbaustein wie ein Service, eine Schicht oder ein Subsystem. Es könnte der Code sein, der für die Datenspeicherung zuständig ist, um bei dem Beispiel zu bleiben. Dieser Fehler würde dazu führen, dass Sie eine Leistungs- oder Komponentenstrategie und eine Leistungs- oder Komponenten-Roadmap erstellen. Jedoch wären diese Pläne zu detailliert und feingranular. Sie würden trotz des erhöhten Planungs- und Koordinierungsaufwands keinen wirklichen Nutzen bringen.
2. Sie könnten den Fehler machen, ein Produktportfolio oder eine Produktgruppe wie die Adobe Creative Cloud und Microsoft Office als ein Produkt zu betrachten.[12] Dies kann zu einer Strategie und einer Roadmap führen, die zu grobgranular und auf einer hohen Flugebene angesiedelt sind. Folglich bieten sie den Stakeholdern und Entwicklungsteams, die an den einzelnen Produkten arbeiten, nicht genügend Orientierung.

Diese Fehler zeigen, dass es wichtig ist, sich vor der Erstellung einer Produktstrategie und einer Roadmap im Klaren darüber zu sein, was ein Produkt ist und ob das von Ihnen gemanagte Wirtschaftsgut ein Produkt darstellt. Ich betrachte ein Produkt als eine Einheit, die für eine Gruppe von Menschen, die Nutzer und Kunden, und für das Unternehmen, das es entwickelt, einen bestimmten Wert schafft. Ersteres wird durch die Lösung eines Problems erreicht – denken Sie an die Google-Suche, die das Auffinden von Informationen im Internet erleichtert – oder durch die Bereitstellung eines greifbaren Nutzens – als Beispiel sei hier Microsoft Word genannt, mit dem Dokumente einfach erstellt und bearbeitet werden können. Die Wertschöpfung für das Unternehmen erfolgt durch die direkte Generierung von Einnahmen, wie bei Microsoft Office, durch die Vermarktung oder den Verkauf anderer Produkte oder Dienstleistungen, etwa bei einem Onlineshop wie Amazon.de, oder durch die Steigerung der Produktivität und die Senkung der Kosten, wie bei-

12. Weitere Informationen zu Produktgruppen finden Sie im Abschnitt 3.10.

spielsweise bei einer internen Softwareplattform.[13] In anderen Worten, ein Produkt ist ein wertschöpfendes Instrument: Es ist ein Wirtschaftsgut, das dazu dient, das Leben der Menschen zu verbessern und eine Organisation dabei zu unterstützen, zu wachsen und zu gedeihen.

Wenn ein Wirtschaftsgut keinen Wert für seine Nutzer, Kunden und das Unternehmen schafft, dann ist es kein Produkt. Nehmen wir Microsoft Word als Beispiel. Als Nutzer kann ich eine Datei öffnen, sie bearbeiten und speichern. Diese drei Leistungsmerkmale stellen Schritte in einem allgemeinen Arbeitsablauf dar, sie können von dedizierten Teams entwickelt werden und komplexe technische Lösungen erfordern. Ich würde sie jedoch als Leistungsmerkmale und nicht als Produkte betrachten, da sie für sich genommen weder für die Nutzer noch für Microsoft einen Mehrwert darstellen.

Tipps zur Identifizierung digitaler Produkte

Wenn es Ihnen schwerfällt, zu bestimmen, welche Elemente Produkte sind und welche nicht, dann folgen Sie diesem Ansatz: Beginnen Sie mit den Nutzern und Kunden im Hinterkopf und identifizieren Sie Ihre Produkte *von außen nach innen*. Fragen Sie sich, warum die Menschen die von Ihnen angebotenen Leistungsmerkmale nutzen. Welche Probleme versuchen sie zu lösen, welchen Nutzen wollen sie erzielen oder welche Aufgaben wollen sie erledigen? Sie können diese Fragen beantworten, indem Sie Nutzer beobachten und interviewen sowie relevante Analysedaten verwenden.

Beginnen Sie außerdem mit umsatzbringenden Produkten, die in der Regel leicht zu identifizieren sind: Dies sind die Güter, für die die Menschen bereit sind zu zahlen. Ein Beispiel wären die Produkte, die auf der Website eines Onlinehändlers verkauft werden. Betrachten Sie dann die unterstützenden Produkte wie die Website und die mobilen Anwendungen, die es den Kunden ermöglichen, die richtigen Produkte zu finden und zu kaufen. Bestimmen Sie schließlich alle internen technischen Produkte wie eine Softwareplattform oder einen Datenspeicher. Auf diese Weise sollten Sie ein klares Verständnis für die Produkte in Ihrem Unternehmen erlangen und in der Lage sein, die richtigen strategischen Produktentscheidungen zu treffen.

13. Weitere Informationen zu Plattformen finden Sie im Abschnitt 3.9.

2 Grundlagen der Produktstrategie

Ohne ein solides Fundament ist es schwierig, etwas von Wert aufzubauen.

Erika Oppenheimer

Wie der Name bereits sagt, legt dieses Kapitel die Grundlagen für die Entwicklung einer effektiven Produktstrategie. Es werden wesentliche Strategiekonzepte und -techniken vorgestellt. Leserinnen, die mit dem Thema noch nicht vertraut sind, wird es helfen, sich schnell zurechtzufinden, alle anderen erhalten die Möglichkeit, vorhandenes Wissen aufzufrischen und die eigene gelebte Praxis zu reflektieren. Lassen Sie uns zunächst erörtern, was genau eine Produktstrategie ist.

2.1 Was ist eine Produktstrategie?

Was haben die Nutzung der Google-Suche und die Buchung eines Taxis z.B. bei Uber gemeinsam? Beides sind alltägliche digitale Erfahrungen, die gut konzipierte Produkte erfordern. Diese müssen in der Lage sein, unterschiedliche Anfragemengen zu verarbeiten, komplexe Interaktionen durchzuführen und große Datenmengen zu verwalten. Um dies zu erreichen, müssen Anforderungen erfasst, Designskizzen erstellt sowie Architektur- und Technologieentscheidungen getroffen werden. Der Blick auf diese Details ist zwar notwendig, um ein erfolgreiches Produkt zu entwickeln, aber taktische Entscheidungen zu treffen, ohne sich über die Gesamtstrategie im Klaren zu sein, ist wie russisches Roulette zu spielen. Sie können Glück haben und die richtigen Entscheidungen treffen. Aber die Chancen sind sehr gering. An dieser Stelle kommt die Produktstrategie ins Spiel. Sie zeichnet das große Bild, fasst die strategischen Produktentscheidungen zusammen und ist handlungsleitend für die spätere Umsetzung.

2.1.1 Die Definition der Produktstrategie

Die Produktstrategie ist ein übergeordneter Plan, der Ihnen hilft, Ihre Vision zu verwirklichen, und der angibt, wie Sie den Produkterfolg erreichen wollen. Sie erklärt

- für wen das Produkt bestimmt ist und warum die Menschen es nutzen und kaufen wollen,
- was das Produkt ist und was es einzigartig macht und
- was die Geschäftsziele sind.

Mit anderen Worten: Eine wirksame Produktstrategie erfasst den Markt, die Nutzerbedürfnisse, die wichtigsten Leistungs- oder Unterscheidungsmerkmale und die Unternehmensziele. Diese Elemente werden in Abbildung 2–1 dargestellt.

Abb. 2–1 *Die Elemente der Produktstrategie*

Unter *Markt* in Abbildung 2–1 verstehen wir die Zielnutzerinnen und Kundinnen Ihres Produkts. Also die Menschen, die ihr Produkt wahrscheinlich nutzen und kaufen werden. Die Nutzerbedürfnisse beschreiben den Grund, warum die Menschen das Produkt verwenden und es kaufen wollen. Ein Bedürfnis beschreibt ein bestimmtes Problem, das die Menschen gelöst haben möchten, einen konkreten Nutzen, den sie erzielen möchten, ein Ergebnis, das sie erreichen möchten, oder eine Aufgabe, die sie erledigen möchten. Als Beispiel können wir uns ein Produkt wie Google ansehen, das das Problem der Informationssuche im Internet löst, wohingegen ein Produkt wie LinkedIn den Mehrwert bietet, mit Kolleginnen und anderen Fachleuten in Kontakt zu treten.

Die *zentralen Leistungsmerkmale (Features)* sind jene Aspekte Ihres Produkts, die entscheidend sind, um Wert für die Nutzerinnen und Kundinnen zu schaffen. Sie bewegen die Menschen dazu, das Produkt anstelle von konkurrierenden Angeboten zu wählen. Beispiele für solche Leistungsmerkmale sind beim ersten iPhone etwa das mobile Internet, ein dem iPod ähnlicher digitaler Musikplayer und ein

Touchscreen oder der Browser Google Chrome mit seinem Fokus auf Geschwindigkeit, Sicherheit und Einfachheit. Beide Beispiele zeigen, dass es nicht darum geht, alle Produktmerkmale in Ihrer Strategie aufzulisten, das geschieht im Product Backlog. Vielmehr geht es darum, sich auf die drei bis fünf Features zu konzentrieren, die die Entscheidung einer Person beeinflussen, das Produkt zu kaufen und zu verwenden.[1]

In den *Geschäftszielen* wird festgehalten, welchen Nutzen Ihr Produkt für Ihr Unternehmen haben soll und warum es sich für das Unternehmen lohnt, in das Produkt zu investieren. Soll es Einnahmen generieren, den Verkauf eines anderen Produkts oder einer Dienstleistung unterstützen, Kosten senken oder den Markenwert steigern? Nehmen wir das iPhone und den bereits erwähnten Browser Google Chrome. Während das iPhone derzeit einen großen Teil der Einnahmen von Apple generiert, verdient Google mit dem Chrome-Browser kein Geld. Aber er ermöglicht es dem Unternehmen, zu kontrollieren, auf welche Art und Weise Menschen auf das Internet zugreifen, und er hat Googles Abhängigkeit von Drittanbieter-Browsern wie Mozilla Firefox und Microsoft Edge verringert.

Beachten Sie, dass eine wirksame Produktstrategie schwierige Entscheidungen erfordert. Wenn Sie beispielsweise eine bestimmte Nutzergruppe und ein Hauptbedürfnis auswählen, entscheiden Sie sich, die Bedürfnisse anderer Personengruppen *nicht* zu berücksichtigen. Sie sagen im Wesentlichen Nein zu anderen Märkten oder Marktsegmenten und zu anderen Bedürfnissen – zumindest vorläufig. Außerdem sollten Sie die Produktstrategie nicht als einen festen Plan betrachten, der einmal erstellt und dann einfach ausgeführt wird. Vielmehr wird sich Ihre Strategie ändern, wenn Ihr Produkt wächst und schließlich reift. Daher muss die Produktstrategie regelmäßig überprüft und angepasst werden, als Faustregel mindestens einmal im Quartal.

2.1.2 Mit einer Produktstrategie beginnen

Zu wissen, welche Elemente eine wirksame Produktstrategie enthalten sollte, ist eine gute Grundlage. Aber wie kommt man überhaupt zu einer solchen Strategie? Zur Beantwortung dieser Frage wollen wir drei unterschiedliche Szenarien betrachten:

- die Entwicklung eines brandneuen Produkts,
- eine größere Änderung an einem bestehenden Angebot und
- die schrittweise Verbesserung eines Produkts.

1. Wie diese Beispiele zeigen, betrachte ich Features als Produktleistungsmerkmale. Features werden im Product Backlog in *Epics* unterteilt. Sie können sich ein Feature als eine Gruppe von Epics vorstellen, die auch als *Theme* bezeichnet wird. [*Anm. d. Übers.*: Die verschiedenen Tools bringen für diese Ebene unterschiedliche Bezeichnungen mit. In Jira spricht man von *Initiativen*, im Team Foundation Server von *Releases*.]

Bei der Entwicklung eines brandneuen Produkts sollten Sie gerade so viel Vorarbeit leisten, dass Sie in der Lage sind, eine erste Produktstrategie zu entwickeln. Dazu kann die Beobachtung von Zielgruppen, die Befragung von Personen und die Durchführung einer Wettbewerbsanalyse gehören. Auf alle diese Dinge werde ich später in diesem Buch noch näher eingehen. Die initiale Strategie muss nicht perfekt sein. Aber sie muss gut genug sein, damit Sie die darin enthaltenen Annahmen erkennen und testen können.

Wenn Sie ein bestehendes Produkt verantworten und eine größere Veränderung daran vornehmen wollen, z. B., um es auf einem neuen Markt zu etablieren, dann beginnen Sie damit, die aktuelle Strategie zu erfassen. Im nächsten Schritt bestimmen Sie, welche Anpassungen für die geplante Veränderung erforderlich sind. Auf dieser Basis erstellen Sie eine neue Produktstrategie. Hierfür kann, analog zum ersten Szenario, eine gewisse Vorarbeit notwendig sein. Sobald Sie die neue Strategie aufgestellt haben, beginnen Sie mit der Validierung und stellen Transparenz über die enthaltenen Risiken und Annahmen her.

Das dritte Szenario, das wir betrachten, umfasst, dass Sie ein gut funktionierendes Produkt verantworten, das zwar bereits kontinuierlich verbessert wird, für das aber keine klare Produktstrategie besteht. In diesem Fall sollten Sie den aktuellen Markt für das Produkt, die Nutzerbedürfnisse, mögliche Alleinstellungsmerkmale des Produkts und Ihre Geschäftsziele erfassen. Beurteilen Sie anschließend, ob Ihre bestehende Strategie bereits Ansätze bietet, den Wert Ihres Produkts in der Zukunft zu maximieren. Wenn das nicht zutrifft, sollten Sie die Strategie anpassen. Dies kann in Form einer kleineren Anpassung geschehen, z. B. durch die Änderung eines Alleinstellungsmerkmals oder eines Geschäftsziels. Es kann aber auch eine größere Änderung erforderlich sein.

Denken Sie daran, die Stakeholderinnen und Mitglieder des Entwicklungsteams in die Strategiearbeit einzubeziehen. Deren Fachwissen hilft Ihnen, die richtigen Entscheidungen zu treffen. Zudem erzeugt es ein gemeinsames Verständnis und vermeidet so abweichende Interpretationen. Außerdem wird dadurch die Wahrscheinlichkeit erhöht, dass die Strategie von den involvierten Personen auch umgesetzt wird.

2.2 Denken Sie groß und beschreiben Sie Ihre Vision

Die Produktstrategie beschreibt, wie Sie Ihre Produktvision verwirklichen wollen. Daher ist es hilfreich, zunächst dieses übergeordnete Ziel zu definieren. Ich betrachte die Produktvision als den ultimativen Grund für die Entwicklung eines Produkts, als ein inspirierendes Ziel, das die positive Veränderung beschreibt, die das Produkt bewirken soll. Angenommen, ich möchte eine App entwickeln, die den Menschen hilft, sich bewusst zu machen, was, wann und wie viel sie essen. Meine Vision könnte lauten: »Menschen dabei helfen, sich gesund zu ernähren.« Die Strategie könnte dann darin bestehen, eine App zu entwickeln, die die Nahrungsaufnahme in Verbindung mit einer intelligenten Uhr, einem Fitnessarmband und einer intelligenten Lebensmittelwaage überwacht.

Die folgenden sechs Eigenschaften machen eine Produktvision aus, die wirksam ist, Menschen motiviert und für diese handlungsleitend ist:

1. **Inspirierend**
   Eine inspirierende Vision erzeugt einen sinnvollen Zweck für alle, die am Erfolg des Produkts beteiligt sind. Das schließt die Stakeholderinnen sowie die Mitglieder des Entwicklungsteams mit ein. Sie hilft den Menschen zu verstehen, wie sich ihre Arbeit auf ein größeres Ganzes bezieht, und wie sie mit ihren Bemühungen positive Veränderungen bewirken können. Außerdem ermöglicht es Ihnen als Produktperson zu erkennen, ob es sich lohnt, Ihre Zeit und Energie zu investieren, und ob es von nachhaltiger Wirkung ist. Wenn Sie sich für die Vision begeistern, wird sie Ihnen helfen, gute Arbeit zu leisten – besonders wenn es schwierig wird. Sollte das nicht der Fall sein, müssen Sie sich vielleicht nach einer anderen Herausforderung umsehen. Das Leben ist zu kurz, um an Produkten zu arbeiten, an die man nicht glaubt.
2. **Geteilt**
   Eine gemeinsame Vision eint die Menschen. Sie fungiert als der Nordstern des Produkts, schafft Ausrichtung und erleichtert die Zusammenarbeit. Eine geteilte Vision zeigt sich daran, dass die wichtigsten Interessengruppen und Mitglieder des Entwicklungsteams das Ziel unterstützen und gerne darauf hinarbeiten. Wenn dies nicht der Fall ist, wird es schwierig sein, diese Personen dazu zu bewegen, die Produktstrategie und die Roadmap zu unterstützen und umzusetzen.
3. **Ethisch**
   Eine ethische Vision führt zu einem Produkt, das seinen Nutzerinnen und Kundinnen nützt und den Menschen und dem Planeten keinen Schaden zufügt. Auch wenn der Vision selbst noch keine Ethik zuzuschreiben ist, spielt sie doch eine entscheidende Rolle, da sie die Absicht beschreibt, das Produkt auf den Markt zu bringen. Letztlich muss man sich fragen, warum man das Produkt anbieten will. Ist es, um anderen zu helfen, oder geht es darum, den eigenen Nutzen zu maximieren?
4. **Prägnant**
   Eine prägnante Produktvision ist leicht zu vermitteln, zu verstehen und zu merken. Um dies zu erreichen, fasse ich die Vision gerne in einer kurzen Aussage oder einem Slogan zusammen – einem kurzen, einprägsamen Satz wie »Menschen helfen, sich gesund zu ernähren«.

5. **Ehrgeizig**
   Man kann sich die Produktvision als ein großes, ehrgeiziges Ziel vorstellen (BHAG)[2] [Collins 2005]. Eine solche Vision erhöht die Chancen, in einer sich ständig verändernden Welt einen kontinuierlichen Zweck zu erfüllen, anders als eine beschränkte, spezifische Vision. Ich würde daher eine große, ehrgeizige Vision wie »Menschen helfen, sich gesund zu ernähren« einer spezifischeren, beschränkteren Vision wie »Menschen helfen, abzunehmen« vorziehen. Beachten Sie, dass eine große, ehrgeizige Produktvision nicht messbar ist. Sie ist im wahrsten Sinne des Wortes ein inspirierendes, großes Ziel.

6. **Stabil**
   Trotz ihres Namens sollte eine Produktvision nicht das Produkt oder die Lösung beschreiben. Beispielsweise sind »eine mobile App zur Gewichtsreduzierung anbieten« und »die Nummer eins der Anbieter von Apps zur Gewichtsreduzierung werden« keine wirksamen Visionen. Statt sich auf das Produkt zu beziehen, sollten Sie die positive Veränderung nennen, die bewirkt werden soll, wie z.B. »gesunde Ernährung«. Das ermöglicht Ihnen, die Produktstrategie zu ändern, während Ihre Vision stabil bleibt. Angenommen, es stellt sich heraus, dass meine Idee, eine App für gesunde Ernährung zu entwickeln, schlecht durchdacht ist. Mit einer Vision wie »gesunde Ernährung« kann ich nach Alternativen suchen, zum Beispiel ein Buch über gesunde Ernährung schreiben. Eine Vision, die nicht an ein Produkt gebunden ist, kann daher für einen längeren Zeitraum – als Faustregel die nächsten zehn Jahre – die Richtung vorgeben. Die Produktstrategie und das Produkt können und werden sich in dieser Zeit verändern und weiterentwickeln.

Eine gute Möglichkeit, um sicherzustellen, dass Ihre Vision die oben genannten Qualitäten aufweist, besteht darin, sie gemeinsam mit den relevanten Stakeholderinnen und Mitgliedern des Entwicklungsteams in einem Workshop zu erarbeiten. Laden Sie die richtigen Leute zu einem gemeinsamen Workshop ein. Ermutigen Sie die Teilnehmenden, den Zweck des Produkts aus ihrer Perspektive zu beschreiben. Darauf aufbauend können Sie dann nach einer Produktvision suchen, die von allen Beteiligten unterstützt wird. Dieses Workshop-Format funktioniert online ebenso wie als Präsenzveranstaltung.

Die Vision ist also von fundamentaler Bedeutung. Sie sollten sich die erforderliche Zeit nehmen, um eine Vision zu entwerfen, die alle anspricht. Widerstehen Sie der Versuchung, den Entscheidungsprozess abzukürzen oder zu überstürzen. Lassen Sie auch nicht zu, dass ein solcher Workshop von einzelnen, sehr starken Persönlichkeiten dominiert wird, und einigen Sie sich nicht auf den kleinsten gemeinsamen Nenner. Andernfalls werden Sie bei einer ineffektiven Vision enden, die für die Arbeit der Mitarbeitenden weder inspirierend noch handlungsleitend ist.

---

2. *Anm. d. Übers.*: Collins verwendet im Englischen die Abkürzung BHAG – Big Hairy Audacious Goal.

Benötigt jedes Produkt eine eigene Vision?

Jedes Produkt sollte eine Vision haben, aber nicht jedes Produkt benötigt eine eigene, einzigartige Vision. Nehmen wir an, Ihr Produkt ist Teil einer Gruppe von verwandten Produkten wie Microsoft Office. In einem solchen Fall empfehle ich, eine übergreifende Vision für alle Produkte zu verwenden. Im Fall von Microsoft Office könnte diese lauten: »Menschen helfen, in Echtzeit zusammenzuarbeiten«. Word, PowerPoint, Excel und die anderen Office-Produkte würden dann diese Vision teilen.

2.3 Nutzen Sie die Geschäftsstrategie als Leitfaden für strategische Produktentscheidungen

Ein Produkt ist ein Mittel zum Zweck. Indem Ihre Nutzerinnen und Kundinnen von dem Produkt profitieren, sollte es einen Mehrwert für Ihr Unternehmen schaffen und dazu beitragen, es in die richtige Richtung zu lenken. Daher ist es wichtig, dass Ihre Produktstrategie auf die allgemeine Geschäftsstrategie einzahlt. Eine wirksame Geschäftsstrategie beschreibt, wie das Unternehmen plant, erfolgreich zu sein. Die Beantwortung der folgenden fünf Fragen – die auf [Martin 2013] basieren – wird Ihnen helfen, eine solche Strategie zu entwickeln.

1. **Was ist Ihr Erfolgsziel?**
   Was ist die Vision des Unternehmens? Nennen Sie den Unternehmenszweck, der hilft, die richtigen strategischen Ziele zu ermitteln. Nehmen wir zum Beispiel das Ziel von Tesla »den Übergang der Welt zu nachhaltiger Energie zu beschleunigen«[3].
2. **Wo ist Ihr Zielmarkt?**
   Beschreiben Sie klar und deutlich die Bereiche, in denen das Unternehmen in den Wettbewerb treten wird, um seinen Anspruch zu erfüllen. Wer soll von Ihrem Angebot profitieren? Beabsichtigen Sie z.B., bestehende Märkte zu bedienen, oder wollen Sie neue Märkte schaffen? Welche geografischen Gebiete und Regionen wollen Sie beliefern?
3. **Wie werden Sie es erreichen?**
   Was ist Ihr Wettbewerbsvorteil? Wollen Sie beispielsweise eine Kostenführerschaft anstreben und dadurch in der Lage sein, Produkte zu niedrigen Preisen anbieten zu können? Möchten Sie die Vorteile der Alleinstellung nutzen und einzigartige, attraktive Produkte anbieten? Oder wollen Sie sich auf Nischenmärkte konzentrieren?[4] Um diese Frage beantworten zu können, benötigen Sie ein gutes Verständnis der Stärken und Schwächen Ihres Unternehmens sowie der Konkurrenz.

3. Siehe *https://www.tesla.com/en_GB/about*.
4. Die drei Optionen wurden ursprünglich von Michael Porter vorgeschlagen [Porter 1996].

4. **Welche Fähigkeiten müssen vorhanden sein?**
   Welche neuen Produkte und Dienstleistungen benötigen Sie? Welche bestehenden Produkte müssen Sie verbessern und welche Angebote müssen Sie einstellen? Denken Sie an die Strategieänderung von Apple, mehr Geld mit Software und Dienstleistungen zu verdienen, und die Einführung von Apple TV+ und Fitness+ in den Jahren 2019 bzw. 2020.
5. **Welche Managementsysteme sind erforderlich?**
   Welche Prozesse und Strukturen sind notwendig, um die entsprechenden Fähigkeiten aufzubauen und die strategischen Entscheidungen Ihres Unternehmens zu fördern? Dies kann die Schaffung oder Stärkung einer Produktmanagementorganisation oder Investitionen in eine agile Transformation beinhalten.

Eine Geschäftsstrategie, die die oben genannten Fragen beantwortet, liefert den Kontext für die richtigen strategischen Produktentscheidungen, z. B. für die Entscheidung, welche Produkte erstellt und weiterentwickelt werden sollen und welchen Markt ein bestimmtes Produkt ansprechen soll. Anders ausgedrückt: Die Geschäftsstrategie muss die Grundlage für eine Produktstrategie sein. Wenn Ihr Unternehmen über keine Geschäftsstrategie verfügt oder Ihnen diese nicht bekannt ist, sollten Sie strategische Produktentscheidungen so lange aufschieben, bis eine solche Strategie verfügbar ist. Es sei denn, Sie arbeiten für ein Start-up-Unternehmen in der Frühphase, hier können die beiden Strategien durchaus identisch sein.

Unternehmensvision und Produktvision

Ich empfehle, mit einer separaten Unternehmens- und Produktvision zu arbeiten. Es sei denn, das Unternehmen ist ein Start-up in der Frühphase. Die Unternehmensvision sollte das übergreifende Ziel des Unternehmens darstellen, während die Produktvision die erhoffte positive Veränderung erfassen sollte, die ein bestimmtes Angebot bewirken soll. Die Produktvision sollte jedoch auf die Unternehmensvision abgestimmt sein, damit der Zweck der Produktentwicklung auf die Unternehmensvision einzahlt.

2.4 Verstehen Sie den Innovationstyp Ihres Produkts

Produkte sind Mittel zur Wertschöpfung. Um Wert zu schaffen, muss ein Produkt etwas Neues bieten. Es muss mehr oder weniger innovativ sein. Die Spannweite der Innovation reicht dabei von kleinen, inkrementellen Schritten, wie der Verbesserung des Nutzererlebnisses eines bestehenden Produkts, bis hin zu großen und mutigen Schritten. Beispiele hierfür sind das Original-iPhone, die Nintendo Wii und der Taxidienst Uber. Es ist wichtig zu verstehen, welche Innovationsstrategie Ihr Produkt verfolgt und welchen Innovationstyp es darstellt, da dies die Produktstrategie prägt und das Umfeld bestimmt, das Sie benötigen, um die Strategiearbeit erfolgreich durchzuführen. Eine hilfreiche Methode zur Klassifizierung von Innovationen ist die von Bansi Nagji und Geoff Tuff entwickelte *Innovation Ambition Matrix*, die in Abbildung 2–2 dargestellt ist.[5]

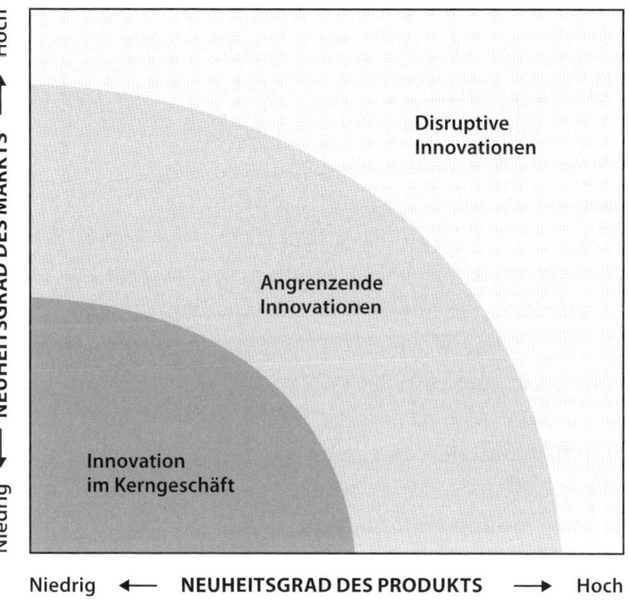

Abb. 2–2 *Die Innovation Ambition Matrix*

Die Matrix in Abbildung 2–2 berücksichtigt den Neuheitsgrad des Produkts auf der horizontalen Achse und den Neuheitsgrad des Markts auf der vertikalen Achse. Auf diese Weise können wir drei verschiedene Innovationstypen unterscheiden: Innovationen im Kerngeschäft, angrenzende Innovationen und disruptive Innovationen.[6]

5. Siehe [Nagji & Tuff 2012]. Beachten Sie, dass ich den Begriff *disruptiv* anstelle von *transformativ* gebrauche, den Nagji und Tuff verwendet haben. Manche Leute verwenden *inkrementell* anstelle von *Kerninnovation*, *evolutionär* anstelle von *angrenzend* und *revolutionär* oder *bahnbrechend* anstelle von *disruptiv*.
6. Die *Innovation Ambition Matrix* basiert auf der Ansoff-Matrix, die die Beziehung zwischen dem Produkt und dem Markt untersucht. Sie unterscheidet zwischen einem bestehenden Produkt und einem neuen Produkt sowie zwischen einem bestehenden und einem neuen Markt. Daraus ergeben sich vier Wachstumsstrategien: Marktdurchdringung, Produktentwicklung, Marktentwicklung und Diversifizierung. *Marktdurchdringung* bedeutet, ein bestehendes Produkt schrittweise zu verbessern, um seinen Marktanteil zu erhöhen. Bei der *Produktentwicklung* geht es darum, ein neues Produkt für einen bestehenden Markt zu entwickeln – einen Markt, den Sie bereits bedienen. *Marktentwicklung* bezieht sich darauf, mit einem bestehenden Produkt einen für Ihr Unternehmen neuen Markt zu erschließen. *Diversifizierung* bedeutet die Entwicklung eines neuen Produkts für einen neuen Markt [Ansoff 1957].

Betrachten wir nun diese Innovationstypen, indem wir ihr Wachstumspotenzial und ihre Risiken, die Fähigkeit, einen zuverlässigen Business Case zu erstellen, sowie die Denkweise und den organisatorischen Kontext untersuchen, die benötigt werden.

2.4.1 Innovationen im Kerngeschäft

Innovationen im Kerngeschäft optimieren bestehende Produkte für etablierte Märkte. Dabei werden Fähigkeiten und Ressourcen genutzt, die in Ihrem Unternehmen bereits vorhanden sind, und schrittweise Änderungen an aktuellen Produkten vorgenommen. Diese Initiativen sind für Ihr Unternehmen von zentraler Bedeutung, da sie die heutigen Einnahmen generieren. Die meisten Produkte Ihres Unternehmens gehören wahrscheinlich zu dieser Kategorie – es sei denn, Sie arbeiten für ein Start-up-Unternehmen. Beispiele für Kerninnovationen sind Microsoft Windows und Microsoft Office. Beide sind aktuell wichtige Einnahmequellen für das Unternehmen. Das längerfristige Wachstumspotenzial der Kernprodukte ist, ebenso wie das Ausmaß an Risiko und Unsicherheit, gering.

Durch ihre umfassenden Kenntnisse des Markts und des Produkts sind Sie bei diesem Innovationstyp in der Lage, eine zuverlässige Finanzprognose oder einen Business Case zu erstellen. Da Kernprodukte auf bestehende Vermögenswerte zurückgreifen, ist eine konservative Haltung angebracht. Sie sollten darauf abzielen, das Produkt zu schützen, sich auf operative Exzellenz zu konzentrieren, Fehler zu vermeiden, das bestehende Geschäftsmodell zu optimieren und bewährte Technologien zu verwenden – es sei denn, Sie beschließen, eine größere Änderung an Ihrem Produkt vorzunehmen, z.B. es auf einen neuen Markt zu bringen, was es zu einer angrenzenden Innovation machen würde.

2.4.2 Angrenzende Innovationen

Bei angrenzenden Innovationen geht es darum, etwas, was Ihr Unternehmen gut macht, in einen neuen Bereich zu übertragen, z.B. ein bestehendes Produkt in einem für das Unternehmen neuen Markt anzubieten oder ein neues Produkt für einen bestehenden Markt zu entwickeln. Beispiele für Ersteres sind der Einstieg von Microsoft in den Servermarkt mit Windows NT im Jahr 1993 und der Einstieg von Facebook in den Bereich Onlinezahlungen mit seiner Messenger-Anwendung.[7] Beispiele für Letzteres sind das Apple TV und der Chrome-Browser von Google. Beide Unternehmen sind mit einem neuen Produkt in einen bestehenden Markt eingetreten – TV-Set-Top-Boxen bzw. Webbrowser.

---

7. Facebook fügte seinem Messenger-Produkt im März 2015 eine »Geld senden«-Funktion hinzu. Für weitere Informationen siehe *http://newsroom.fb.com/news/2015/03/send-money-to-friends-in-messenger/*.

Angrenzende Innovationen ermöglichen es Ihnen, neue Einnahmequellen zu erschließen, aber sie erfordern neue Erkenntnisse über Kundenbedürfnisse, Nachfragetrends, Marktstruktur, Wettbewerbsdynamik, Technologien und andere Marktvariablen. Möglicherweise müssen Sie auch neue Fähigkeiten erwerben, neue Technologien einsetzen und ein bestehendes Geschäftsmodell anpassen. Das Risiko und die Unsicherheit sind daher wesentlich höher als bei Innovationen im Kerngeschäft. Die Entwicklung einer tragfähigen Produktstrategie erfordert dementsprechend mehr Zeit, und es wird schwierig, eine verlässliche Finanzprognose zu erstellen.

Um mit angrenzenden Innovationen erfolgreich zu sein, sollten Sie eine wissbegierige Haltung einnehmen, bereit sein, bewusste Risiken einzugehen, und sich sicher genug fühlen, Fehler zu machen und zu scheitern. Sie werden von einem engagierten Produktteam profitieren, das nur lose mit dem Rest des Unternehmens verbunden ist und agile Produktentwicklungsverfahren anwendet.

2.4.3 Disruptive Innovationen

Innovationen im Kerngeschäft und angrenzende Innovationen bieten Ihnen den Vorteil, dass Sie vorhandene geistige und materielle Werte nutzen können. Das macht die Herausforderung, die mit erfolgreicher Innovation einhergeht, überschaubar.[8] Leider haben solche Innovationen auch einen entscheidenden Nachteil: Sie richten sich an einen bestehenden Markt, und ihre Wachstumsaussichten sind begrenzt durch Ihre Möglichkeiten, den Markt zu vergrößern und mehr Marktanteile zu erobern, d.h. mehr Nutzerinnen und Kundinnen zu gewinnen. Um langfristig ein höheres Wachstum zu erzielen, muss Ihr Unternehmen in disruptive Innovationen investieren. So hat beispielsweise Apple mit dem ersten iPhone den Markt für Mobiltelefone entscheidend verändert, indem es ein Produkt mit überlegener Benutzerfreundlichkeit und mobilem Internet anbot. Nintendo hat den Markt für Spielkonsolen mit seiner Wii verändert, die ohne herkömmliche Steuerung oder Tastatur verwendet werden konnte und zu einem vergleichsweise niedrigen Preis angeboten wurde. Amazon hat den Buchmarkt im Einzelhandel mit seinem Onlinestore verändert, indem es für die Verbraucherinnen das Einkaufen einfacher und bequemer machte und eine größere Auswahl und niedrigere Preise[9] bot.

Während disruptive Produkte oft disruptive Technologien nutzen – wie zum Beispiel der Touchscreen beim iPhone und das Internet bei Amazon – führt eine disruptive Technologie nicht unbedingt zu einer disruptiven Innovation. Stattdessen löst sie in der Regel ein Kundenproblem auf eine bessere, bequemere oder billigere Weise als bestehende Alternativen. Ein disruptives Produkt schafft auch einen neuen

---

8. [Christensen 1997] bezeichnet Innovationen im Kerngeschäft und angrenzende Innovationen als *nachhaltig*, da sie sich an etablierte Märkte richten und auf bestehenden Werten aufbauen.
9. *Anm. d. Übers.*: Dieser Punkt gilt nicht für Deutschland, da hier auch für Amazon die Ladenpreisbindung bei Büchern gilt. Alle anderen Punkte sind aber auch in Deutschland valide.

Markt, indem es Menschen anzieht, die ähnliche Produkte bisher nicht in Anspruch genommen haben. Aber wenn das disruptive Produkt ausgereift ist, dringt es in einen etablierten Markt ein, verändert die Marktgrenzen und stört den Markt. Nehmen wir das iPhone als Beispiel. Die etablierten Marktteilnehmer, darunter Nokia und BlackBerry, sahen das ursprüngliche iPhone nicht als Bedrohung an, da seine Leistungsmerkmale für Unternehmen, wie die E-Mail-Integration, zu schwach waren. Doch als das iPhone immer besser wurde und immer mehr Geschäfts- und Produktivitätsanwendungen bot, begannen immer mehr Menschen das Produkt zu nutzen, und der Marktanteil von Nokia- und BlackBerry-Handys begann zu sinken. Mit dem ersten iPhone wurde auch die traditionelle Unterscheidung zwischen Geschäfts- und Privatkundschaft aufgehoben, was ebenso zu einer Verschiebung der Marktgrenzen führte.

So wichtig disruptive Produkte auch sind, um künftiges Wachstum zu ermöglichen und den langfristigen Wohlstand Ihres Unternehmens zu sichern, tun sich die meisten etablierten Unternehmen schwer damit, solche Innovationen wirksam zu nutzen. Um eine Disruption zu erreichen und unterschiedliche Dinge zu tun, muss ein Unternehmen die Dinge anders machen und sich damit selbst stören – zumindest bis zu einem gewissen Grad. Es muss einige der Praktiken, die ihm zu seinem Erfolg verholfen haben, aufgeben, sich neue Fähigkeiten aneignen, neue Geschäftsmodelle finden und oft neue Technologien übernehmen – und in manchen Fällen auch entwickeln – wie den Touchscreen für das iPhone und den Motion Controller für Wii. Der Aufwand für die Entwicklung einer tragfähigen Produktstrategie ist wesentlich höher als bei angrenzenden Innovationen. Es kann mehrere Monate dauern, bis Sie eine Strategie gefunden haben, die wahrscheinlich zu einem nützlichen, technisch machbaren, wirtschaftlich tragfähigen und ethisch vertretbaren Produkt führt.

Um mit disruptiven Innovationen erfolgreich zu sein, braucht man unternehmerisches Denken und die Fähigkeit, zu experimentieren, Fehler zu machen und zu scheitern. Der Einsatz eines *Inkubators* kann Ihnen dabei helfen, wie ich im Kapitel 4 näher erläutere.[10] Außerdem werden Sie davon profitieren, wenn Sie ein kleines Team mit vollzeitbeschäftigten Mitgliedern zusammenstellen und agile Entwicklungsmethoden anwenden. Seien Sie sich bewusst, dass die Erstellung einer zuverlässigen Finanzprognose für disruptive Innovationen unmöglich ist. Wie Clayton Christensen in seinem Buch *The Innovator's Dilemma* schreibt: »Markets that don't exist can't be analysed«[11] ([Christensen 1997], S, 143). Das Erfordernis eines soliden Geschäftsmodells kann Sie tatsächlich davon abhalten, bahnbrechende Produkte zu entwickeln. Oft ist es besser, das Risiko der Untätigkeit – die Gefahr, nicht

10. [Christensen & Raynor 2013] argumentieren in Teil 4 ihres Buches, dass ein Inkubator zwingend erforderlich ist, um mit disruptiven Innovationen erfolgreich zu sein.
11. *Anm.d.Übers.*: Märkte, die nicht existieren, können nicht analysiert werden.

in ein disruptives Produkt zu investieren und dadurch auf künftige Einnahmen und Gewinne zu verzichten – zu nutzen, um die Investition zu rechtfertigen und ein Budget zu erhalten.[12]

2.4.4 Zusammenfassung

In Tabelle 2–1 sind die drei Innovationstypen im Überblick dargestellt. Es wird auch ersichtlich, dass Sie je nach Innovationstyp unterschiedliche Verfahren anwenden und Produkte unterschiedlich managen sollten.

Beachten Sie, dass sich erfolgreiche disruptive und angrenzende Produkte mit der Zeit zu Kernprodukten entwickeln. Ein gutes Beispiel ist das iPhone. Während die erste Version eine bahnbrechende Innovation war, ist es für Apple zu einer wichtigen Einnahmequelle geworden. Man kann aber auch ein Kernprodukt in den angrenzenden Bereich verschieben, indem es auf einen neuen Markt gebracht wird. Denken Sie zum Beispiel an das iPhone 5C, das auf ein jüngeres Publikum und aufstrebende Märkte ausgerichtet war. Die Quintessenz ist: Um organisch zu wachsen, müssen Unternehmen ständig nach neuen Wachstumsmöglichkeiten suchen und in angrenzende und disruptive Produkte investieren – in Produkte also, die das Geld von morgen erwirtschaften.

Bereiche	**Innovation im Kerngeschäft**	**Angrenzende Innovation**	**Disruptive Innovation**
Produkt	Sie optimieren ein bestehendes Produkt für einen etablierten Markt.	Sie entwickeln ein neues Produkt für einen bestehenden Markt oder bringen ein bestehendes Produkt auf einen für das Unternehmen neuen Markt.	Sie schaffen sowohl ein neues Produkt als auch einen neuen Markt.
Wachstumspotenzial und Risiko	Niedrig	Mittel	Hoch
Einstellung	Konservativ – Sie schützen bestehende Werte (geistige und materielle). Sie konzentrieren sich auf operative Exzellenz, vermeiden Fehler und optimieren bestehende Geschäftsmodelle.	Wissbegierig – Sie gehen bewusst Risiken ein. Sie suchen nach neuen Wachstumsmöglichkeiten und nutzen dabei vorhandene Fähigkeiten, Werte (geistige und materielle) und Geschäftsmodelle.	Unternehmerisch – Sie schaffen neue Werte, entwickeln neue Fähigkeiten und finden ein tragfähiges Geschäftsmodell. Fehler und Misserfolge sind unvermeidlich.

→

12. [Nagji & Tuff 2012] empfehlen Unternehmen, mindestens 10 % in disruptive Innovationen zu investieren.

Bereiche	Innovation im Kerngeschäft	Angrenzende Innovation	Disruptive Innovation
Organisation	Business as usual; Matrixorganisation.	Spezielles Produktteam, das nur lose mit dem Rest des Unternehmens verbunden ist.	Inkubator mit einem kleinen, vollzeitbeschäftigten Produktteam, das selbstständig und eigenverantwortlich arbeitet.
Technologien	Bewährte Technologien; Änderungen führen in der Regel zu kleinen, schrittweisen Verbesserungen.	Neue Technologien können notwendig sein, um einen Wettbewerbsvorteil zu erlangen.	Es werden neue, radikal andere Technologien benötigt.
Aufwand für Findung und Validierung	Niedrig (Stunden bis Tage)	Mittel (Wochen)	Hoch (Monate)
Verlässliche Finanzprognose	Möglicherweise	Schwierig zu erstellen	Unmöglich zu erstellen

Tab. 2-1 *Die drei Innovationstypen und ihre Auswirkungen*

2.5 Profitieren Sie vom Produktlebenszyklusmodell

Die Produktstrategie zielt darauf ab, die Chancen für den Produkterfolg zu maximieren und sicherzustellen, dass Ihr Produkt kontinuierlich wächst und reift. Ein hilfreiches Modell, um zu verstehen, wie sich Produkte im Laufe der Zeit entwickeln, basiert auf dem Produktlebenszyklus. Die Idee hinter diesem Modell ist einfach: Ein Produkt wird wie ein Lebewesen geboren bzw. auf den Markt gebracht. Danach entwickelt es sich, wächst und reift. Irgendwann gibt es eine Marktsättigung, der Wert des Produkts stagniert zunächst und nimmt dann ab. Am Ende wird es vom Markt genommen, man könnte sagen, es stirbt. Dies ist in Abbildung 2-3 dargestellt.[13]

13. Theodore Levitt [Levitt 1965] beschrieb das Produktlebenszyklusmodell erstmals in seinem Artikel »Exploit the Product Life Cycle«. Eine umfassende Diskussion des Produktlebenszyklus findet sich in [Baker & Hart 2007].

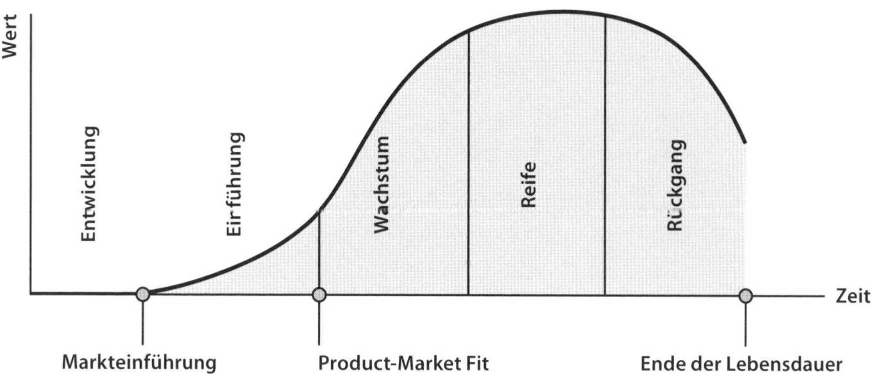

Abb. 2–3 *Das Produktlebenszyklusmodell*

Das Produktlebenszyklusmodell in Abbildung 2–3 zeigt fünf Phasen: Entwicklung, Einführung, Wachstum, Reife und Rückgang. Es ist zu beachten, dass sich die erste Phase nicht auf die Entwicklungsarbeit im engeren Sinne beschränkt. Dazu gehören auch die notwendigen Arbeiten für die Product Discovery und Strategieentwicklung. Zusätzlich zu den Phasen enthält Abbildung 2–3 drei wichtige Ereignisse im Lebenszyklus eines Produkts:

- Markteinführung, wenn das Produkt zum ersten Mal verfügbar ist
- Erreichen des Product-Market Fit (PMF)[14], wenn Ihr Produkt bereit ist, den Mainstream-Markt zu bedienen, und
- Ende der Lebensdauer, wenn Sie sich entscheiden, Ihr Produkt einzustellen.

Von den fünf Phasen sind Wachstum und Reife die attraktivsten, da sie Ihnen den größten wirtschaftlichen Nutzen bringen. Ein umsatzstarkes Produkt sollte um die PMF-Phase herum rentabel werden und in der Reifephase die höchste Gewinnspanne bieten.

---

14. Der Begriff »*Product-Market Fit*« wurde von [Andreessen 2007] eingeführt, der die folgende Heuristik zu seiner Definition vorschlägt: »Die Kunden kaufen das Produkt genauso schnell, wie Sie es herstellen können – oder die Nutzung steigt genauso schnell, wie Sie weitere Server hinzufügen können. Das Geld der Kunden stapelt sich auf dem Girokonto Ihres Unternehmens. Sie stellen so schnell wie möglich Personen für den Vertrieb und die Kundenbetreuung ein. Die Journalisten rufen an, weil sie von dieser heißen neuen Sache gehört haben und mit Ihnen darüber sprechen wollen.« Diese Beschreibung bestätigt meine Ansicht, die den Product-Market Fit mit dem Eintritt in die Wachstumsphase gleichsetzt.

    [*Anm. d. Übers.*: Im weiteren Verlauf des Buches wird der englische Begriff *Product-Market Fit* beibehalten, weil er auch im deutschen Sprachgebrauch gebräuchlich ist, siehe z. B. *https://www.businessinsider.de/gruenderszene/business/product-market-fit-signals-2018-11210*.]

Die Kurve in Abbildung 2–3 ist zwar grob glockenförmig. Das kann für Ihr spezielles Produkt aber erheblich abweichen: Die Kurve kann steiler, aber auch flacher sein. Daran wird deutlich, dass das Lebenszyklusmodell kein Prognosewerkzeug ist, das eine Vorhersage über den von Ihrem Produkt generierten Wert macht. Es ist vielmehr ein Modell, das Ihnen hilft, über die Entwicklung Ihres Produkts nachzudenken, damit Sie die richtigen strategischen Entscheidungen treffen können. Um das Modell zu nutzen, müssen Sie zunächst den Wert definieren, den Ihr Produkt schafft, und die Entwicklung dann im Laufe der Zeit verfolgen. Ersteres geschieht durch die Erstellung und Validierung einer Produktstrategie, Letzteres durch die Verwendung geeigneter Leistungskennzahlen.

Um zu sehen, wie das Produktlebenszyklusmodell angewandt werden kann, betrachten wir den Apple iPod. Abbildung 2–4 veranschaulicht den Lebenszyklus der iPod-Familie. Dargestellt sind die iPod-Verkäufe pro Jahr.

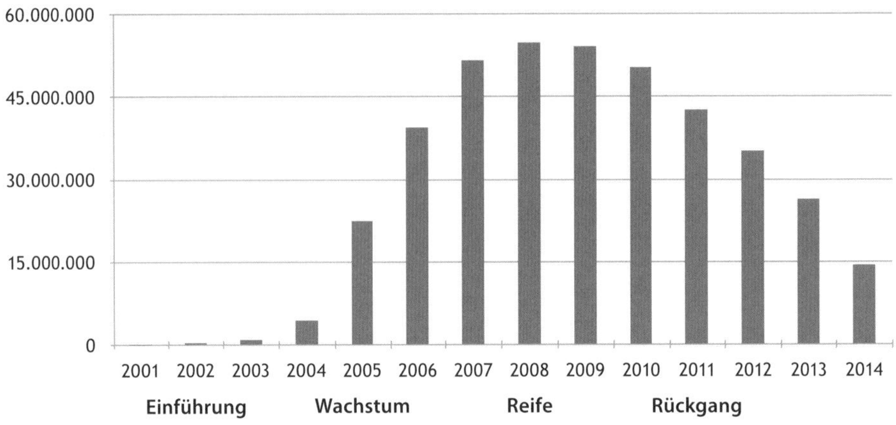

Abb. 2–4 *Der Lebenszyklus der iPod-Familie*[15]

Wie Abbildung 2–4 zeigt, wurde der iPod im Jahr 2001 als erstes Musikgerät von Apple auf den Verbrauchermarkt gebracht. Das Unternehmen war ein Neueinsteiger auf dem Markt für digitale Musikplayer, der zu dieser Zeit von Produkten wie der Nomad Jukebox von Creative Labs beherrscht wurde. Im Jahr 2002 wurde der iPod Windows-kompatibel, und die Verkaufszahlen stiegen auf 600.000 Stück. Im darauffolgenden Jahr brachte Apple iTunes auf den Markt, das dazu beitrug, dass im Jahr 2003 mehr als 900.000 Geräte und im Jahr 2004 fast 4,5 Millionen verkauft wurden. Der iPod hatte die Wachstumsphase erreicht. Er war zum führenden digitalen Musikplayer in den USA geworden. Um das Wachstum aufrecht-

15. Zu den Quellen der in der Grafik dargestellten Daten gehören:
- *https://commons.wikimedia.org/wiki/File%3AIpod_sales_per_quarter.svg*
- *statista.com/statistics/276307/global-apple-ipod-sales-since-fiscal-year-2006/*
- *apple.com/pr/products/ipodhistory/.*

zuerhalten, verbesserte Apple das Produkt und fügte neue Leistungsmerkmale hinzu, z.B. die Möglichkeit, Fotos und Videos anzuzeigen. Das Unternehmen führte auch neue Produktvarianten ein, wie den iPod Nano und den iPod Shuffle im Jahr 2005 und den iPod Touch im Jahr 2007. Außerdem brachte Apple mehrere limitierte iPod-Editionen heraus, darunter eine schwarz-rote U2-Sonderausgabe. Die Verkaufszahlen des iPod erreichten 2008 ihren Höhepunkt und markierten gleichzeitig die Reifephase des Produkts. Im Jahr 2009 begannen die iPod-Verkäufe zu sinken. Folglich stellte Apple 2014 den ursprünglichen iPod, der jetzt iPod Classic hieß, ein. Wie dieses Beispiel zeigt, gelangen selbst die kultigsten Produkte in die Phase des Rückgangs und müssen durch neue Angebote ersetzt werden. Im Fall von Apple war dieses neue Produkt das iPhone.

Lassen Sie uns nun die einzelnen Phasen des Lebenszyklus betrachten und untersuchen, wie sie strategische Produktentscheidungen beeinflussen.

2.5.1 Entwicklungsphase

Vor der Markteinführung eines Produkts besteht Ihr primäres Ziel darin, eine Produktstrategie zu finden, die voraussichtlich zu einem Produkt führt, das wirkungsvoll, machbar, wirtschaftlich tragfähig und ethisch vertretbar ist. In dieser Zeit wird ihr Arbeitsschwerpunkt wahrscheinlich auf Product Discovery und der Validierung von Strategie liegen. Es kann dabei passieren, dass Sie Ihre Strategie grundlegend verändern und einen anderen Weg wählen müssen, um Ihre Vision zu verwirklichen. Nehmen wir zum Beispiel die bereits erwähnte Idee, eine App für gesunde Ernährung zu entwickeln. Wenn sich herausstellt, dass die Entwicklung einer App nicht der richtige Ansatz ist, z.B. weil der Markt mit ähnlichen Angeboten gesättigt ist, die technischen Herausforderungen zu groß sind oder die App zu schwierig zu vermarkten ist, könnte ich umschwenken und stattdessen ein Buch über gesunde Ernährung schreiben.

Es ist zwar wichtig, dass Sie sich in der Entwicklungsphase die nötige Zeit nehmen und die erforderliche Produktstrategie ausarbeiten, aber Sie sollten den Fehler vermeiden, das perfekte Produkt auf den Markt bringen zu wollen. Kein Produkt ist vom ersten Tag an tadellos. Selbst ein Produkt wie das iPhone hatte einen vergleichsweise bescheidenen Start. Denken Sie nur an all die Dinge, die das allererste iPhone nicht konnte: keine Videos, kein Kopieren und Einfügen und keine Apps von Drittanbietern, um nur einige zu nennen. Die Kunst besteht also darin, ein Produkt auf den Markt zu bringen, *das gut genug* ist, um sich an den frühen Markt – die Innovatoren und Early Adopters – zu richten, und es dann anzupassen und zu verbessern. Ein solches Produkt wird auch als MVP (Minimum Viable Product) bezeichnet.

Wie gut Ihr erstes Produkt (MVP) sein muss, hängt eng mit seinem Innovationstyp zusammen. Die erste Version eines disruptiven Produkts kann vergleichsweise einfach sein, wie etwa das ursprüngliche iPhone. Bei einem Nachfolgeprodukt hingegen sind die Kundenerwartungen höher, da es einen etablierten Markt anspricht, auf dem die Kundinnen aus praktikablen Alternativen wählen können. Nehmen Sie den Google Chrome-Browser als Beispiel. Als das Produkt 2008 auf den Markt kam, stand es im Wettbewerb mit mehreren etablierten Produkten, darunter Internet Explorer, Firefox, Opera und Safari. Um erfolgreich zu sein, musste Google ein Produkt anbieten, das sich deutlich von der Konkurrenz abhob – einen Browser, der schneller, sicherer und einfacher zu bedienen war als die Angebote der Konkurrenz. Das Unternehmen warb auch intensiv für sein Produkt. Ich erinnere mich zum Beispiel an Plakatwerbung für den Browser an Bahnhöfen in London.

Eine kurze Geschichte des Minimum Viable Product

Der Begriff *Minimum Viable Product* (MVP) wurde ursprünglich von Eric Ries definiert als »die Version eines neuen Produkts, die es einem Team ermöglicht, mit dem geringsten Aufwand ein Maximum an validierten Erkenntnissen über die Kunden zu sammeln« [Ries 2009c]. Diese Definition legt nahe, dass ein MVP ein (Wegwerf-)Prototyp ist, der erstellt wird, um eine bestimmte strategische Annahme zu testen. Folglich wurde vorgeschlagen, z. B. Videos, Landing Pages und Produkthüllen ohne echte Leistungsmerkmale als MVPs zu verwenden. Mit einem Video könnte beispielsweise getestet werden, ob ein ausreichendes Interesse an einem neuen Produkt besteht, wie es Dropbox tat, um seine ursprüngliche Produktidee zu überprüfen. In den folgenden Jahren änderte sich jedoch die allgemein akzeptierte Definition, und man begann, das Minimum Viable Product als die erste Produktversion zu betrachten – das Produkt, das bei der Markteinführung angeboten wird.[16]

16. Siehe z. B. den Artikel »What is a Minimum Viable Product (MVP)?« von Ash Maurya unter *http://ask.leanstack.com/en/articles/902991-what-is-a-minimum-viable-product-mvp*. In meinem Buch *Agiles Produktmanagement mit Scrum* ([Pichler 2014], S. 41) bezeichne ich die erste Version eines Produkts als das *minimale [marktfähige] Produkt*.

2.5.2 Einführungsphase

Nach der Markteinführung besteht Ihre Mission darin, so schnell wie möglich den Product-Market Fit zu erreichen und ein Wachstum zu erzielen. Wie lange dies voraussichtlich dauern wird und wie viel Aufwand es erfordert, hängt vom Innovationstyp Ihres Produkts ab. Bei disruptiven Innovationen ist es besonders wichtig, einen ersten Kundenstamm aufzubauen und herauszufinden, ob und wie die Menschen das Produkt nutzen.

Nehmen Sie Twitter als Beispiel. Das Unternehmen musste herausfinden, wie die Menschen das Produkt nutzen, um zu entscheiden, wie es weiterentwickelt werden sollte, wie der Mitbegründer von Twitter, Ev Williams, erklärt: »Bei Twitter war nicht klar, was es ist ... Twitter hat sich von dem, was wir anfangs dachten, nämlich Status-Updates und ein soziales Dienstprogramm, verändert. Die Erkenntnis, zu der wir schließlich kamen, war, [dass] Twitter eigentlich eher ein Informationsnetzwerk als ein soziales Netzwerk ist. Das führte zu allen möglichen Designentscheidungen, wie z.B. die Einbindung von Such- und Hashtags und der Funktionsweise von Retweets« [Lapowsky 2013]. Produkte des Typs angrenzende Innovation hingegen benötigen in der Regel eine kürzere Einführungsphase, da sie einen bestehenden Markt ansprechen. Auf diese Weise können Sie mehr über die Nutzer- und Kundenbedürfnisse erfahren und herausfinden, wie Sie diese in der Entwicklungsphase am besten adressieren können.

Sowohl bei disruptiven als auch bei angrenzenden Produkten sollten Sie die Produktleistung verfolgen und beobachten, wie viel Wert Ihr Produkt erzeugt. Wenn die Kurve flach ist oder nur langsam ansteigt, müssen Sie den Ursachen nachgehen und die richtige Vorgehensweise festlegen. Manchmal reicht es aus, das Produkt anzupassen, zum Beispiel durch Hinzufügen und Verbessern von Leistungsmerkmalen. In anderen Fällen ist eine drastischere Änderung erforderlich – eine Neuausrichtung. Flickr zum Beispiel hat sich von einem Onlinerollenspiel zu einer Website für die gemeinsame Nutzung von Fotos entwickelt. Oder YouTube hat sich von einer Videodating-Website zu einem Produkt für die gemeinsame Nutzung von Videos gewandelt. In beiden Fällen wurde ein Leistungsmerkmal aus dem ursprünglichen Produkt herausgelöst und dann als neues, eigenständiges Produkt veröffentlicht, wodurch eine Neuausrichtung vollzogen wurde. Bei Flickr war dies die Möglichkeit zum Hochladen von Fotos und bei YouTube die Möglichkeit, Videos hochzuladen.

Ein weiteres interessantes Beispiel für einen Schwenk nach der Markteinführung ist Google Glass, die tragbare Computerbrille von Google. Das Headset wurde 2013 als Verbraucherprodukt auf den Markt gebracht. Da das Produkt jedoch erhebliche Kritik und Kontroversen auslöste – einige Besitzerinnen der Google Glass wurden als »Glaslöcher« beschimpft und es wurde befürchtet, dass das Produkt gegen Datenschutzgesetze verstoßen könnte –, stellte das Unternehmen 2015 das Angebot der intelligenten Brille ein und gab sie zurück in sein Forschungslabor.

Zwei Jahre später wurde das Produkt als Google Glass Enterprise Edition wieder auf den Markt gebracht, ein B2B-Produkt, das sich an Menschen richtet, die Zugang zu Online-Informationen benötigen, während sie ihre Hände zur Erledigung ihrer Arbeit benutzen, z.B. Ärztinnen, die Patientinnen behandeln, und Fließbandarbeiterinnen, die schnell Informationen nachschlagen müssen.

Wenn solch eine starke Veränderung nicht infrage kommt oder wenn Sie bereits ein- oder zweimal umgeschwenkt sind, dann sollten Sie in Erwägung ziehen, Ihr Produkt einzustellen. Das mag zwar drastisch klingen, setzt aber Ressourcen frei und vermeidet die Verschwendung von Zeit, Geld und Energie. Nehmen Sie zum Beispiel Google Wave, ein Produkt, das E-Mail, Instant Messaging und Wikis kombinierte. Aufgrund des mangelnden Erfolgs wurde Wave etwa ein Jahr nach seiner Einführung im Jahr 2009 wieder eingestellt.[17] Denken Sie daran, dass Scheitern zum Innovationsprozess dazugehört; es gibt keine Garantie dafür, dass Ihr Produkt die Wachstumsphase erreicht und ein Erfolg wird.

Wenn Sie feststellen, dass Ihr neu eingeführtes Produkt auf dem Markt gut ankommt, dann ist das großartig. Machen Sie aber nicht den Fehler, es für die Early Adopters zu optimieren. Die ersten Nutzerinnen und Kundinnen eines neuen Technologieprodukts sind in der Regel bereit, einige Kinderkrankheiten in Kauf zu nehmen, solange sie einen Vorteil aus der Nutzung des Produkts ziehen können. Um auf dem Mainstream-Markt Fuß zu fassen, müssen viele Anforderungen erfüllt werden. Dazu gehört die Bereitstellung eines Produkts, das einwandfrei funktioniert und leicht zu beschaffen, zu installieren und zu aktualisieren ist.[18] Folglich ist der Übergang zur Wachstumsphase möglicherweise kein kleiner, inkrementeller Schritt. Stattdessen kann Ihr Produkt auf eine Lücke oder Kluft zwischen dem frühen und dem Mainstream-Markt stoßen, die Sie überwinden müssen [Moore 2006].[19] In Abbildung 2–5 ist der Produktlebenszyklus mit einer Kluft zwischen der Einführungs- und der Wachstumsphase dargestellt.

---

17. Google hat den größten Teil des Quellcodes von Wave für die Apache Software Foundation freigegeben:
https://en.wikipedia.org/wiki/Apache_Wave und *http://incubator.apache.org/wave/about.html.*

18. In seinem Buch *Crossing the Chasm* unterscheidet Geoffrey Moore fünf Kundengruppen: Innovatoren, Early Adopters, Early Majority, Late Majority und Laggards. Die Innovatoren sind Technologie-Enthusiasten; sie kaufen und nutzen Ihr Produkt in der Regel, sobald es auf den Markt kommt. Die Early Adopters sind Visionäre, die den Nutzen des Produkts für sich selbst erkennen können. Zusammen bilden sie den Einstiegsmarkt. Innovatoren und Early Adopters nehmen möglicherweise ein schlechtes Kundenerlebnis in Kauf. Sie lassen sich nicht abschrecken, wenn das Produkt schwer zu installieren, zu benutzen oder zu aktualisieren ist, und sie erwarten nicht, dass Probleme schnell vom Supportteam gelöst werden. Das ist bei der Early Majority aber nicht der Fall.

19. [Downes & Nunes 2013] gehen davon aus, dass bei bestimmten Störungen nur zwei Kundengruppen betroffen sind: *Testnutzer* und *die große Mehrheit*. Erstere entsprechen in etwa dem frühen Markt und Letztere dem Mainstream-Markt.

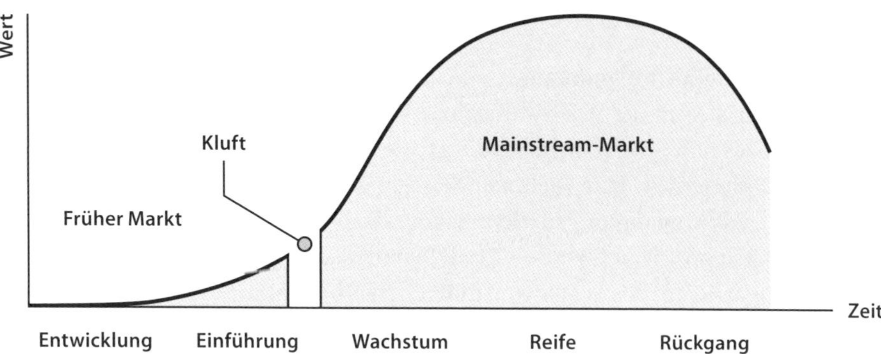

Abb. 2–5 *Das Produktlebenszyklusmodell mit Kluft*

Um diese Kluft zu überbrücken, müssen Sie Ihr Produkt anpassen und verbessern. Dies kann die Verbesserung der Benutzerfreundlichkeit, das Hinzufügen oder Verbessern von Leistungsmerkmalen, ein Architektur-Refactoring oder die Änderung einiger der zugrunde liegenden Technologien sowie die Anpassung des Geschäftsmodells umfassen.[20] Letzteres kann eine Reduzierung der Kosten für die Kundenakquise und eine Änderung bei den Marketing- und Vertriebskanälen beinhalten. Nehmen Sie die Apple Watch als Beispiel. Die Smartwatch wurde im April 2015 als iPhone-Zubehör und Lifestyle-Gadget auf den Markt gebracht. Obwohl das Produkt im Allgemeinen gut aufgenommen wurde, musste Apple seine Strategie ändern und das Produkt in den kommenden Jahren anpassen, um einen Product-Market Fit zu erreichen. Zunächst grenzte das Unternehmen die Zielgruppe ein und schärfte das Wertversprechen der Smartwatch, indem es sich auf den Fitnessmarkt konzentrierte und sie in ein Fitnessgerät verwandelte. Dies ermöglichte es dem Unternehmen, den nächsten Schritt zu machen und die Apple Watch mit Gesundheitsfunktionen auszustatten und sie so als Gesundheits- und Fitnessprodukt zu positionieren, das einen größeren Markt bedient. Derzeit funktioniert die neueste Version der Apple Watch, Series 7, ohne iPhone, misst die Herzfrequenz und den Sauerstoffgehalt im Blut, verfügt über eine EKG-ähnliche Funktion und bietet eine große Auswahl an Drittanbieter-Apps. Wie dieses Beispiel zeigt, kann es eine Herausforderung sein, den Product-Market Fit zu erreichen und in die Wachstumsphase einzutreten, selbst für erfolgreiche Unternehmen und Produkte des Typs angrenzende Innovation. Die Produktstrategie ist in der Einführungsphase wahrscheinlich volatil und erfordert möglicherweise häufige Aktualisierungen, um das Produkt voranzubringen und in die Wachstumsphase einzutreten.

---

20. Ein *Architektur-Refactoring* ist eine größere Refactoring-Tätigkeit, die nicht nur einzelne Klassen und Methoden, sondern auch die Gesamtstruktur eines Softwareprodukts betrifft. Während das Refactoring auf Klassenebene Teil der normalen Entwicklungsarbeit sein sollte, erfordert das Architektur-Refactoring oft einen speziellen Zeitaufwand, beispielsweise einen ganzen Sprint oder sogar ein ganzes Release.

2.5.3 Wachstumsphase

Sobald ein Produkt ein signifikantes Wachstum erfährt, hat es den Product-Market Fit erreicht und ist in die Wachstumsphase eingetreten. Anders ausgedrückt: Das Produkt leistet nun gute Arbeit für die große Anzahl der Nutzerinnen und Kundinnen und bietet dem Unternehmen den gewünschten wirtschaftlichen Benefit. Ein Produkt, das Einnahmen generiert, hat inzwischen den Break-even-Point erreicht und sollte einen positiven Cashflow erwirtschaften. Die Produktstrategie muss sich darauf konzentrieren, das Wachstum aufrechtzuerhalten, den Markt zu durchdringen und die Konkurrenz abzuwehren. Sie müssen also Wege finden, um mehr Nutzerinnen und Kundinnen zu gewinnen und Ihr Produkt klar zu differenzieren. Die Chancen stehen gut, dass die Mitbewerber beginnen werden, einige der Leistungsmerkmale zu kopieren. Denken Sie daran, was im Bereich der Smartphones passiert ist: Das Design des ursprünglichen iPhones, das einst ein wichtiges Unterscheidungsmerkmal war, ist zum Standard für alle modernen Telefone geworden. Oder nehmen Sie die innovativen Drei-Kamera-Smartphones von Samsung, die sich schnell dem Wettbewerb von iPhone-Modellen ausgesetzt sahen, die ebenfalls mit drei Kameras ausgestattet waren.

Obwohl Sie in der Regel wollen, dass Ihr Produkt so schnell wie möglich in die Wachstumsphase eintritt, ist dies mit Herausforderungen verbunden. Sie haben es nun mit einem Produkt zu tun, das eine größere, wachsende Zielgruppe mit unterschiedlichen Bedürfnissen bedient, das immer mehr Leistungsmerkmale aufweist und für dessen Entwicklung mehr Leute benötigt werden. Sie sollten daher die folgenden beiden Techniken in Betracht ziehen, um das Wachstum zu unterstützen:

1. Sie könnten Ihr Produkt entflechten, indem Sie ein oder mehrere Leistungsmerkmale ausgliedern und in ein neues Produkt umwandeln – so wie es Facebook mit dem Messenger getan hat.
2. Sie könnten Produktvarianten schaffen und spezialisierte Versionen Ihres Produkts für ein bestimmtes Marktsegment entwickeln. Denken Sie zum Beispiel an YouTube Kids.

Ich werde beide Techniken später in diesem Buch näher erläutern.

Außerdem sollten Sie sorgfältig festlegen, wie viele Produktpersonen Sie brauchen, um das wachsende Produkt zu managen und die verschiedenen Entwicklungsteams zu leiten, und wie sie zusammenarbeiten sollen. Ich finde es hilfreich, wenn eine Person für das Gesamtprodukt verantwortlich ist. Diese Person arbeitet mit weiteren Personen zusammen, die an der Produktentwicklung beteiligt sind und sich um Teile des Produkts wie Leistungsmerkmale oder Komponenten kümmern. Wenn Sie Scrum einsetzen, kann die Anwendung dieses Frameworks dazu führen, dass es eine übergeordnete Scrum Product Ownerin gibt, die mit mehreren Feature- und Komponentenverantwortlichen zusammenarbeitet [Pichler 2016]. Meiner Meinung nach eignet sich diese Struktur gut für die Wachstumsphase, in der sich die

Produktstrategie noch ändert – wenn auch nicht so stark wie in der Entwicklungs- und Einführungsphase. Der Einsatz einer strategischen und taktischen Produktrolle, wie sie das Skalierungsframework SAFe® vorschlägt, ist meiner Erfahrung nach eher für ausgereifte Produkte geeignet, bei denen die Produktstrategie stabil ist, vorausgesetzt Sie entscheiden sich nicht für eine Verlängerung des Lebenszyklus.[21] Unabhängig davon, für welchen Skalierungsansatz Sie sich entscheiden, sollten Sie nicht warten, bis Sie den Product-Market Fit erreicht haben, bevor Sie entscheiden, wie Sie den erforderlichen Aufwand für das Produktmanagement aufteilen, und nach den richtigen Personen für die Zusammenarbeit suchen. Beginnen Sie diesen Prozess bereits in der Einführungsphase, wenn Sie einen nachhaltigen Anstieg der Wertkurve Ihres Produkts feststellen.

2.5.4 Reifephase

Trotz aller Bemühungen wird das Wachstum irgendwann stagnieren und Ihr Produkt wird ausgereift sein. Wenn dies geschieht, stehen Sie vor einem wichtigen strategischen Wendepunkt mit zwei Optionen: Verlängern Sie den Produktlebenszyklus oder verwandeln Sie Ihr Produkt in eine Cashcow. Schauen wir uns diese Optionen genauer an.

Option 1: Verlängerung des Lebenszyklus

Die erste Möglichkeit ist in Abbildung 2–6 dargestellt. Sie besteht darin, das Produkt wieder in die Wachstumsphase zu bringen und damit seinen Lebenszyklus zu verlängern.[22]

21. SAFe® steht für Scaled Agile Framework. Es ist eines von mehreren agilen Skalierungsframeworks, die derzeit verfügbar sind, siehe *https://www.scaledagileframework.com* für weitere Informationen.

22. [Moon 2005] argumentiert, dass der Produktlebenszyklus nicht linear sein muss und die Verjüngung des Produkts eine gute Option sein kann.

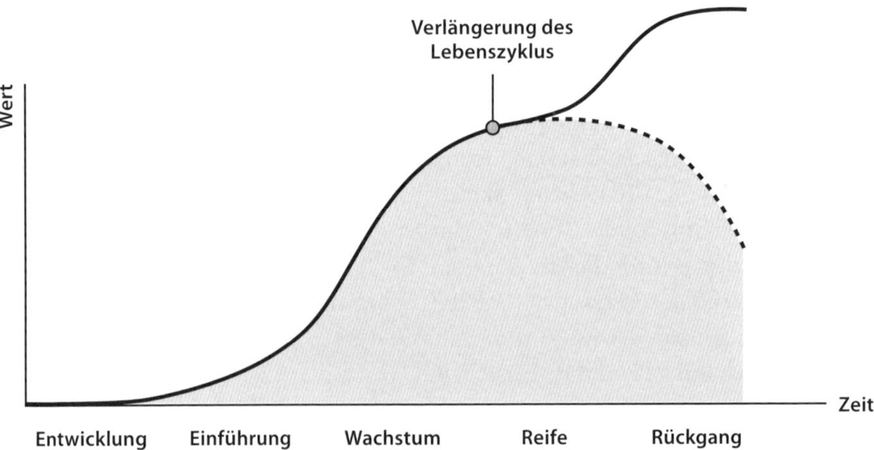

Abb. 2–6 *Verlängerung des Produktlebenszyklus*

Verschiedene Techniken können Ihnen helfen, ein alterndes Produkt wieder attraktiv zu machen. Schauen wir uns vier davon an.

- Als Erstes können Sie die Fähigkeiten des Geräts verbessern und neue Leistungsmerkmale hinzufügen, wie es Apple mit dem iPhone getan hat. Das Unternehmen führte Apps ein, erweiterte das Produkt, verbesserte die Kamera und fügte die Gesichtserkennung hinzu, um nur einige Beispiele zu nennen.
- Manchmal ist jedoch auch die umgekehrte Strategie sinnvoll. Anstatt weitere Leistungsmerkmale hinzuzufügen, sollten Sie vielleicht einige entfernen und Ihr Produkt entrümpeln. Nehmen Sie zum Beispiel Microsoft Word. Microsoft hat in den letzten Jahren erhebliche Anstrengungen unternommen, um die Anwendung zu vereinfachen und so die Nutzung des Produkts für die Nutzerinnen zu erleichtern.
- Eine dritte Möglichkeit, das Wachstum zu fördern, besteht darin, Ihr Produkt in einen neuen Markt oder ein neues Marktsegment zu bringen. Denken Sie zum Beispiel an YouTube-Premium, eine Variante von YouTube. Derzeit ermöglicht das Produkt das werbefreie Anschauen und Herunterladen von YouTube-Videos sowie das Anhören und Herunterladen von Songs auf YouTube Music.
- Oder Sie bündeln Ihr Produkt mit anderen Angeboten, um seine Attraktivität zu erhöhen. Bei iOS und Android wird beispielsweise ein mobiles Betriebssystem mit mehreren vorinstallierten Apps gebündelt, darunter ein Webbrowser, ein E-Mail-Client und ein Navigationssystem.

Die Verlängerung des Lebenszyklus eines Produkts und die Rückkehr in die Wachstumsphase mag zwar eine gute Idee sein, ist aber nicht immer die richtige Wahl für Ihr Produkt. Ob Sie diese Option wählen sollten, hängt von drei Hauptfaktoren ab:

1. Die Kategorie, zu der das Produkt gehört, ist nach wie vor attraktiv.
2. Es ist nicht notwendig, das Produkt in eine Cashcow zu verwandeln.
3. Sie können die nötige Zeit und das Geld investieren, um den Lebenszyklus zu verlängern.

Wenn die Kategorie, zu der Ihr Produkt gehört, ihre Attraktivität verloren hat, wird es schwierig sein, das Produkt wiederzubeleben. Nehmen Sie zum Beispiel MP3-Player. Diese Kategorie hat ihre Attraktivität verloren. Die meisten Menschen hören Musik auf ihren Handys, anstatt spezielle MP3-Player zu benutzen. Wenn z.B. Apple seine iPods wiederbeleben wollte, wäre dies nur schwer möglich (es sei denn, das Unternehmen positioniert sie als Nischenprodukte für audiophile Kundinnen neu).

Außerdem ist eine Verlängerung des Lebenszyklus nur dann sinnvoll, wenn Sie Ihr Produkt nicht in eine *Cashcow* verwandeln müssen. Wie der Name schon sagt, ist eine »Cashcow« ein Produkt, das viele wirtschaftliche Vorteile bietet und vergleichsweise geringe Investitionen erfordert. Jedes Produktportfolio sollte eine gesunde Mischung aus jüngeren und älteren Produkten enthalten [Henderson 1970]: Ältere Produkte dienen im Wesentlichen als Kerninnovationen und finanzieren die Entwicklung neuer Produkte. Es kann daher von Vorteil sein, die Reife zu akzeptieren und Ihr Produkt altern zu lassen, wie ich im Folgenden erläutere.

Schließlich kann die Verlängerung des Produktlebenszyklus einen erheblichen Zeit- und Geldaufwand erfordern: Sie müssen unter Umständen Markt-, Nutzer- und Konkurrenzforschung betreiben, neue Leistungsmerkmale anbieten, neue Technologien evaluieren und in das Produkt integrieren sowie das Geschäftsmodell anpassen. Und je länger Ihr Produkt in der Reifephase ist und je schlechter die Codequalität ist, desto größer wird wahrscheinlich dieser Aufwand sein: Die Chancen stehen gut, dass sich der Markt weiterentwickelt hat, während Sie sich auf kleinere, schrittweise Verbesserungen konzentriert haben, um die aktuelle Position Ihres Produkts zu sichern. Es kann dann eine Herausforderung sein, einen anderen Gang einzulegen, eine unternehmerische Denkweise anzunehmen und das Produkt zu erneuern. Ähnlich verhält es sich bei einem Produkt mit schlechter Softwarequalität – beispielsweise mit vielen Fehlern und Spaghetticode –, was eine Verlängerung des Lebenszyklus erschwert und verteuert. Es kann sein, dass Sie Architektur-Refactorings durchführen müssen, bevor Sie neue Leistungsmerkmale hinzufügen und bestehende verbessern können.

Option 2: Cashcow

Ihre zweite Möglichkeit ist, das Produkt reifen zu lassen und es als *Cashcow* zu nutzen. Ein solches Produkt bringt viele wirtschaftliche Vorteile mit sich, erfordert aber nur eine moderate bis geringe Investition. Diese Option ist ratsam, wenn eine Verlängerung des Lebenszyklus nicht erforderlich ist. Dies bedeutet, dass Sie andere Produkte in der Pipeline haben, die Ihr Produkt schließlich ersetzen werden, oder Sie sich durch eine Übernahme neue Produkte sichern können.

Wenn Sie ein Produkt als Cashcow verwenden, wird es zu einer Kerninnovation. Folglich sollten Sie eine konservativere Haltung einnehmen und defensiv vorgehen. In der Regel wollen Sie die Position Ihres Produkts auf dem Markt schützen und gleichzeitig die Ausgaben für das Produkt so gering wie möglich halten. Dies führt oft zu kleinen schrittweisen Verbesserungen und Fehlerbehebungen und nicht zu größeren Änderungen wie dem Hinzufügen brandneuer Leistungsmerkmale. Es könnte auch attraktiv sein, einen Teil der Entwicklungsarbeit auszulagern, wenn dies zur Kostensenkung beiträgt. Um ein Produkt über einen längeren Zeitraum hinweg zu pflegen und einen frühzeitigen Rückgang zu verhindern, dürfen Sie jedoch nicht selbstgefällig werden und es vernachlässigen. Auch wenn die Produktstrategie in diesem Stadium wahrscheinlich stabil ist, müssen Sie die Marktentwicklungen im Auge behalten und die Konkurrenz beobachten, die wirtschaftliche Leistung des Produkts weiterverfolgen und regelmäßig überprüfen, ob die derzeitige Strategie noch funktioniert. Zudem müssen sie so viel Geld investieren, wie notwendig ist, damit die Nutzerinnen des Produkts weiter einen Mehrwert davon haben.

2.5.5 Rückgangsphase

Selbst wenn ein ausgereiftes Produkt gut gepflegt wird, wird es eines Tages das Stadium des Rückgangs erreichen. Der durch das Produkt erzeugte Geschäftswert beginnt zu sinken. Denken Sie an den iPod Classic, den ursprünglichen MP3-Player von Apple. Das Produkt dominierte seine Kategorie zu einem bestimmten Zeitpunkt, inspirierte viele Produktdesignerinnen und war eine große Einnahmequelle für das Unternehmen. Doch nach Jahren rückläufiger Verkaufszahlen stellte Apple den iPod Classic 2014 endgültig ein.

Wenn Ihr Produkt in die Rückgangsphase eingetreten ist, haben Sie wiederum zwei wesentliche Optionen: Die erste Möglichkeit ist, den Rückgang als letzte Phase im Lebenszyklus Ihres Produkts zu akzeptieren. Wenn Sie sich dafür entscheiden, sollten Sie überlegen, was es bedeutet, wenn das Produkt vom Markt genommen wird. Einige B2B-Produkte, z.B. in den Bereichen Telekommunikation und Gesundheitswesen, werden zusammen mit Serviceverträgen verkauft. Diese erfordern in der Regel nach dem Verkauf die Wartung und Instandhaltung der Produkte. In diesen Fällen unterscheiden sich das *Verkaufsende* und das *Ende der Lebensdauer.* Das macht es notwendig zu planen, wie das Produkt mit minimalen Investitionen vom Markt genommen werden kann und gleichzeitig die bestehenden Verträge eingehalten werden können. Dazu könnte die Auslagerung oder Verlagerung (eines Teils) der Wartungsarbeiten gehören. Darüber hinaus sollten Sie prüfen, wie Sie die bestehende Kundschaft dazu ermutigen können, auf ein neues Produkt umzusteigen, z.B. indem Sie einen Sonderrabatt anbieten – sofern ein solches Produkt verfügbar sein wird.

Alternativ könnten Sie versuchen, das Produkt durch eine Neupositionierung als Nischenprodukt »wiederzubeleben«. Nehmen wir zum Beispiel Plattenspieler. Als ich in den 1970er-Jahren ein Kind war, waren Plattenspieler allgegenwärtig. Auch ich hatte einen kleinen und spielte stundenlang meine Lieblingsplatten ab. Dann kamen die Tonbandkassette, der CD-Player und die Musik-Streaming-Dienste. Der Absatz von Plattenspielern ging mehr und mehr zurück, bis die Produktkategorie fast ausgestorben schien. Doch während die neuen Technologien das Hören von Musik immer bequemer machten, tauchten Plattenspieler wieder auf – zunächst als Nischenprodukt für audiophile Menschen, die sich nach der Klangqualität von Schallplatten sehnten. Überraschenderweise haben Plattenspieler jedoch ein bemerkenswertes Comeback erlebt, und der Verkauf von Schallplatten ist allein in den USA bis 2020 auf 27,5 Millionen gestiegen.[23] Wie dieses Beispiel zeigt, kann die Neupositionierung eines sinkenden Vermögenswerts als Nischenprodukt einem im Niedergang begriffenen Produkt zu einem zweiten Leben verhelfen.

23. *https://www.statista.com/chart/7699/lp-sales-in-the-united-states/.*

2.5.6 Zusammenfassung

In Tabelle 2–2 ist zusammengefasst, wie die Lebenszyklusphasen die Produktstrategie beeinflussen.

Phase im Lebenszyklus	Strategie
Entwicklung	Erstellen Sie eine validierte Strategie: eine Strategie, die wahrscheinlich zu einem wirkungsvollen, realisierbaren, wirtschaftlich tragfähigen und ethisch vertretbaren Produkt führt.
Einführung	Passen Sie Ihr Produkt an und verbessern Sie es, um den Product-Market Fit (PMF) zu erreichen. Dies kann kleine schrittweise Änderungen erfordern, wie die Verbesserung der Benutzerfreundlichkeit, das Hinzufügen neuer Leistungsmerkmale, ein Architektur-Refactoring oder die Anpassung des Geschäftsmodells, um die Skalierbarkeit zu gewährleisten. Es kann aber auch eine drastischere Änderung, eine Neuausrichtung, erforderlich sein. Ziel ist es, am Ende dieser Phase den Break-even-Point für ein umsatzbringendes Produkt zu erreichen. Entscheiden Sie, wie Sie den zunehmenden Aufwand für das Produktmanagement aufteilen wollen. Dem zugrunde liegt die Annahme, dass die Arbeit für eine Person zu viel wird, sobald das Produkt in die Wachstumsphase eingetreten ist.
Wachstum	Halten Sie das Wachstum aufrecht, indem Sie den Markt mehr und mehr durchdringen und Mitbewerber abwehren. Halten Sie Ihr Produkt attraktiv und entwickeln Sie es weiter. Fügen Sie neue Leistungsmerkmale hinzu und erweitern Sie bestehende. Verbessern Sie die Benutzerfreundlichkeit. Erwägen Sie, Ihr Produkt aufzusplitten und Varianten zu erstellen, um das Wachstum zu steuern. Wenn Ihr Produkt Einnahmen generiert, stellen Sie sicher, dass es profitabel ist.
Reife	Wenn das Wachstum stagniert, sollten Sie den Lebenszyklus verlängern und das Wachstum wieder ankurbeln, indem Sie das Produkt z.B. auf einen neuen Markt bringen oder es mit einem anderen Produkt oder einer anderen Dienstleistung bündeln. Oder Sie machen es zu einer Cashcow und »melken« es so weit wie möglich. Verteidigen Sie seinen Marktanteil und konzentrieren Sie sich auf die Maximierung der Rentabilität von Produkten, die Einnahmen generieren.
Rückgang	Reduzieren Sie die Kosten, um das Produkt so lange wie möglich wirtschaftlich lebensfähig zu halten, und beginnen Sie dann, es schrittweise einzustellen. Bringen Sie die bestehende Kundschaft dazu, auf ein neues Angebot umzusteigen. Erwägen Sie ein Outsourcing oder Offshoring eines Teils der Entwicklungsarbeit. Oder Sie können Ihr Produkt »wiederbeleben« und als attraktives Angebot neu positionieren.

Tab. 2–2 *Der Produktlebenszyklus und die Produktstrategie*

Zwar sollte die Produktstrategie mit dem Wachstum und der Reife Ihres Produkts zunehmend stabiler werden, doch wird sie sich weiterhin verändern und weiterentwickeln, wie Tabelle 2–2 zeigt. Sie sollten daher regelmäßig die wirtschaftliche Leistung Ihres Produkts bewerten und Ihre Strategie entsprechend anpassen – unabhängig davon, in welcher Lebenszyklusphase es sich befindet. Strategie und Umsetzung gehen bei digitalen Produkten Hand in Hand, sie sind zwei Seiten derselben Medaille. Die Strategiearbeit ist erst dann beendet, wenn das Produkt vom Markt genommen wurde.

2.6 Arbeiten Sie mit den Stakeholderinnen und den Entwicklungsteams zusammen

Die schönste Produktstrategie ist nutzlos, wenn die Stakeholderinnen sowie die Mitglieder des Entwicklungsteams nicht dahinterstehen und ihr folgen. Ihre Zustimmung zu sichern und eine gemeinsame Strategie zu entwickeln, ist daher von größter Bedeutung. In den folgenden Abschnitten finden Sie Techniken, die Ihnen dabei helfen.

2.6.1 Identifizierung der Interessengruppen

Eine Stakeholderin ist eine Person, die ein Interesse an Ihrem Produkt hat – das sind alle, die davon betroffen sind oder ein Interesse daran zeigen. Obwohl diese Definition sowohl Nutzerinnen und Kundinnen als auch Entwicklungsteams einschließt, verwende ich den Begriff, um die Stakeholderinnen zu adressieren, mit denen wir in einer direkten Geschäftsbeziehung stehen. Bei einem kommerziellen Produkt sind das wahrscheinlich Vertreterinnen aus dem Marketing, Vertrieb und Support.

Aber auch Personen aus der Rechtsabteilung, dem Finanzwesen und der Personalabteilung können dazu gehören. Bei einem firmeneigenen Produkt können Ihre Stakeholderinnen aus den betroffenen Geschäftsbereichen, dem Betrieb und dem Linienmanagement stammen.

2.6.2 Stakeholder-Analyse und Engagement

Sobald Sie die Stakeholderinnen identifiziert haben, sollten Sie festlegen, wie Sie sie am besten einbinden können. Dazu können Sie die Stakeholder-Map verwenden, die in [Eden & Ackermann 2011] beschrieben ist. Das Raster analysiert die Stakeholderinnen unter Berücksichtigung ihres Einflusses auf die Produktentwicklung und ihres Interesses an der konkreten Ausgestaltung. Es geht davon aus, dass die Stakeholderinnen ein geringes oder großes Interesse an Ihrem Produkt haben und wenig oder viel Einfluss besitzen. Daraus ergeben sich vier Stakeholder-Gruppen: Akteure, Anwender, Kontext-Geber und die »Crowd«, wie Abbildung 2–7 zeigt.

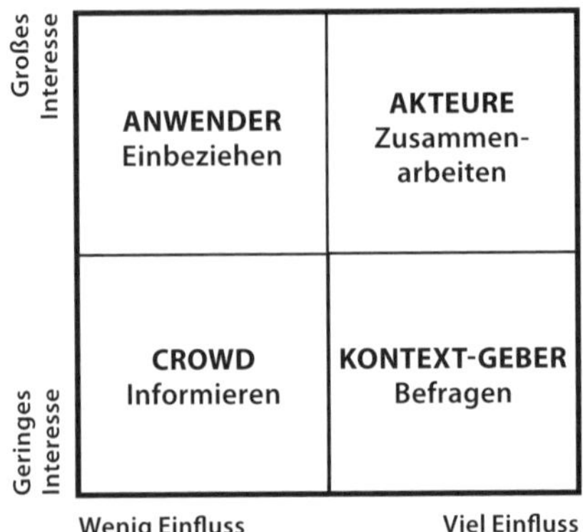

Abb. 2–7 *Stakeholder-Map*

Stakeholderinnen mit großem Interesse und viel Einfluss werden als *Akteure* bezeichnet. Diese Personen sind die wichtigsten Stakeholderinnen und wichtige Partner für Sie: Sie sollten Ihnen bei der Erstellung und Aktualisierung der Produktstrategie und der Produkt-Roadmap behilflich sein. Bemühen Sie sich um ihre Zustimmung, nutzen Sie ihre Ideen und ihr Wissen und bauen Sie enge und vertrauensvolle Beziehungen zu ihnen auf. Versuchen Sie außerdem, die Gruppe der Akteure stabil zu halten, damit die einzelnen Personen kontinuierlich mit Ihnen zusammenarbeiten. Dies vermeidet Wissensverluste durch Übergaben, erleichtert den Aufbau von Vertrauen und fördert dadurch die effektive Zusammenarbeit und Entscheidungsfindung. Nicht wünschenswert wäre es zum Beispiel, wenn das Marketing jedes Mal eine neue Vertreterin zum Produktstrategie-Workshop schickt.

Seien Sie sich jedoch bewusst, dass die Zusammenarbeit eine Führungsrolle erfordert. Als Produktperson sollten Sie sich kooperativ zeigen und aufgeschlossen sein. Bemühen Sie sich um einen Konsens mit den Beteiligten, aber scheuen Sie sich auch nicht davor, schwierige Gespräche zu führen. Geben Sie sich nicht mit dem kleinsten gemeinsamen Nenner zufrieden. Haben Sie den Mut, zu entscheiden, wenn keine Einigung erzielt werden kann. Großartige Produkte werden nicht auf Basis schwacher Kompromisse entwickelt. Wie ein Sprichwort sagt: »A camel is a horse designed by committee.«[24]

Anwender sind Personen mit großem Interesse, aber wenig Einfluss, z.B. Nutzerinnen Ihres Produkts und Personen, die an verwandten Produkten arbeiten. Diese Personen fühlen sich von dem Produkt betroffen und möchten es beeinflussen. Sie sind nicht an Entscheidungen beteiligt, können jedoch wertvolles Feedback geben und dazu beitragen, dass Ihr Produkt im gesamten Unternehmen verstanden und unterstützt wird. Binden Sie sie ein, indem Sie sie z.B. zur Teilnahme an einem

24. *Anm.d.Übers.*: dt. etwa: »Ein Kamel ist ein Pferd, das von einem Komitee konzipiert wurde.«

Benutzerforum, einem Early-Adopter-Programm und/oder ausgewählten Sprint-Review-Meetings einladen.

Personen mit geringem Interesse, aber viel Einfluss werden als *Kontext-Geber* bezeichnet. Sie haben Einfluss auf den Kontext des Produkts, interessieren sich aber in der Regel nur wenig für die konkrete Ausgestaltung des Produkts. Kontext-Geber sind oft einflussreiche leitende Angestellte und Führungskräfte, die Ihnen das Leben schwer machen können, wenn sie nicht auf Ihrer Seite stehen. Konsultieren Sie sie regelmäßig, um sicherzustellen, dass ihre Meinung gehört wird, z. B. indem Sie sie zu Sprint-Reviews oder Einzelgesprächen einladen. Lassen Sie sich aber nicht von den Kontext-Gebern einschüchtern und erlauben Sie ihnen nicht, Ihnen Produktentscheidungen aufzuzwingen.

Alle anderen sind Teil der *Crowd*. Da diese Personen kein besonderes Interesse an Ihrem Produkt und keinen Einfluss auf Produktentscheidungen haben, reicht es in der Regel aus, sie auf dem Laufenden zu halten, z. B. indem sie vierteljährlich ein Update erhalten.

Zwei häufige Stolperfallen im Stakeholder-Management, die Sie vermeiden sollten

Ich sehe bei Produktpersonen immer wieder zwei Fehler, wenn es um das Stakeholder-Management geht. Der erste besteht darin, es den Stakeholderinnen recht zu machen, zu allen Ideen und Wünschen Ja zu sagen und schwache Kompromisse auszuhandeln. So entsteht vielleicht eine Produktstrategie, die die Stakeholderinnen glücklich macht. Aber es ist unwahrscheinlich, dass damit ein nachhaltiger Produkterfolg erzielt wird. Der zweite Fehler ist, die Produktstrategie ohne Beteiligung der Stakeholderinnen zu erstellen, ihnen einen fertigen Plan vorzulegen und zu erwarten, dass die einzelnen Personen diesem zustimmen. Auf diese Weise werden das Wissen und die Erfahrung der Stakeholderinnen nicht genutzt. Außerdem ist die Chance sehr gering, dass diese die Produktentscheidungen in vollem Umfang unterstützen und umsetzen, da sie nicht die Möglichkeit hatten, ihre Ansichten und Bedenken mitzuteilen.

Um diese Stolperfallen zu umgehen, sollten Sie ein echtes Interesse an den Ideen, Anliegen und Bedürfnissen Ihrer wichtigsten Stakeholderinnen zeigen. Bauen Sie vertrauensvolle Beziehungen zu ihnen auf und beziehen Sie sie frühzeitig und regelmäßig in die Strategiearbeit ein. Wenn Sie jedoch mit aufdringlichen Personen konfrontiert werden, die darauf bestehen, dass ihre Wünsche umgesetzt werden müssen, sollten Sie nicht einfach nachgeben. Beruhigen Sie sie nicht und gehen Sie einem schwierigen Gespräch nicht aus dem Weg. Hören Sie ihnen stattdessen geduldig zu und danken Sie ihnen, dass sie ihre Ideen mitgeteilt haben. Aber scheuen Sie sich nicht, Nein zu sagen, solange Sie deutlich erklären, warum Sie eine Forderung ablehnen, und Ihre Argumente mit Daten untermauern können. Denken Sie daran, dass Ihre Aufgabe darin besteht, das Produkt zum Erfolg zu führen, nicht darin, es den Stakeholderinnen recht zu machen.

2.6.3 Gemeinsame Workshops

Die Durchführung eines gemeinsamen Workshops ist eine gute Möglichkeit, eine Produktstrategie zu entwickeln, sei es für ein neues oder ein stark verändertes Produkt. Ziel des Workshops ist es, eine erste überprüfbare und abgestimmte Strategie zu entwickeln. Wenn Sie an einem brandneuen Produkt arbeiten, können Sie den Workshop auch nutzen, um eine geteilte und inspirierende Produktvision zu entwickeln.

Die Durchführung eines solchen Workshops, sei es online oder vor Ort, bietet drei wesentliche Vorteile:

- Es hilft Ihnen, bessere Entscheidungen zu treffen. Dies wird erreicht, indem die kollektive Kreativität und das Fachwissen der Teilnehmenden genutzt werden.
- Es schafft ein gemeinsames Verständnis und verbindet die Menschen. Alle verstehen die entstandene Produktstrategie und wissen, auf welchen Entscheidungen sie beruht.
- Es stärkt die Akzeptanz. Wenn man die Menschen dazu einlädt, zu einer Entscheidung beizutragen, erhält man in der Regel mehr Unterstützung und erhöht die Wahrscheinlichkeit, dass die Menschen der Strategie folgen, statt nur ein Lippenbekenntnis abzulegen.

Um diese Vorteile zu nutzen, sollten Sie die folgenden sieben Tipps anwenden, die auf meinem Buch *Leadership im Produktmanagement* [Pichler 2022] basieren.

1. **Beziehen Sie die richtigen Personen mit ein:**
   Dies sind die wichtigsten Stakeholderinnen, Mitglieder des Entwicklungsteams und Sie selbst. Sie können auch Anwenderinnen und Kontext-Geber einladen, wenn deren Beitrag erforderlich ist. Vermeiden Sie jedoch Workshops, bei denen Personen anwesend sind, die für die richtigen Entscheidungen nicht benötigt werden. Wenn Sie feststellen, dass Sie für eine Produktentscheidung immer von einer kleinen Gruppe abhängig sind, sollten Sie die Gründe dafür untersuchen. Vielleicht trauen Ihnen die Personen nicht zu, dass Sie ihre Anliegen und Bedürfnisse berücksichtigen. Oder Sie sind möglicherweise nicht vollständig befugt, die notwendigen Entscheidungen selbst zu treffen.

2. **Setzen Sie eine explizite Moderatorin ein:**
   Bitten Sie Ihren Scrum Master oder eine qualifizierte Moderatorin, Ihnen bei der Vorbereitung und Durchführung des Workshops zu helfen. Dazu gehören das Aufstellen von Grundregeln, die Unterstützung beim Festlegen einer effektiven Entscheidungsregel (siehe unten), die Anleitung der an dem Workshop teilnehmenden Personen durch den Entscheidungsprozess und das Sicherstellen, dass alle gehört werden und niemand dominiert. Das erhöht die Wahrscheinlichkeit eines erfolgreichen Workshops und ermöglicht es Ihnen, sich darauf konzentrieren, zu den Produktentscheidungen beizutragen, anstatt gleichzeitig moderieren zu müssen.
3. **Fördern Sie eine kollaborative Denkweise:**
   Ermutigen Sie die Teilnehmenden des Workshops, aktiv an der Produktstrategie mitzuwirken. Hören Sie aufmerksam zu, was die Einzelnen zu sagen haben. Seien Sie aufgeschlossen, vermeiden Sie es, an vorgefassten Meinungen und Ideen festzuhalten, und seien Sie bereit, Ihre Meinung zu ändern, wenn es angebracht ist. Zeigen Sie Wertschätzung für die Vorschläge der anderen, auch wenn Sie damit nicht einverstanden sind oder diese nicht hilfreich finden. Das gibt den Personen das Gefühl, verstanden zu werden, und zeigt ihnen, dass Sie ihre Beiträge wertschätzen.
4. **Legen Sie eine Regel für die Entscheidungsfindung fest:**
   Eine solche Regel legt eindeutig fest, wer entscheidet und wie Sie feststellen können, dass die Entscheidung getroffen wurde. Hilfreiche Entscheidungsregeln für einen Produktstrategie-Workshop sind *Einstimmigkeit*, *Konsent* und *Produktperson entscheidet nach Diskussion*. Die erste Regel setzt voraus, dass alle mit einer Entscheidung einverstanden sind. Die zweite bedeutet, dass niemand nennenswerte Einwände hat. Die dritte Regel fordert Sie schließlich auf, eine Entscheidung zu treffen, nachdem Sie sich die Ideen und Bedenken aller Teilnehmenden angehört haben. Unabhängig davon, welche Regel Sie anwenden, geht es darum, die richtigen Entscheidungen zu treffen – Entscheidungen, die die Chancen maximieren, dass das Produkt den gewünschten Wert generiert, und die gleichzeitig so viel Unterstützung wie möglich von den Stakeholderinnen und den Mitgliedern des Entwicklungsteams erhalten.
5. **Treffen Sie Ihre Entscheidungen auf der Grundlage empirischer Daten** – und nicht auf der Grundlage Ihres Bauchgefühls oder der Meinung der bestbezahlten Person (HiPPO[25]). Wenn Ihnen die relevanten Daten für die Erstellung einer ersten Produktstrategie fehlen, sollten Sie im Vorfeld so viel Marktforschung wie notwendig durchführen, bevor Sie mit der Strategieentwicklung fortfahren.

---

25. *Anm.d.Übers.*: Akronym für Highest Paid Person's Opinion.

6. **Überstürzen Sie wichtige Entscheidungen nicht:**
   Nehmen Sie sich die Zeit, die erforderlich ist, um die Sichtweisen aller Beteiligten zu erfassen und ein gemeinsames Verständnis zu entwickeln, bevor Sie versuchen, eine Einigung zu erzielen – auch wenn Sie die Entscheidung als Produktperson treffen. Dies wird Ihnen helfen, die richtige Entscheidung zu fällen und sich so viel Zustimmung wie möglich zu sichern.
7. **Verwenden Sie ein hilfreiches Werkzeug:**
   Verwenden Sie ein Hilfsmittel wie das Product Vision Board, auf das ich im nächsten Kapitel eingehen werde, um das Gespräch zu strukturieren und Ihre Ideen festzuhalten. Wenn Sie sich nicht sicher sind, welches Werkzeug Sie verwenden sollen, wählen Sie eines, das Ihnen zusagt, und probieren Sie es aus. Stellen Sie sicher, dass alle am Workshop Beteiligten Zugang zu dem Tool haben und wissen, wie es zu verwenden ist. Dies ist besonders wichtig, wenn der Workshop online stattfindet.

Tipps, um die richtigen Personen zur Teilnahme an Strategie-Workshops zu ermutigen

Manchmal sind Stakeholderinnen und Mitglieder des Entwicklungsteams eher zögerlich, wenn es um die Teilnahme an einem Strategie-Workshop geht. Wenn das der Fall ist, sollten Sie als Erstes herausfinden, woran das liegt. Vielleicht versteht die jeweilige Person nicht ganz, warum ihre Teilnahme erforderlich ist? Vielleicht hat sie in der Vergangenheit schlechte Erfahrungen mit wichtigen Entscheidungen gemacht? Vielleicht steht sie unter Zeitdruck? Oder es gibt einen Konflikt mit einer anderen teilnehmenden Person? Sobald Sie den Grund verstanden haben, fragen Sie die Person, wie Sie ihr die Teilnahme an den Workshops erleichtern können, z.B. indem Sie den zeitlichen Rahmen dafür begrenzen.

Ist das Gegenteil der Fall und Sie stellen fest, dass Sie kaum eine strategische Produktentscheidung treffen können, ohne dass eine bestimmte Personengruppe anwesend ist, dann kommen verschiedene Ursachen in Betracht. Vielleicht trauen Ihnen einige Personen nicht zu, dass Sie ihre Anliegen und Bedürfnisse berücksichtigen? Oder Sie sind vielleicht nicht vollständig befugt, die notwendigen Entscheidungen zu treffen? Sobald Sie die zugrunde liegende Ursache ermittelt haben, sollten Sie überlegen, wie Sie sie am besten beheben können.[26]

26. Weitere Ratschläge zur Lösung von Problemen bei der Zusammenarbeit und zum Aufbau effektiver Stakeholder-Beziehungen finden Sie in [Pichler 2022].

3 Entwicklung der Produktstrategie

Das Richtige zu tun ist wichtiger, als die Sache richtig zu machen.

Peter Drucker

In diesem Kapitel bespreche ich eine Reihe von Praktiken, wie eine Produktstrategie gestaltet werden kann. Diese werden Ihnen helfen, die richtigen strategischen Entscheidungen zu treffen. Etwa die richtige Zielgruppe für Ihr Produkt zu finden, einen Bedarf zu entdecken, der es wert ist, angesprochen zu werden, und sicherzustellen, dass sich Ihr Produkt von der Masse abhebt. Die meisten dieser Praktiken sind auf den gesamten Produktlebenszyklus anwendbar, von brandneuen bis hin zu ausgereiften Produkten. Lassen Sie uns nun in die Thematik eintauchen.

3.1 Segmentieren Sie den Markt

Den Markt zu segmentieren bedeutet, die potenziellen Nutzer und Kunden in verschiedene Untergruppen zu unterteilen. Dies hilft Ihnen, ein Produkt mit einem überzeugenden Nutzenversprechen und einem großartigen Benutzererlebnis zielgerichtet zu entwickeln. Ihre Segmente sollten klar abgegrenzt sein, damit es keine Überschneidungen gibt. Anders ausgedrückt: Sie sollten in der Lage sein zu erkennen, wer zu einem Segment gehört und wer nicht. Außerdem sollte jedes Segment homogen sein, und die Menschen darin sollten auf Ihr Produkt in gleicher Weise reagieren. Nehmen Sie die von mir bereits erwähnte App für gesunde Ernährung. Eine große Gruppe von Menschen könnte davon profitieren, darunter Teenager, die an einer Essstörung leiden, und Erwachsene, die Typ-2-Diabetes haben. Der Versuch, es allen mit demselben Produkt recht zu machen, wäre nicht nur eine Herausforderung, sondern würde auch zu einem funktionsreichen Angebot führen, das möglicherweise für niemanden gut geeignet ist.[1]

1. Ein Produkt, das auf ein bestimmtes Segment ausgerichtet ist, kann dazu beitragen, eine starke Marke zu etablieren. [Ries & Trout 1994] argumentieren, dass eine Marke stärker wird, wenn man den Fokus eingrenzt.

3.1.1 Segmentierung nach Kundeneigenschaften und Nutzen

Wie Sie den Markt segmentieren, ist wichtig. Die Segmente legen nicht nur fest, wer die Nutzer und Kunden sind, sie beeinflussen auch viele Produktentscheidungen. Die Möglichkeiten, den Markt einzuteilen, sind vielfältig, von denen jedoch zwei grundlegend sind. Sie können Segmente bilden, die auf den Kundenmerkmalen oder dem Produktnutzen basieren.

Zu den üblichen Kundeneigenschaften gehören die folgenden drei Punkte:

- Demografische Daten wie Alter, Geschlecht, Familienstand, Beruf, Bildung und Einkommen
- Psychografische Daten, einschließlich der Aktivitäten, Interessen und Meinungen der Menschen
- Geografische Regionen wie Europa, Naher Osten und Afrika (EMEA) und Asien-Pazifik (APAC)

Wenn man Business-to-Business-(B2B-)Produkte betrachtet, gibt es zwei zusätzliche Eigenschaften:

- Branchen oder vertikale Bereiche, z.B. Automobilindustrie, Bildungswesen und Gesundheitswesen
- Unternehmensgröße, z.B. kleine und mittlere Unternehmen (KMU)

Auch wenn die oben aufgeführten Attribute unterschiedlich sind, haben sie etwas Wichtiges gemeinsam: Sie alle konzentrieren sich auf den Kunden, sei es eine natürliche Person oder ein Unternehmen. Nehmen wir wieder meine App für gesunde Ernährung. Um den Markt zu segmentieren, könnte ich demografische und psychografische Attribute wählen und meine Zielgruppe als Männer zwischen 20 und 30 Jahren definieren, die alleinstehend sind, lange arbeiten, sich wenig bewegen und häufig auswärts essen.

Ein alternativer Ansatz besteht darin, den Markt anhand des Nutzens, den das Produkt bietet, oder des Problems, das es löst, zu unterteilen [Christensen & Raynor 2013]. Dies bedeutet, dass Sie an erster Stelle die Bedürfnisse der Individuen berücksichtigen. Wenn der Hauptnutzen meiner App für gesunde Ernährung beispielsweise darin besteht, Menschen dabei zu helfen, ihre Essgewohnheiten zu verbessern, könnte ich die folgenden drei Gruppen identifizieren:

- Teenager, die an einer Essstörung leiden,
- alleinstehende Männer zwischen 20 und 30 Jahren, die schlechte Essgewohnheiten haben und abnehmen wollen, und
- Erwachsene mittleren Alters, die Typ-2-Diabetes haben.

Dieser Ansatz wird zu unterschiedlichen Produkten oder Produktvarianten führen.

Der große Vorteil bei der nutzungsbasierten Segmentierung ist, dass sie das Risiko verringert, Personengruppen zu übersehen, die wahrscheinlich einen Nutzen aus Ihrem Produkt ziehen würden. Außerdem bietet sie Ihnen die Möglichkeit, die Marktgrenzen neu zu bestimmen. Nehmen Sie zum Beispiel die Nintendo-Wii-Spielkonsole, die im November 2006 auf den Markt kam. Anstatt sich auf Kundeneigenschaften wie Hardcore- und Gelegenheitsspieler zu stützen und zu versuchen, in diesen Segmenten mit Sony PlayStation und Microsoft Xbox zu konkurrieren, hat sich Nintendo die Nichtkunden der Spieleindustrie angeschaut und untersucht, was Menschen davon abhält, Videospiele zu spielen. Dies ermöglichte es dem Unternehmen, die Grenzen des Markts neu zu definieren und eine Verbindung zu älteren Menschen und kleinen Kindern herzustellen. Zwei Gruppen, die nur wenige demografische und psychografische Merkmale gemeinsam haben. Das Ergebnis war eine innovative Konsole, mit der die Menschen auf neuartige Weise interagieren konnten – durch Bewegungssteuerung und mit einem Zauberstab statt über eine Tastatur oder einen speziellen Controller.

Unabhängig davon, wie Sie den Markt segmentieren, sollten Sie die folgenden beiden Fehler vermeiden:

1. Folgen Sie nicht blindlings vordefinierten Segmenten. Ich habe schon erlebt, dass sich Produktmanager an bestehende Kundengruppen klammerten, während sie versuchten, neue, innovative Produkte zu entwickeln. Es ist wenig überraschend, dass die Ergebnisse schlecht ausfielen.
2. Verwerfen Sie eine Idee nicht, weil sie nicht in eine Reihe von vordefinierten Segmenten passt. Dadurch könnten Sie die Chance verpassen, ein neues Produkt zu entwickeln oder neue Märkte zu erschließen – wie es Apple mit dem iPhone und Nintendo mit der Wii getan haben.

3.1.2 Auswahl des richtigen Segments

Bei der Segmentierung des Markts ergeben sich oft mehrere Gruppen, die Ihr Produkt ansprechen könnte. Im Fall meiner App für gesunde Ernährung könnten dies Teenager mit einer Essstörung, alleinstehende Männer zwischen 20 und 30 Jahren, die abnehmen wollen, und Erwachsene mittleren Alters mit einem Risiko für Typ-2-Diabetes sein. Die Frage ist: »Welches Segment soll ich wählen?« Um diese Frage zu beantworten und das richtige Segment auszuwählen, sollten Sie die verschiedenen Gruppen bewerten und sich für die Gruppe mit dem meisten Potenzial entscheiden. Ein hervorragendes Instrument hierfür ist die *GE/McKinsey-Matrix* [Coyne 2008]. Diese wurde ursprünglich zur Bewertung eines Unternehmensportfolios entwickelt, kann aber auch auf Marktsegmente angewendet werden. Sie ermöglicht Ihnen, die Attraktivität einzelner Segmente mit der Fähigkeit Ihres Unternehmens, diese zu bedienen, in Verbindung zu setzen. In Abbildung 3–1 ist ein beispielhaftes Ergebnis dargestellt.

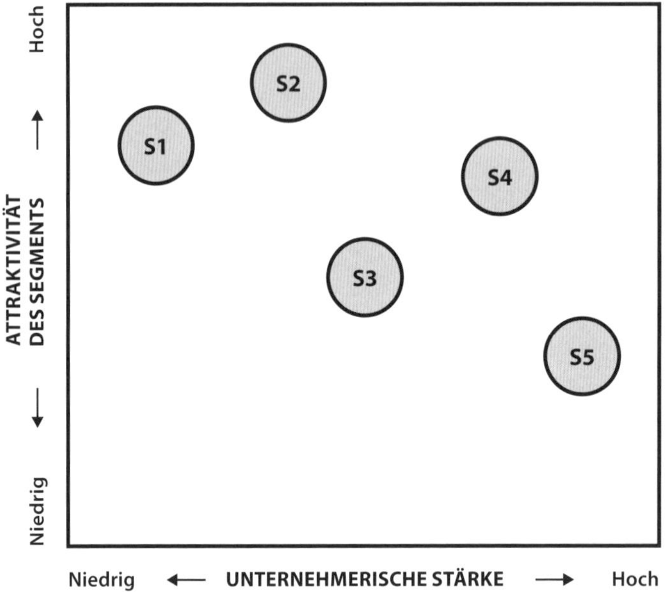

Abb. 3–1 *Die GE/McKinsey-Matrix*

Die GE/McKinsey-Matrix in Abbildung 3–1 gibt auf der vertikalen Achse die Attraktivität des Marktsegments und auf der horizontalen Achse die Stärke des Unternehmens an. Sie zeigt fünf Beispielsegmente, die nach den beiden Dimensionen geordnet sind. Das vielversprechendste ist S4: Es ist attraktiv und das Unternehmen kann es bedienen. S1 und S2 sind attraktiver als S4, aber die Fähigkeit des Unternehmens, sie zu erreichen, ist deutlich geringer. Die beiden anderen Segmente sind weniger attraktiv.

Um die Attraktivität eines Segments zu bestimmen, sind die folgenden vier Kriterien zu berücksichtigen:

- **Bedarf**
  Wie stark ist der Bedarf? Wie sehr wird der Einzelne davon profitieren, dass er angesprochen wird?
- **Größe**
  Wie groß ist das Segment, wie viele Personen umfasst es?
- **Wachstum**
  Sind in dem Segment Anzeichen von Wachstum oder Expansion zu erkennen?
- **Konkurrenten**
  Wer sind die Hauptkonkurrenten und wie stark ist der Wettbewerb?

Um die Stärken des Unternehmens im Wettbewerb zu verstehen, sollten Sie Ihre Fähigkeit, das Segment zu bedienen, untersuchen. Die Beantwortung der folgenden Fragen kann Ihnen dabei helfen.

- **Kundenbeziehungen**
  Verfügen Sie über das notwendige Fachwissen, um das Segment zu bedienen? Wenn nicht, können Sie die erforderlichen Kenntnisse und Fähigkeiten erwerben? Verfügen Sie über die richtigen Marketing- und Vertriebskanäle, um die gewünschten Personen zu erreichen? Wenn nicht, was ist nötig, um diese Kanäle zu etablieren? Wie schwierig und teuer ist es, Kunden zu gewinnen?
- **Eintrittsbarriere**
  Gibt es Hindernisse für den Eintritt in das Segment? Dies schließt regulatorische Anforderungen ein, wenn Sie in diesem Marktsegment noch nicht aktiv sind.

Die Kombination der GE/McKinsey-Matrix mit einem iterativen Strategievalidierungsansatz, auf den ich später noch näher eingehen werde, führt dazu, dass eine qualitative, informelle Bewertung der Segmente in der Regel ausreichend ist. Dieser kombinierte Ansatz kann folgendermaßen funktionieren: Wählen Sie das vielversprechendste Segment aus und führen Sie dann die notwendigen Validierungsarbeiten durch. Testen Sie z.B., ob das Segment groß genug ist, ob der Bedarf ausreichend ist und ob Sie über die Mitarbeiter, Technologien und Kanäle verfügen, um das Produkt zu entwickeln und anzubieten. Kommen Sie dabei zu keinem positiven Ergebnis, wiederholen Sie die Schritte für das nächste Segment. Nehmen wir an, ich beschließe, mit meiner neuen App für gesunde Ernährung zunächst Erwachsene mittleren Alters anzusprechen, die Typ-2-Diabetes haben. Dann würde ich dieses Segment validieren und z.B. eine direkte Beobachtung, problemzentrierte Interviews und eine Wettbewerbsanalyse durchführen. Wenn diese Validierung nicht zu einem positiven Ergebnis führt, würde ich das nächste Segment testen, zum Beispiel Teenager, die an einer Essstörung leiden. Diesen Prozess würde ich so lange fortsetzen, bis ich ein attraktives Segment gefunden habe. Oder ich beschließe, die Produktstrategie grundlegend zu ändern.

3.2 Finden Sie einen Reiz, der es wert ist, gekitzelt zu werden

Ein entscheidendes Kriterium für den Erfolg eines Produkts ist die Entdeckung eines Problems, das die Menschen gelöst sehen wollen, oder eines Nutzens, den sie nicht mehr missen möchten, wenn sie ihn einmal erlebt haben. Nehmen Sie das Beispiel von Sonos, einem kabellosen HiFi-System, das den Musikgenuss durch einfachen Zugang zu einer Reihe von Streaming-Diensten ermöglicht. Es ist eingängig und bequem zu bedienen und bringt eine ordentliche Klangqualität mit. Produkte wie das Sonos-System werden manchmal auch als *Vitamine* bezeichnet, da sie ähnlich wie Vitaminpräparate einen »Nice-to-have«-Nutzen bieten. Im Gegensatz dazu steht eine Suchmaschine wie Microsoft Bing oder Google Search, die das Problem der Informationssuche im Internet löst. Ein solches Produkt wird auch als *Schmerzmittel* bezeichnet, da es ein Problem oder einen Schmerzpunkt anspricht. Aber ganz gleich, wie ein Produkt klassifiziert wird, es muss einen greifbaren Wert für seine Nutzer und Kunden schaffen – oder es wird scheitern. Ein Vitamin muss so »klebrig« sein, dass die Menschen darauf zurückgreifen und es weiterhin verwenden. Ein Schmerzmittel muss ein Problem gut angehen, das die Menschen gelöst haben wollen, sobald sie sich dessen bewusst werden.

3.2.1 Die richtige Einstellung finden

Die besten Techniken zur Ermittlung und Beschreibung von Nutzer- und Kundenbedürfnissen sind wirkungslos, wenn Sie die falsche Einstellung haben. Die folgenden vier Leitlinien helfen Ihnen, die richtige Einstellung zu kultivieren:

1. **Lassen Sie vorerst alle Produktideen und Geschäftsziele hinter sich.**
   Wenn Sie sich von dem Wunsch leiten lassen, eine bestimmte Idee zum Erfolg zu führen, wird es Ihnen schwerfallen, sich in die Zielgruppe der Nutzer und Kunden einzufühlen. Wahrscheinlich fehlt es Ihnen an der nötigen Aufnahmefähigkeit und Aufgeschlossenheit. Zusätzlich besteht die Gefahr, dass Sie voreingenommen sind und Daten verwerfen, die Ihre Vorstellungen infrage stellen.
2. **Einfühlungsvermögen**
   Entwickeln Sie ein echtes Interesse an den Menschen, denen Ihr Produkt dienen könnte. Versuchen Sie, ihre Gefühle, Bedürfnisse und Interessen zu verstehen. Erkunden Sie, wie sie derzeit ein Problem lösen oder einen Nutzen erzielen. Gehen Sie mit Bescheidenheit und der Absicht, etwas zu lernen, auf Ihr Gegenüber zu. Empathisch zu sein bedeutet, sich um die andere Person zu kümmern – unabhängig davon, ob wir mit ihren Ansichten übereinstimmen oder ob wir sie mögen oder nicht.
3. **Bleiben Sie aufgeschlossen.**
   Betrachten Sie die Ermittlung der Nutzerbedürfnisse als einen Lernprozess und seien Sie bereit, Misserfolge in Kauf zu nehmen, um neue Erkenntnisse zu gewinnen. Beispielweise kann Ihr ursprünglicher Bedarf oder Ihre Zielgruppe falsch sein. Aber das ist in Ordnung, solange Sie bereit sind, Ihre vorgefassten Ideen und Annahmen zu hinterfragen und Ihre Meinung auf der Grundlage der gewonnenen Daten zu ändern.
4. **Nehmen Sie sich die nötige Zeit und überstürzen Sie die Arbeit nicht.**
   Wenn Sie sich unter Druck gesetzt fühlen, schnell zu Ergebnissen zu kommen, oder wenn Sie andere Aufgaben haben, die Ihre Aufmerksamkeit erfordern und Sie ablenken, dann wird es schwierig sein, die notwendige Aufnahmefähigkeit und Neugier zu entwickeln. Aber zögern Sie nicht und seien Sie kein Perfektionist. Ihr Ziel sollte es sein, eine erste ausreichend gute Bedarfsanalyse zu erstellen, die überprüft und anschließend korrigiert und verfeinert werden kann.

3.2.2 Ein Bedürfnis entdecken

Wie Sie bei der Suche nach dem richtigen Bedarf vorgehen, hängt von Ihrer Ausgangssituation ab. Wenn Sie ein bestimmtes Bedürfnis vor Augen haben, z. B. »Menschen dabei zu helfen, das Risiko, an Typ-2-Diabetes zu erkranken, zu verringern«, dann suchen Sie nach der Gruppe, die am meisten davon profitieren würde, dass dieses Bedürfnis befriedigt wird, und die Sie bedienen konnen, wie ich im vorherigen Abschnitt erläutert habe. Beginnen Sie hingegen mit einer konkreten Produktidee wie einer App für gesunde Ernährung oder einem Geschäftsziel wie »Schaffung einer neuen Einnahmequelle«, sollten Sie sich fragen, wer von einem solchen Produkt profitieren könnte oder wem Sie helfen können, um den gewünschten Wert für das Unternehmen zu generieren. Wenn Sie schließlich eine Zielgruppe ausgewählt haben, z. B. »Erwachsene im Alter von 40 bis 55 Jahren mit ungesunden Essgewohnheiten«, dann untersuchen Sie, wie Sie für diese Personen einen Mehrwert schaffen und welche spezifischen Bedürfnisse Sie ansprechen können. Unabhängig davon, wie Sie vorgehen, um den richtigen Bedarf zu ermitteln, werden Sie von den folgenden drei Techniken profitieren:

1. *Beobachten Sie potenzielle Nutzer und Kunden direkt und sprechen Sie mit ihnen*, um herauszufinden, ob der Bedarf tatsächlich besteht, ob die Menschen sich dessen bewusst sind und in welchem Umfang und wie er derzeit bedient wird. Welche Gefühle erleben sie, wenn sie ein Produkt verwenden, um eine Aufgabe zu erledigen? Wie zufrieden oder unzufrieden sind sie? Auf diese Weise können Sie sich in die Personen hineinversetzen und verstehen, ob sie von einer besseren, billigeren oder bequemeren Lösung profitieren würden. Achten Sie jedoch darauf, dass Sie keine Ideen zu Ihrem Produkt oder dessen Eigenschaften diskutieren. Ihr Ziel in dieser Phase ist es nicht, die Lösung zu validieren, sondern einen Bedarf zu ermitteln.[2]
2. *Sprechen Sie mit dem Supportteam und lesen Sie E-Mails mit Kundenbeschwerden*, um herauszufinden, wo Nutzer und Kunden Schwierigkeiten haben oder worüber sie sich häufig beschweren. Womit haben die Leute oft Probleme? Auf welche wiederkehrenden Probleme stoßen sie? Was frustriert sie? Nutzen Sie außerdem Analysedaten – sofern vorhanden –, um übliche User Journeys[3] zu untersuchen und häufige Fehler und Abbrüche zu entdecken.
3. *Nutzen Sie Ihre eigenen Erfahrungen*, vorausgesetzt, sie sind relevant. Wenn ich zum Beispiel Menschen helfen möchte, sich gesünder zu ernähren, könnte ich über meine eigenen Essgewohnheiten nachdenken. Ich könnte herausfinden, was mir in der Vergangenheit geholfen hat, sie zu verbessern und gesünder zu essen. Achten Sie jedoch darauf, dass Sie sich nicht von Ihren eigenen Vorlieben

2. Weitere Informationen über diese Technik und ihre Anwendung finden Sie im Kapitel 4.
3. *Anm. d. Übers.*: dt. etwa Nutzerreise.

und Ihrer Voreingenommenheit leiten lassen, da diese Ihre Fähigkeit, die Bedürfnisse anderer klar zu erkennen, beeinträchtigen können.

Im Rahmen des in diesem Buch vorgeschlagenen Gesamtkonzepts besteht Ihr Ziel darin, eine erste Bedarfsanalyse zu erstellen, die gut genug ist, um sie zu validieren. Das heißt, Sie können zeigen, dass für die ausgewählte Zielgruppe ein Bedarf besteht und Sie ihn erfolgreich angehen können. Für die Validierung kann es erforderlich sein, die Bedarfsanalyse zu ändern und zu verfeinern sowie das Marktsegment anzupassen oder ein anderes zu wählen. Mit anderen Worten: Die Ermittlung des richtigen Bedarfs ist oft kein linearer Prozess, sondern ein iterativer Prozess, der ein Element von Trial & Error beinhaltet, wie ich im Kapitel 4 näher erläutere.

3.2.3 Verwendung von Empathie- und Konsumkettenkarten

Zwei nützliche Werkzeuge, um zu erfassen, wie Nutzer und Kunden derzeit ihre Aufgabe erledigen, und um zu bestimmen, welche Bedürfnisse berücksichtigt werden sollten, sind die *Empathiekarte* und die *Konsumkettenkarte*. Diese Werkzeuge können zudem hilfreiche Hinweise für Ihre Produktrecherchearbeit geben und Sie daran erinnern, einen ganzheitlichen Blick darauf zu werfen, wie Menschen ihre Arbeit erledigen oder mit einem Produkt interagieren.

Empathiekarte

Eine Empathiekarte ist eine einfache visuelle Darstellung, in der Ihre Beobachtungen über einen oder mehrere Nutzer oder Kunden festgehalten werden [Gray 2017]. Wie der Name schon sagt, soll die Karte allen an der Entwicklung Beteiligten helfen, sich in die Personen hineinzuversetzen. Mit anderen Worten: Sie soll den Stakeholdern und Mitgliedern des Entwicklungsteams helfen, die Gefühle und Bedürfnisse der Nutzer und Kunden zu verstehen. Empathiekarten können in Form und Inhalt variieren, ich arbeite gerne mit der in Abbildung 3–2 dargestellten Karte.

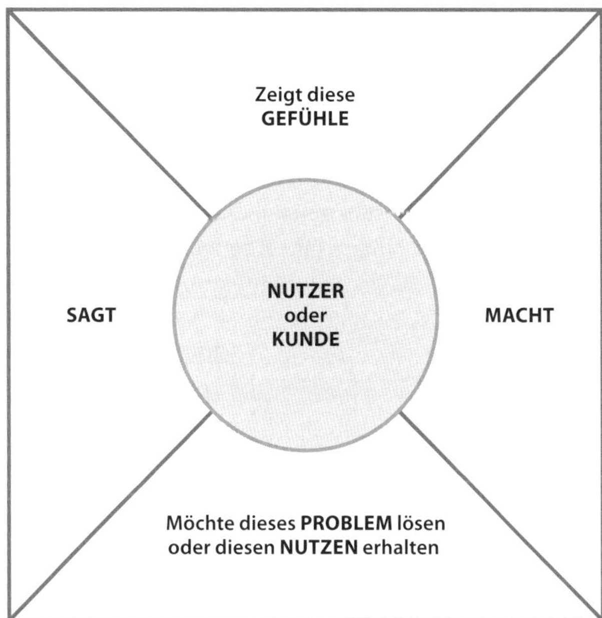

Abb. 3–2 *Empathiekarte*

Die Empathiekarte in Abbildung 3–2 enthält fünf Informationen. Sie gibt an, wer der Nutzer oder der Kunde ist. Neben dem Namen der Person können auch relevante demografische Informationen enthalten sein. Es wird erfasst, was die Person sagt und macht, und die Gefühle der Person werden beschrieben. Zudem wird das Problem, das sie gelöst haben möchte, oder der Nutzen, den sie erhalten möchte, formuliert.

Wenn Sie eine Empathiekarte erstellen, sollten Sie nur Informationen erfassen, die Sie *direkt beobachtet* haben. Achten Sie beispielsweise auf Stimmlage und Lautstärke, Mimik, Gestik, Haltung und andere Elemente der Körpersprache, um die Gefühle des Nutzers oder Kunden zu erfassen. Machen Sie nicht den Fehler, zu spekulieren und Gefühle auf die Person zu projizieren, z.B. zu glauben, dass jemand, der bei der Benutzung eines Produkts seufzt, frustriert sein muss.[4] Wenn Sie Zweifel haben, stellen Sie eine klärende Frage. Sie könnten zum Beispiel fragen: »Mir ist aufgefallen, dass Sie geseufzt haben. Gibt es dafür einen bestimmten Grund?« Ziehen Sie außerdem in Erwägung, Karten, die Ähnlichkeiten aufweisen, zu einer allgemeineren Karte zusammenzufassen. Auf diese Weise können Sie häufige Verhaltensweisen und Bedürfnisse erkennen und Personas erstellen – sofern Sie sich dafür entscheiden.

---

4. [Gray 2017] schlägt vor, auch darzustellen, was jemand hört und denkt. Wenn Sie das *mit Sicherheit* sagen können, dann ist das großartig. Fügen Sie einfach neue Felder zu Ihrer Empathiekarte hinzu. Achten Sie jedoch darauf, dass Sie keine Vermutungen anstellen.

Konsumkettenkarte

Eine Konsumkettenkarte veranschaulicht, wie Nutzer derzeit mit einem Produkt interagieren [MacMillan & McGrath 1997]. Die Idee besteht darin, das gesamte Erlebnis mit einem Produkt, sei es Ihr eigenes oder das der Konkurrenz, abzubilden. Die Visualisierung soll dazu genutzt werden, bessere Wege zur Erfüllung eines Bedarfs zu identifizieren.[5] Um die Karte zu erstellen, führen Sie direkte Beobachtungen durch und begleiten potenzielle Nutzer und Kunden. Visualisieren Sie dann die Berührungspunkte, die sie mit dem Produkt haben, und verknüpfen Sie sie zu einer Kette, wie in Abbildung 3–3 dargestellt. Beachten Sie, dass die Karte allgemein gehalten ist. Wenn Sie das Werkzeug verwenden, beschreiben Sie die spezifischen Interaktionen, die Menschen mit dem Produkt haben. Verwenden Sie z.B. »Beurteilt das Produkt«, unabhängig davon, ob der Nutzer dies durch das Ansehen eines YouTube-Videos oder das Lesen einer Rezension auf einer Website macht.

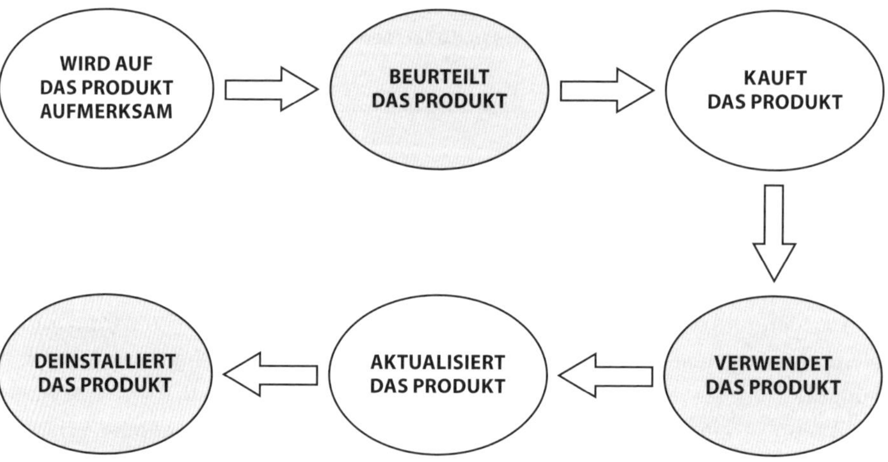

Abb. 3–3 *Konsumkettenkarte*

Eine Konsumkettenkarte – wie die in Abbildung 3–3 – beginnt oft mit einer Beschreibung, wie Menschen auf das Produkt aufmerksam werden, z.B. durch die Empfehlung eines Freundes oder durch eine Anzeige auf einer Social-Media-Plattform. Und sie endet damit, dass der Nutzer das Produkt nicht mehr nutzt und es deinstalliert, wenn es sich um eine native App handelt. Um die gesamte Konsumkette zu beschreiben, müssen Sie möglicherweise über ein einzelnes Produkt hinausgehen und die Wechselwirkungen zwischen verschiedenen Produkten und möglicherweise

5. In gewisser Weise ähnelt eine Konsumkettenkarte einer User Journey Map. Im Gegensatz zu letzterer werden jedoch keine Personas verwendet, die Sie zu diesem Zeitpunkt vielleicht noch nicht erstellt haben. Außerdem ist sie ganzheitlicher: Sie beschreibt das gesamte Erlebnis in einem einzigen Bild. Aufgrund dieser Unterschiede ist die Konsumkettenkarte meines Erachtens besser geeignet, um den Bedarf zu ermitteln.

Dienstleistungen berücksichtigen. Nehmen Sie als Beispiel Microsoft Office. Die Beschreibung der Konsumkette beginnt eventuell damit, dass potenzielle Kunden eine Internetsuche durchführen, die Office-Website besuchen und die ihnen zur Verfügung stehenden Optionen abwägen. Danach entscheiden sie sich für das Produkt und laden es herunter. In diesem Beispiel müssten wir drei Elemente berücksichtigen: eine Suchmaschine, eine Website und eine Produktgruppe.

Sobald Sie eine Konsumkettenkarte erstellt haben, analysieren Sie das Kundenerlebnis an jeder Verbindung und stellen Sie sich die folgenden Fragen: Wie viel Zeit wird im Durchschnitt für die Ausführung der Schritte benötigt? Welche Schritte bringen aus Sicht des Nutzers oder Kunden einen Mehrwert? Wo treten Probleme auf? Wo sind die Nutzer irritiert, ungeduldig oder frustriert? Ergänzen Sie diese Informationen dann auf der Karte.

Als Nächstes sollten Sie herausfinden, wie Sie die Bedürfnisse der Nutzer und Kunden besser erfüllen und das Kundenerlebnis verbessern können. Untersuchen Sie, wie Sie den Kunden das bieten können, was sie wollen – wo und wann sie es wollen –, ohne ihre Zeit zu verschwenden oder ihnen das Leben schwer zu machen [Womack & Jones 2005]. Können Sie zum Beispiel Schritte weglassen, die keinen Wert schaffen? Können Sie Wartezeiten und Verzögerungen beseitigen und die für die Erledigung der Arbeit benötigte Zeit verkürzen? Können Sie das Auftreten von Fehlern und Problemen verhindern? Oder können Sie einen bestehenden Bedarf auf eine kostengünstigere Weise decken? Achten Sie jedoch darauf, dass Sie in dieser Phase nicht leistungsorientiert vorgehen und nicht mit dem Entwurf des Produkts beginnen. Konzentrieren Sie sich vielmehr auf den Bedarf, den Sie adressieren wollen.

3.2.4 Konkretisierung des Bedarfs

Wenn Sie einen Bedarf gefunden haben, den Ihr Produkt adressieren soll, beschreiben Sie ihn klar und konkret. Nehmen wir an, ich verfolge die Vision, Menschen dabei zu helfen, sich gesünder zu ernähren. Das Bedürfnis, das ich identifiziert habe, besteht darin, »mir zu helfen, meine Essgewohnheiten zu verbessern«. Dies mag eine nette erste Aussage sein, aber sie ist zu groß und vage. Es wird nicht gesagt, welche Ernährungsgewohnheiten verbessert werden sollen und welche Vorteile daraus zu erwarten sind. Um die Beschreibung spezifischer zu machen, könnte ich die ursprüngliche Aussage präzisieren und sagen: »Hilft mir, das Risiko von Gesundheitsproblemen zu verringern, die mit meiner Ernährung zusammenhängen.« Diese Aussage ist besser; sie ist klarer und nennt ein gewünschtes Ergebnis oder einen gewünschten Nutzen. Aber sie ist immer noch nicht spezifisch genug. Ich muss sie daher weiter verfeinern und könnte sie in »hilft mir, das Risiko, an Typ-2-Diabetes zu erkranken, zu verringern« ändern. Das klingt für mich nach einer ausreichenden Bedarfsbeschreibung – eine Aussage, die ich jetzt überprüfen kann. Durch die Angabe eines Ziels könnte ich versuchen, die Aussage noch zu präzisieren. Ein mögliches Ergebnis wäre dann: »Hilft mir, das Risiko, an Typ-2-Diabetes zu erkranken, um 20 % zu senken.« Wie das Beispiel zeigt, ist es nicht ungewöhnlich, mit einer vagen und groben Bedürfnisklärung zu beginnen und diese nach und nach zu verfeinern, bis sie spezifisch genug ist. Die Anwendung der folgenden drei Tipps wird Ihnen dabei helfen.

1. *Beschreiben Sie, wie der Erfolg aus der Sicht der Nutzer und Kunden aussieht.* Verwenden Sie dazu die Vorlage »Hilft mir, *<erwünschter Nutzen oder zu lösendes Problem>*«, die ich in einigen der obigen Beispiele verwendet habe.
2. *Machen Sie die Aussage überprüfbar*, damit Sie zeigen können, dass der Bedarf tatsächlich existiert und dass Sie etwaige Risiken identifizieren können. Eine nähere Beschreibung finden Sie im Kapitel 4.
3. *Erfassen Sie eine Wirkung, nicht ein Ergebnis oder ein Leistungsmerkmal.* Ihre Bedarfsaussagen sollten die Frage beantworten, warum Menschen das Produkt nutzen und dafür bezahlen wollen, und nicht, was das Produkt tun soll und welche Leistungsmerkmale es bieten soll. Die Möglichkeit, Ernährungstrends zu erkennen und zu analysieren und Daten mit einer Smartwatch zu synchronisieren, sind in meinen Augen zum Beispiel Leistungsmerkmale und keine Bedürfnisse.

Wenn es Ihnen schwerfällt, den Bedarf so zu beschreiben, dass er klar und konkret ist, müssen Sie möglicherweise mehr Erkundungsarbeit leisten. Das kann bedeuten, dass Sie mehr Zeit mit der Beobachtung und Befragung von Nutzern und Kunden verbringen müssen, bevor Sie die Aussage weiter verfeinern können.

3.2.5 Auswahl eines primären Bedarfs

Wenn Sie mehr als ein Bedürfnis gefunden haben, das Sie ansprechen wollen – was nicht ungewöhnlich ist –, dann wählen Sie eines davon als *primären* Bedarf aus. Dies ist der Hauptgrund dafür, dass Menschen das Produkt nutzen oder kaufen. Wenn dieses Bedürfnis nicht berücksichtigt wird, ist die Zielgruppe nur begrenzt motiviert, sich mit dem Produkt zu beschäftigen oder es zu kaufen.[6] Die Identifizierung des primären Bedarfs hilft Ihnen, ein überzeugendes Wertversprechen zu erstellen, erleichtert die Gestaltung des richtigen Benutzererlebnisses und macht es einfacher, die richtigen Marketingbotschaften zu formulieren. Angenommen, ich habe herausgefunden, dass einige Personen aus der Zielgruppe nicht nur abnehmen, sondern auch das Risiko, an Typ-2-Diabetes zu erkranken, verringern möchten. Ohne die Auswahl eines primären Bedarfs ist nicht klar, welche Hauptaufgabe das

---

6. ([Ulwick 2016], Loc 759) bezeichnet dieses Bedürfnis als *Kernfunktion der Arbeit*, die der Autor als »den Anker, um den herum alle anderen Bedürfnisse definiert werden«, betrachtet.

Produkt für seine Nutzer erfüllen soll. Das wiederum macht es schwieriger, die richtige strategische Entscheidung zu treffen und das richtige Produkt anzubieten.

Die Ermittlung des primären Bedarfs kann eine Abwägung zwischen Nutzer- und Kundenbedürfnissen erfordern. In einigen Fällen können diese im Widerspruch zueinander stehen. Nehmen wir ein Röntgengerät. Die Nutzer, die Radiologen, wollen mit dem Gerät genaue und schnelle Diagnosen erstellen. Der Kunde, eine Krankenhausverwaltung, ist jedoch eher an niedrigen Gesamtbetriebskosten interessiert. Wenn wir den Kundenbedürfnissen Vorrang vor den Nutzerbedürfnissen einräumen, werden wir voraussichtlich ein Röntgengerät entwickeln, das einen angemessenen Anschaffungspreis hat und kostengünstig gewartet werden kann. Wenn die Radiologen jedoch Schwierigkeiten haben, korrekte Diagnosen zu stellen, oder wenn sie zu viel Zeit mit der Bedienung des Geräts verbringen, dann wird die Krankenhausverwaltung vermutlich keine weiteren Geräte bestellen und das Produkt kaum anderen potenziellen Kunden weiterempfehlen. Wie dieses Beispiel zeigt, ist das Anbieten eines Produkts, das den Nutzern wirklich Vorteile bringt, oft die Grundlage für einen dauerhaften wirtschaftlichen Erfolg. Ich empfehle daher generell, den Anwender in den Mittelpunkt zu stellen.

3.3 Beschreiben Sie Nutzer und Kunden mit Personas

Eine hilfreiche Technik zur Beschreibung der Zielgruppen Ihres Produkts ist die Verwendung von *Personas*.[7] Personas sind fiktive Charaktere, die Zielnutzer und Kunden beschreiben und es erleichtern, sich in diese Personen hineinzuversetzen. Personas können die Arbeit der Entwicklungsteams und der Stakeholder leiten und beispielsweise dabei helfen, das echte Benutzererlebnis zu gestalten und das richtige Marketingmaterial zu erstellen.

3.3.1 Eine Persona-Vorlage

Um Ihnen zu helfen, die Vorteile von Personas zu nutzen, habe ich eine einfache, aber effektive Vorlage entwickelt, wie in Abbildung 3–4 dargestellt. Sie besteht aus drei Abschnitten: *Bild und Name*, *Details* und das *Ziel* der Persona. Im Gegensatz zu traditionellen Persona-Beschreibungen, die oft detailreiche Benutzermodelle sind, ermutigt meine Vorlage Sie dazu, einfache und fokussierte Personas zu erstellen, die das Wesen der Charaktere erfassen. Sie können die Vorlage von meiner Website *romanpichler.com* herunterladen.

---

7. Alan Cooper leistete Pionierarbeit bei der Verwendung von Personas in der Softwareentwicklung; siehe [Cooper 1999].

BILD UND NAME	DETAILS	ZIEL
Wie sieht die Persona aus? Wie lautet ihr Name?	Was sind die relevanten Eigenschaften und Verhaltensweisen der Persona?	Warum würde die Persona das Produkt verwenden oder kaufen wollen? Welcher Nutzen soll erreicht werden? Welches Problem soll gelöst werden?

Abb. 3–4 *Persona-Vorlage*

Schauen wir uns die drei Abschnitte der Vorlage genauer an. Im ersten Abschnitt werden das *Bild* und der *Name* der Persona erfasst. Wenn Sie der Persona einen Namen und ein Gesicht geben, ist es einfacher, sich mit der Persona zu identifizieren und Empathie für die Nutzer zu entwickeln. Außerdem können Sie, wie bereits erwähnt, so die Persona in User Stories einbinden. Achten Sie jedoch darauf, dass Sie einen repräsentativen Namen und ein charakteristisches Bild wählen, um die Persona authentisch zu machen. Nehmen wir an, ich erstelle eine Figur, die Teenager mit Essstörungen repräsentieren soll, und nenne sie Gertrude. Das ist zwar ein ganz guter Name, aber derzeit ist er unter jungen Menschen in Großbritannien nicht sehr verbreitet. Daher sollte ich einen anderen, realistischeren Vornamen für meine Persona wählen.

Im zweiten Abschnitt werden die relevanten *Details*, wie Charaktermerkmale, Einstellungen und Verhaltensweisen, der Persona aufgeführt. Dazu können demografische Daten, berufsbezogene Informationen und Hobbys gehören. Machen Sie nicht den Fehler, alles aufzulisten, was relevant sein könnte. Konzentrieren Sie sich auf die Details, die wichtig sind, um den Charakter zu verstehen. Wenn z.B. ein demografisches Merkmal wie das Alter oder die berufliche Funktion nicht notwendig ist, lassen Sie es weg. Dies hilft Ihnen, die Persona-Beschreibungen kurz und leicht verständlich zu halten.

Der dritte Abschnitt beschreibt das *Ziel* der Persona. Das ist das Problem, das die Persona überwinden will, der Nutzen, den sie erreichen will, oder die Aufgabe, die sie erledigen will. Beschreiben Sie das Ziel aus der Sicht der Persona. Machen Sie nicht den Fehler, es auf der Grundlage dessen festzulegen, was Ihr Produkt Ihrer Meinung nach machen sollte oder was es heute leisten kann. Stützen Sie sich stattdessen auf die von Ihnen durchgeführten Marktforschungen. Außerdem sollten Sie das Ziel konkret und klar formulieren. Es ist zwar in Ordnung, mehr als ein Problem oder einen Nutzen aufzulisten. Ich empfehle Ihnen aber, sich auf den Hauptgrund zu konzentrieren, warum die Persona Ihr Produkt kaufen oder verwenden sollte. Dies erläutere ich weiter unten noch näher.

3.3.2 Tipps zur Erstellung effektiver Personas

Die folgenden sieben Leitlinien werden Ihnen helfen, realistische und hilfreiche Personas zu entwickeln.

1. *Lernen Sie zunächst Ihre Zielgruppe kennen* und verstehen Sie deren Bedürfnisse, bevor Sie Personas erstellen. Dies können Sie z.B. durch Beobachtung und Befragung von Menschen erreichen. Dadurch wird sichergestellt, dass Ihre Charaktere die Zielgruppe genau repräsentieren. So vermeiden Sie das Risiko, dass Ihre Personas auf Ideen und Spekulationen statt auf Wissen aus erster Hand beruhen. Wenn Sie, wie im vorherigen Abschnitt beschrieben, Empathiekarten erstellt haben, verwenden Sie diese, um die richtigen Charaktere zu identifizieren, indem Sie beispielsweise mehrere Karten zu einer Persona-Beschreibung kombinieren.
2. *Erstellen Sie die Personas gemeinsam* mit den Mitgliedern des Entwicklungsteams. Dadurch wird es wahrscheinlicher, dass die Entwicklungsteams die Charaktere verstehen und sie für die Gestaltung und Entwicklung des Produkts nutzen.
3. *Unterscheiden Sie zwischen Nutzer-Personas und Kunden-Personas*, da sich deren Ziele und Eigenschaften erheblich unterscheiden können. Dies ist besonders hilfreich bei B2B-Produkten wie Unternehmenssoftware oder Geräten für das Gesundheitswesen. Nehmen Sie das Beispiel des Röntgengeräts aus dem vorherigen Abschnitt. Während die Radiologen genaue Diagnosen erstellen wollen, wird eine Krankenhausverwaltung, die das Produkt kauft, ein anderes Ziel verfolgen, zum Beispiel niedrige Gesamtbetriebskosten.
4. *Wählen Sie eine primäre Persona aus*, sobald Sie eine Reihe von Charakteren erstellt haben. Dies ist die Persona, für die Sie das Produkt hauptsächlich entwickeln. Die Arbeit mit einer primären Persona schafft Fokus und erleichtert die Entscheidungsfindung: Das Ziel der primären Persona sollte weitgehend das Benutzererlebnis und die Leistungsmerkmale des Produkts bestimmen. Wenn es Ihnen schwerfällt, sich für eine primäre Persona zu entscheiden, kann dies ein Hinweis darauf sein, dass Ihr Zielmarkt zu groß und heterogen ist oder dass Ihr Produkt zu groß und komplex geworden ist. In diesem Fall sollten Sie in Erwägung ziehen, den Markt neu zu segmentieren und Ihr Produkt zu entkoppeln oder Produktvarianten einzuführen, wie ich später in diesem Kapitel noch beschreiben werde.

5. *Richten Sie jede Persona auf ein Hauptziel aus*, anstatt eine lange Liste von Zielen zu verwenden. Erfassen Sie den Hauptgrund, warum die Persona das Produkt nutzen möchte. Dies schafft Klarheit und Fokus und erleichtert die Auswahl des richtigen Anwendungsdesigns und der Produktfunktionalität. Wenn Sie der Meinung sind, dass die anderen Ziele zu wichtig sind, um sie wegzulassen, dann setzen Sie Prioritäten und rücken Sie das Hauptziel an die Spitze.
6. *Beginnen Sie mit initialen, ausreichend guten Persona-Beschreibungen.* Dann überarbeiten Sie sie iterativ, passen sie an und verfeinern sie. Machen Sie nicht den Fehler, perfekte Personas ausarbeiten zu wollen. Denken Sie daran, dass die Charaktere Mittel zum Zweck sind. Sie sollen helfen, das richtige Produkt zu entwerfen und zu bauen sowie die notwendigen ergänzenden Artefakte wie das Marketing- und Verkaufsmaterial zu erstellen.
7. *Setzen Sie* abschließend *Ihre Personas in die Praxis um.* Nutzen Sie z.B. ihre Ziele, um die richtige Produktfunktionalität zu finden, und fügen Sie den Namen der Persona in Ihre Epics und User Stories ein. Nehmen wir an, ich habe eine Persona namens Bob für meine App zur gesunden Ernährung erstellt. Dann könnte ich die folgende Geschichte festhalten: »Als Bob möchte ich einfach auf meine Kalorienzufuhr der letzten sieben Tage zugreifen, damit ich nachvollziehen kann, ob ich weniger Kalorien zu mir genommen habe.«[8]

3.4 Heben Sie Ihr Produkt hervor

Nur wenige Produkte sind bahnbrechende Innovationen, zu denen keine Konkurrenz besteht. Es ist eher wahrscheinlich, dass es Alternativen zu Ihrem Produkt gibt. Sie sollten daher dafür sorgen, dass sich Ihr Produkt von der Masse abhebt und dass die Menschen Ihr Produkt den Konkurrenzangeboten vorziehen. Dazu müssen Sie wissen, wer Ihre Mitbewerber sind und wie Ihr Produkt im Vergleich zu deren Angeboten abschneidet. In diesem Abschnitt gehe ich auf drei Tools ein, die Ihnen dabei helfen, Ihr Produkt von denen der Mitbewerber abzugrenzen: das Strategie-Canvas, das Kano-Modell und das Eliminate-Reduce-Raise-Create (ERRC)-Raster.

3.4.1 Das Strategie-Canvas

Ein hervorragendes Werkzeug, um Ihr Produkt von der Konkurrenz abzugrenzen, ist das *Strategie-Canvas*. Das Canvas ist Teil der Blue Ocean Theory [Kim & Mauborgne 2004]. Es wurde ursprünglich entwickelt, um ein Unternehmen im Vergleich zu seinen Mitbewerbern zu bewerten und neue Wachstumsmöglichkeiten zu ent-

8. Diese Beispiel-User-Story verwendet eine beliebte Vorlage, die ursprünglich von Rachel Davies bei Connextra entwickelt wurde, siehe *https://en.wikipedia.org/wiki/User_story*.

decken, die in der Theorie als blaue Märkte oder Ozeane bezeichnet werden. Glücklicherweise kann das Tool auch für einzelne Produkte verwendet werden, wie Abbildung 3–5 zeigt.

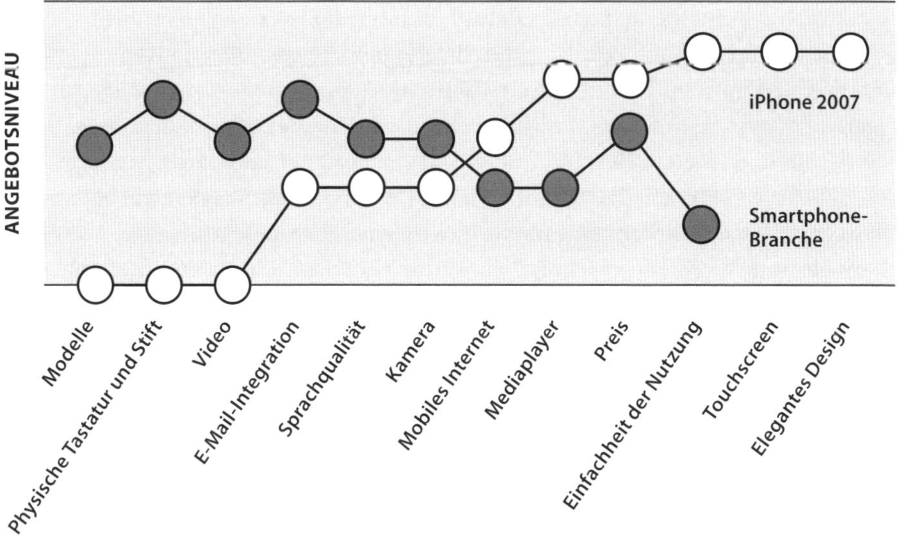

Abb. 3–5 *Strategie-Canvas für das erste iPhone, basierend auf [Islam & Ozcan 2012]*

Das Strategie-Canvas in Abbildung 3–5 vergleicht das erste iPhone mit seinen Konkurrenten wie dem Nokia N95 und dem BlackBerry Curve. Auf der horizontalen Achse des Canvas sind die Schlüsselfaktoren abgebildet, mit denen die Unternehmen beim Angebot ihrer Produkte konkurrieren. In Abbildung 3–5 sind zwölf Faktoren dargestellt, die vom Angebot verschiedener Modelle bis hin zu einem eleganten Design reichen. Die vertikale Achse des Strategie-Canvas beschreibt das Angebotsniveau, d.h. den Grad, in dem die Mitbewerber die Faktoren anbieten. Video wurde beispielsweise beim ersten iPhone nicht angeboten, wohl aber bei den Konkurrenten. Eine Kamera war beim ersten iPhone vorhanden, ihre Qualität war allerdings im Vergleich zu den Konkurrenten minderwertig, der Mediaplayer war jedoch besser. Außerdem bot das iPhone zwei neue Elemente: einen Touchscreen und ein elegantes Design. Durch die Beurteilung, inwieweit das iPhone und die Konkurrenzprodukte die zwölf Elemente bieten, ergeben sich zwei Linien. Die dunkle Linie stellt die Wertkurve der Smartphone-Branche im Jahr 2007 dar, die helle Linie beschreibt das erste iPhone. Wenn wir die beiden Linien vergleichen, sehen wir, dass sie auseinanderlaufen. Dies zeigt uns, dass sich das iPhone bei seiner Einführung deutlich von seinen Konkurrenten abhob. Apple erreichte dies durch das Entfernen, Reduzieren und Verbessern von Leistungsmerkmalen sowie durch das Hinzufügen neuer Leistungsmerkmale. So wurden z.B. die physische Tastatur und die Videofunktion entfernt und nicht mehr angeboten, die Sprachqualität und die E-Mail-

Integration wurden reduziert, das mobile Internet und der MP3-Player wurden verbessert, und es wurden ein Touchscreen und ein neues, elegantes Design hinzugefügt.

Um das Canvas auf Ihr Produkt anzuwenden, müssen Sie zunächst die Schlüsselfaktoren bestimmen. Achten Sie darauf, dass Sie die Faktoren auswählen, die den aktuellen Standard auf Ihrem Markt definieren und beispielsweise für die Werbung und den Verkauf von Produkten verwendet werden, und nicht diejenigen, die Ihr eigenes Produkt begünstigen. Produktbewertungen und Testberichte können Ihnen dabei helfen, da sie ein Produkt anhand des erwarteten Standards bewerten. Beschränken Sie außerdem die Anzahl der Faktoren, die Sie verwenden, auf etwa zehn. Das schafft Übersichtlichkeit und vermeidet ein zu komplexes Raster. Wenn Sie die Schlüsselfaktoren festgelegt haben, ordnen Sie die konkurrierenden Angebote und Ihr eigenes Produkt danach ein, inwieweit sie die einzelnen Faktoren erfüllen. Dies ist nicht als wissenschaftliche Übung gedacht, sondern basiert auf den Informationen, die Sie bei der Recherche zu den Faktoren gesammelt haben. Überlegen Sie, ob ein Faktor überhaupt nicht, kaum, in gewissem Umfang oder vollständig erfüllt wird, und ordnen Sie die Produkte entsprechend ein. Verbinden Sie die Punkte oder Kreise, um die Wertkurven zu erstellen. Sie können überlegen, die Kurven der Wettbewerber zu einer einzigen Kurve zusammenzufassen, wie ich es in Abbildung 3–5 getan habe. Das vereinfacht die Darstellung und erleichtert es, zu erkennen, wo die größten Chancen bestehen, Ihr Produkt hervorzuheben. Wenn die Wertkurve Ihres Produkts zu nahe an der Kurve der Konkurrenz liegt, haben Sie Ihr Produkt nicht ausreichend differenziert. Es wird Ihnen dann schwerfallen, Ihren Nutzern und Kunden zu erklären, warum sie sich für Ihr Produkt entscheiden sollten. Was Sie stattdessen sehen möchten, ist eine Wertkurve, die deutlich vom Industriestandard abweicht, wie die weiß gepunktete Kurve in Abbildung 3–5. Dies erreichen Sie, indem die entsprechenden Schlüsselfaktoren eliminiert, reduziert, erhöht und neue hinzugefügt werden. Das unten beschriebene *Eliminate-Reduce-Raise-Create (ERRC)-Raster* kann Ihnen dabei helfen.

Das Strategie-Canvas ist nicht nur für brandneue Produkte hilfreich. Jedes Produkt, das noch nicht in das Stadium des Rückgangs eingetreten ist, muss ausreichend differenziert sein. Überprüfen Sie daher regelmäßig, ob sich Ihr Produkt weiterhin von der Masse abhebt oder ob die Konkurrenz es eingeholt hat. Nehmen Sie das iPhone als Beispiel. Wenn wir uns ansehen, wie sich der Smartphone-Markt seit der Einführung des iPhones verändert hat, stellen wir fest, dass die Konkurrenten mit den Leistungsmerkmalen des ursprünglichen iPhones gleichgezogen haben. Um der Konkurrenz einen Schritt voraus zu sein, hat Apple im Laufe der Jahre mehrere Faktoren hinzugefügt und verbessert, z.B. die Gesichtserkennung, zusätzliche Kameralinsen und verbesserte Videofunktionen.

3.4.2 Das Kano-Modell

Ein weiteres Werkzeug, das Ihnen hilft, Ihr Produkt zu differenzieren, ist das *Kano-Modell*, das erstmals in [Kano 1984] beschrieben wurde und in Abbildung 3–6 dargestellt ist.

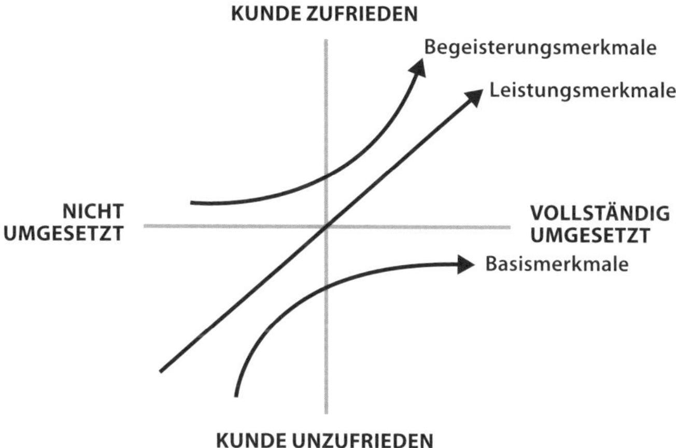

Abb. 3–6 *Das Kano-Modell*

Das Kano-Modell betrachtet zwei Dimensionen: den Grad der Bereitstellung eines Merkmals, dargestellt auf der horizontalen Achse, sowie die daraus resultierende Kundenzufriedenheit auf der vertikalen Achse. Auf diese Weise können wir drei verschiedene Kategorien unterscheiden: *Basis*, *Leistung* und *Begeisterung*.[9] Basismerkmale sind unverzichtbar. Ohne sie können Sie Ihr Produkt normalerweise nicht verkaufen. Das Telefonieren und das Versenden von Textnachrichten waren zum Beispiel Basismerkmale des ersten iPhones. Leistungsmerkmale führen zu einem linearen Anstieg der Zufriedenheit. Sie folgen dem Prinzip: »Je mehr, desto besser«. Man denke nur an den Internetbrowser und den Mediaplayer, die das erste iPhone bot. Leistungsmerkmale reichen jedoch nicht aus, um Ihr Produkt auf dem Markt zu differenzieren. Was Sie brauchen, sind Begeisterungsmerkmale. Wie der Name schon sagt, erfreuen oder begeistern diese Merkmale die Kunden. Beim ersten iPhone fallen der Touchscreen und das neue, elegante Design in diese Kategorie.

Das Kano-Modell beinhaltet eine wichtige Vorhersage: Begeisterungsmerkmale werden mit der Zeit zu Leistungsmerkmalen und Leistungsmerkmale werden sich zu Basismerkmalen entwickeln. Mit anderen Worten: Die Merkmale, die Ihr Pro-

9. Beachten Sie, dass das Kano-Modell zwei zusätzliche Kategorien anbietet: *unerhebliche* und *rückweisende* Merkmale. Wie der Name schon sagt, haben unerhebliche Merkmale keinen Einfluss auf die Kundenzufriedenheit – die Menschen sind ihnen gegenüber gleichgültig. Rückweisende Merkmale verursachen Unzufriedenheit. Sie können Menschen davon abhalten, das Produkt zu benutzen.

dukt heute auszeichnen, werden seine Attraktivität in Zukunft nicht mehr gewährleisten. Nehmen Sie zum Beispiel den Touchscreen, einen der Höhepunkte des ersten iPhones. Heute gehört er zur Grundausstattung eines jeden Smartphones. Er hebt ein Telefon nicht mehr von anderen ab. Sie müssen also investieren, um Ihr Produkt attraktiv zu halten und zu differenzieren. Dies können Sie erreichen, indem Sie Merkmale eliminieren, reduzieren, intensivieren oder neu erfinden.

Kano-Analyse

Der traditionelle Weg, das Kano-Modell zu verwenden, besteht darin, einen Fragebogen auszuarbeiten und Interviews mit potenziellen Kunden und Nutzern zu führen. Sie könnten die Leute zum Beispiel fragen, wie sie sich fühlen würden, wenn das Produkt ein bestimmtes Merkmal hätte, und was sie denken würden, wenn das Produkt dieses Merkmal nicht hätte. Sie könnten auch fragen, was sie davon halten würden, wenn das Merkmal in größerem oder geringerem Umfang angeboten würde.

Diese Herangehensweise unterscheidet sich von dem, was ich oben empfohlen habe, nämlich eine informelle Anwendung des Modells, um festzustellen, ob Ihr Produkt über Begeisterungsmerkmale oder Alleinstellungsmerkmale verfügt, die es ausreichend von Konkurrenzangeboten unterscheiden. Das soll jedoch nicht heißen, dass Sie das Kano-Modell nicht verwenden können oder sollten, um die Attraktivität von Produktmerkmalen bei den Zielnutzern und Kunden zu überprüfen. Wenn Sie sich dafür entscheiden, empfehle ich Ihnen, Prototypen zu verwenden, um Nutzer- und Kundenfeedback zu sammeln – anstatt die Leute nach Merkmalen zu fragen, die sie vielleicht nutzen können oder auch nicht, ohne sie gesehen zu haben. Auf diese Weise erhalten Sie bessere und zuverlässigere Daten.

Vergessen Sie außerdem nicht, dass Sie den Großteil der Produktfunktionalität validieren werden, sobald Sie in die Produktentwicklung eingestiegen sind und mit der Erstellung des eigentlichen Produkts begonnen haben – vorausgesetzt, Sie verwenden einen empirischen, iterativen Prozess wie Scrum. Wenden Sie das Modell daher nur auf Merkmale an, die sich wahrscheinlich auf die Attraktivität des Produkts auswirken werden, und ignorieren Sie vorerst alle anderen.

3.4.3 Das Eliminate-Reduce-Raise-Create (ERRC)-Raster

Wenn Sie ein neues Produkt mit der Konkurrenz vergleichen und herausfinden, was es besonders macht, ist die Versuchung groß, zu sagen: »Unser Produkt muss alle Leistungsmerkmale der Konkurrenz beinhalten, besser sein und mehr bieten!« Wenn Ihr Produkt wächst und reift, könnten Sie versucht sein, immer mehr Leistungsmerkmale hinzuzufügen, um es wettbewerbsfähig zu halten.

Leider kann dies zu einem übermäßig komplexen Produkt führen, dessen Entwicklung viel Zeit und Geld kostet, das ein vages Wertversprechen hat, ein schlechtes Benutzererlebnis bietet und teuer in der Wartung ist. Der Trick besteht darin, nicht blindlings Leistungsmerkmale hinzuzufügen, sondern herauszufinden, welche Sie entfernen können, um Ihr Produkt zu vereinfachen und zu entrümpeln.

Ein hervorragendes Tool hierfür ist das *Eliminate-Reduce-Raise-Create (ERRC)-Raster*[10], das ebenfalls aus der Blue Ocean Theory stammt [Kim & Mauborgne 2004]. Wie der Name schon sagt, besteht das Raster aus vier Elementen. *Eliminate* ermutigt Sie dazu, Merkmale anzugeben, die Sie nicht anbieten oder aus Ihrem Produkt entfernen werden. *Reduce* enthält Merkmale, die im Vergleich zu Alternativen in geringerem Umfang angeboten werden. *Raise* listet die Merkmale auf, die Sie verstärken und verbessern werden, und *Create* schließlich nennt neue Merkmale, die in den Angeboten der Mitbewerber fehlen und dem Produkt hinzugefügt werden sollen. Erweitern wir nun das Beispiel aus den vorherigen Abschnitten und wenden das Raster auf das erste iPhone an.

ELIMINATE Physische Tastatur und Eingabestift, Video, verschiedene Modelle	**RAISE** Mobiles Internet, digitale Musikplayer, Preis
REDUCE Kamera, Sprachqualität, E-Mail-Integration	**CREATE** Elegantes Design, Touchscreen

Abb. 3–7 *Das Eliminate-Reduce-Raise-Create (ERRC)-Raster*

Wie Abbildung 3–7 zeigt, wurden mit dem ersten iPhone mehrere Smartphone-Leistungsmerkmale gestrichen, die bei der Markteinführung im Jahr 2007 als Standard oder »Must-have« galten. Dazu gehörten verschiedene Modelle zur Auswahl, eine physische Tastatur und die Möglichkeit, Videos aufzunehmen.[11] Außerdem

10. *Anm. d. Übers.*: dt. etwa Eliminieren-Reduzieren-Intensivieren-Generieren.
11. Mit der Veröffentlichung des iPhones 5S und 5C im Jahr 2013 wich Apple von seiner ursprünglichen Ein-Modell-Strategie ab.

wurden einige Leistungsmerkmale wie die Sprach- und Kameraqualität und die E-Mail-Integration reduziert. Das iPhone bot jedoch auch verbesserte und wirklich neue Leistungsmerkmale. Zu ersteren gehörte das mobile Internet in Form eines nativen Webbrowsers und eines hervorragenden MP3-Players. Letztere bestanden aus einem brandneuen, auffälligen Design und einem revolutionären Touchscreen.

Beachten Sie, dass das Eliminieren und Reduzieren von Leistungsmerkmalen ein solides Verständnis Ihrer Zielgruppe und des Problems, das Ihr Produkt löst, erfordert – und auch eine gehörige Portion Mut. Es ist einfacher, ein »Me-too«-Produkt zu entwickeln als eines, das sich von anderen abhebt. Das Entfernen und Abschwächen von Standard-Smartphone-Leistungsmerkmalen hat sich für Apple jedoch ausgezahlt. Es half dem Unternehmen, die Zeit bis zur Markteinführung zu verkürzen. Zusätzlich führte es zu einem übersichtlichen, benutzerfreundlichen Produkt und ließ die neuen und verbesserten Leistungsmerkmale hervorstechen.

Eliminierung von Leistungsmerkmalen bei der Überarbeitung eines Produkts

Wenn Sie ein Produkt überarbeiten, kann es verlockend sein, davon auszugehen, dass alle Leistungsmerkmale des alten Produkts auch im neuen vorhanden sein müssen. Das wäre allerdings ein Fehler. Es ist wahrscheinlich, dass einige Leistungsmerkmale derzeit kaum genutzt werden und weitgehend überflüssig geworden sind. Diese Leistungsmerkmale sind erstklassige Kandidaten für die Eliminierung.

Um sie zu identifizieren, sollten Sie eine Nutzerrecherche durchführen und zum Beispiel beobachten, wie die Nutzer mit dem Produkt interagieren. Außerdem sollten Sie Analysedaten auswerten, um die üblichen User Journeys besser zu verstehen. Wenn einige Leistungsmerkmale nur von einer bestimmten Gruppe von Nutzern verwendet werden, sollten Sie in Erwägung ziehen, sie aus dem Gesamtprodukt zu lösen und als eigenständiges Produkt herauszubringen. Dies werde ich im nächsten Abschnitt näher erläutern. Auf diese Weise entstehen stärker fokussierte Produkte, die den jeweiligen Nutzern besser dienen und einfacher zu bedienen sind als ein großes, monolithisches Angebot.

Darüber hinaus sollten Sie das bestehende Produkt schrittweise ersetzen. Auf diese Weise können Sie frühe Produktinkremente und erste Versionen des neuen Produkts für eine Testgruppe freigeben, frühes Nutzerfeedback und Daten sammeln und herausfinden, ob ein vereinfachtes Produkt mit weniger Leistungsmerkmalen für die Nutzer gut geeignet ist. Auf diese Weise erhalten Sie auch mehr Daten, um denjenigen, die die zur Eliminierung in die engere Wahl gezogenen Leistungsmerkmale mögen, zu zeigen, dass diese nicht erforderlich ist.

3.5 Erfassen Sie Ihre Strategie mit dem Product Vision Board

Die beste Produktstrategie ist nutzlos, wenn man sie nicht klar ausdrücken und kommunizieren kann. Um Sie bei dieser Herausforderung zu unterstützen, habe ich das *Product Vision Board* entwickelt. Das Board, das in Abbildung 3–8 dargestellt ist, besteht aus fünf Abschnitten: *Vision*, *Zielgruppe*, *Bedürfnisse*, *Produkt* und *Geschäftsziele*. Der oberste Abschnitt fasst die Vision zusammen, die unteren vier beschreiben die Produktstrategie.

Abb. 3–8 *Das Product Vision Board*

In den folgenden Abschnitten gebe ich Tipps für die Arbeit mit dem Product Vision Board, das Sie auf meiner Website *www.romanpichler.com* finden und herunterladen können.[12]

3.5.1 Lassen Sie sich von der Vision leiten

Wie bereits erwähnt, fasst die Produktvision den ultimativen Zweck für die Entwicklung des Produkts zusammen. Da es sich hierbei um ein grundlegendes Element handelt, empfehle ich, mit dem Abschnitt *Vision* zu beginnen, in dem die Produktvision beschrieben wird. Machen Sie sich die Ratschläge zunutze, die ich vorhin

12. Es gibt auch andere Vorlagen zur Erfassung der Produktstrategie, darunter das *Lean-Canvas* [Maurya 2012] und das *Value-Proposition-Canvas* [Osterwalder & Pigneur 2014]. Wählen Sie die Vorlage, die für Sie am besten geeignet ist, und experimentieren Sie im Zweifelsfall mit verschiedenen Vorlagen.

gegeben habe. Wählen Sie eine Vision, die inspirierend, gemeinsam getragen, ethisch vertretbar, prägnant, ehrgeizig und nachhaltig ist. Achten Sie darauf, dass sie bei den Stakeholdern und den Mitgliedern des Entwicklungsteams auf Resonanz stößt. Vermeiden Sie den Fehler, die Produktidee oder ein Geschäftsziel wiederzugeben, und wählen Sie eine große Vision aus, die alle Beteiligten für die nächsten fünf bis zehn Jahre leitet.

3.5.2 Konzentrieren Sie sich auf einen bestimmten Markt oder ein Marktsegment

Beschreiben Sie die Zielgruppe so, dass Sie eindeutig feststellen können, ob jemand dazugehört oder nicht. Dazu werden in der Regel demografische und verhaltensbezogene Merkmale verwendet, wie ich im Abschnitt 3.1 erläutert habe. Vermeiden Sie es, mit einer großen und diversen Zielgruppe zu arbeiten, wie z.B. »Menschen, die ein Smartphone besitzen«. Wählen Sie stattdessen ein spezifisches Segment, indem Sie die zuvor in diesem Kapitel besprochenen Segmentierungstechniken anwenden. Andernfalls können Sie nur schwer überprüfen, ob Sie die richtige Gruppe ausgewählt haben. Außerdem wird es schwierig sein, ein überzeugendes Wertversprechen zu formulieren und ein attraktives Angebot zu erstellen. Je größer die Zielgruppe ist, desto umfangreicher sind oft die Leistungsmerkmale des Produkts. Wenn es sich um unterschiedliche Nutzer und Kunden handelt, sollten Sie beide Gruppen getrennt erfassen. Bringen Sie sie in eine Reihenfolge, die angibt, welche Gruppe Vorrang hat. Wenn Sie beispielsweise die Nutzer über die Kunden stellen, bedeutet dies, dass die Nutzer an erster Stelle stehen und dass ihre Bedürfnisse wichtiger sind als die der Kunden.

3.5.3 Nennen Sie klar das Hauptproblem oder den Nutzen

Wenn Sie sich mit dem Abschnitt *Bedürfnisse* befassen, fragen Sie sich, warum jemand Ihr Produkt nutzen oder dafür bezahlen möchte. Welches Problem wird Ihr Produkt lösen? Welchen Schmerz oder welche Unannehmlichkeit wird es beseitigen, oder welchen Nutzen wird es schaffen? Wird das Produkt seinen Nutzern wirklich helfen oder ihnen zumindest nicht schaden? Seien Sie konkret und vermeiden Sie allgemeine Aussagen wie »Gewicht verlieren«, um beim Beispiel der gesunden Ernährung zu bleiben. Beschreiben Sie stattdessen den tatsächlichen Nutzen, den jemand durch die Gewichtsabnahme erreichen möchte, und versuchen Sie, diesen zu quantifizieren oder zu qualifizieren. Verwenden Sie z.B. »das Risiko, an Typ-2-Diabetes zu erkranken, um 20 % zu senken«, wie bereits empfohlen.

Wenn Sie mehrere Bedürfnisse identifizieren, bestimmen Sie das *primäre* Problem oder den Nutzen und stellen es/ihn an den Anfang des Abschnitts. Dadurch wird die Arbeit der Stakeholder und der Entwicklungsteams fokussiert und gelenkt. Wenn ich feststelle, dass ich nicht in der Lage bin, das Hauptproblem oder den Hauptnutzen auszuwählen und klar zu beschreiben, gehe ich davon aus, dass ich noch nicht richtig verstanden habe, warum die Leute das Produkt nutzen und kaufen wollen. Folglich muss ich mehr Recherchearbeit leisten, z.B. durch Beobachtung und Befragung potenzieller Nutzer.

Achten Sie schließlich darauf, dass Sie Produktmerkmale – im Sinne von Produktfähigkeiten – nicht mit Bedürfnissen verwechseln. Ein Bedürfnis beschreibt, *warum* jemand das Produkt nutzen oder dafür bezahlen möchte. *Was* das Produkt leisten soll, wird hingegen in Leistungsmerkmalen ausgedrückt. Aussagen wie »ist einfach zu bedienen«, »funktioniert auf iOS und Android« und »zählt die verbrauchten Kalorien« sind folglich Leistungsmerkmale und keine Bedürfnisse.

3.5.4 Beschreiben Sie, was Ihr Produkt außergewöhnlich macht

Sobald Sie die Bedürfnisse erfasst haben, halten Sie Ihre eigentliche Produktidee fest. Nennen Sie die drei bis fünf wichtigsten Leistungsmerkmale, die das Produkt attraktiv machen, die es von seinen Mitbewerbern abheben und die Nutzer und Kunden dazu bewegen, es Konkurrenzangeboten vorzuziehen. Selbstverständlich ohne dass die Nutzer süchtig oder auf eine andere Weise negativ beeinflusst werden. Beispiele für mein Produkt zum Thema gesunde Ernährung könnten sein: »Messung und Aufzeichnung des Zuckergehalts in Lebensmitteln, Analyse der Essgewohnheiten und Vorschläge für Änderungen« und »nahtlose Integration in führende intelligente Waagen«.

Vermeiden Sie bei der Arbeit an diesem Abschnitt die beiden folgenden Fehler:

1. Verwandeln Sie diesen Abschnitt nicht in ein Mini-Product-Backlog. Beschreiben Sie das Produkt nicht umfassend oder sehr detailliert. Identifizieren Sie stattdessen die Leistungsmerkmale, die es außergewöhnlich oder einzigartig machen.[13]
2. Halten Sie nicht an einer vorgefassten Produktidee fest. Seien Sie aufgeschlossen und bereit, Ihre Vorstellungen zu ändern, je nachdem, was Sie lernen werden. Das Ziel besteht nicht darin, eine bestimmte Produktidee umzusetzen, sondern einen Mehrwert für die Nutzer und das Unternehmen zu schaffen.

13. Im Abschnitt 3.4 beschreibe ich Techniken zur Auswahl der richtigen Alleinstellungsmerkmale und im Kapitel 7 gebe ich Tipps zur Erstellung eines Backlogs.

3.5.5 Erfassen Sie die gewünschten Vorteile für das Unternehmen

Nennen Sie im Abschnitt *Geschäftsziele* die gewünschten Vorteile des Produkts für das Unternehmen. Machen Sie deutlich, warum es sich für Ihr Unternehmen lohnt, in das Produkt zu investieren. Vermeiden Sie den Fehler, allgemeine Ziele zu formulieren wie »Geld verdienen«, »dem Unternehmen zu Wachstum verhelfen« oder »die Nummer eins unter den Abnehm-Apps werden«. Solche universellen Aussagen erschweren es, zu verstehen, ob die Ziele realisierbar sind und wie viel Wert das Produkt für Ihr Unternehmen schaffen wird. Außerdem wird es dadurch schwierig, den Fortschritt zu messen und festzustellen, ob Sie die Ziele erreicht haben.

Überarbeiten Sie die Geschäftsziele, bis sie klar und spezifisch sind. Präzisieren Sie beispielsweise das Ziel »die Nummer eins unter den Abnehm-Apps zu werden«, indem Sie die gewünschten geschäftlichen Auswirkungen, den speziellen Nutzen für das Unternehmen, wie etwa eine Steigerung des Markenwerts, beschreiben. Dies hilft Ihnen bei der Auswahl der richtigen Leistungsindikatoren (Key Performance Indicators, KPIs) und bei der Beschaffung eines Budgets, falls Letzteres erforderlich ist.

Legen Sie schließlich Prioritäten für die Unternehmensziele fest und ordnen Sie sie nach ihrer Wichtigkeit. Das schafft Fokus, lenkt Ihre Bemühungen und hilft, das richtige Geschäftsmodell zu wählen.

3.5.6 Machen Sie Ihr Product Vision Board testbar

Wenn Sie ein neues Product Vision Board erstellen oder ein bestehendes aktualisieren, sollte Ihr Ziel darin bestehen, eine *überprüfbare* Strategie zu entwickeln, die Sie validieren können. Um dies zu erreichen, gehen Sie die vier unteren Abschnitte des Boards so lange durch, bis ihr Inhalt so konkret ist, dass Sie feststellen können, ob eine Aussage richtig oder falsch ist. Wenn Ihnen das nicht gelingt, kann das ein Hinweis darauf sein, dass Sie zusätzliche Recherchen durchführen müssen, z. B. durch Beobachtung und Befragung von Nutzern oder durch eine Wettbewerbsanalyse.

3.5.7 Erstellen Sie das Board in einem gemeinsamen Workshop

Eine gute Möglichkeit, das Product Vision Board zu erstellen, besteht darin, die wichtigsten Stakeholder und die Mitglieder des Entwicklungsteams zu einem Workshop einzuladen, in dem diese gemeinsam an der Vision arbeiten. Ein solcher Workshop hilft Ihnen, die Akzeptanz der Beteiligten zu gewinnen, gemeinsame Verantwortung zu schaffen und das kollektive Wissen und die Kreativität der Gruppe zu nutzen. Außerdem kann es schwierig sein, eine bereits ausgearbeitete Vision und Produktstrategie zu »verkaufen«. Die gemeinsame Erarbeitung ist oft die bessere Option.

In der Regel brauchen Sie nicht mehr als einen halben Tag, um gemeinsam ein erstes testbares Product Vision Board zu erstellen. Voraussetzung dafür ist, dass der

Workshop gut vorbereitet ist und effektiv moderiert wird, wie im Abschnitt 2.6 beschrieben. Wenn Sie feststellen, dass ein halber Tag nicht ausreicht, dann könnte dies ein Hinweis darauf sein, dass Ihnen notwendiges Wissen fehlt. In diesem Fall sollten Sie die Arbeit zur Erfassung der Produktstrategie unterbrechen und die notwendige Recherchearbeit leisten. Kommen Sie dann wieder zusammen und setzen Sie die Arbeit an dem Board fort.

3.6 Ergänzen Sie Ihre Strategie mit einem Geschäftsmodell

Es ist gut, eine Produktstrategie festzulegen. Aber Sie sollten sich auch darüber im Klaren sein, ob und wie Sie die darin enthaltenen gewünschten Vorteile für Ihr Unternehmen erzielen und wie Sie Ihr Produkt zu Geld machen können – sei es durch dessen Verkauf oder dessen Verwendung zum Verkauf eines anderen Produkts oder einer Dienstleistung. Anders ausgedrückt: Sie sollten Ihre Produktstrategie mit einem Geschäftsmodell ergänzen.

3.6.1 Beispiele für Geschäftsmodelle

Zu den gängigen Geschäftsmodellen für digitale Produkte gehören Abonnement, Freemium, Verkauf von Werbeplätzen und Lockvogelangebote. Bei einem *Abonnement*-Geschäftsmodell müssen die Kunden eine Abonnementgebühr für den Zugriff auf das Produkt zahlen, wie es beispielsweise bei Microsoft Office und Adobe Creative Cloud der Fall ist. *Freemium* bedeutet, dass eine Basisversion kostenlos ist, für Premiumfunktionen aber eine Gebühr erhoben wird, wie es bei Spotify und Strava der Fall ist. Spotify ist ein beliebtes Musik-Streaming-Produkt, Strava ist eine Lauf-, Radfahr- und Wander-App und ermöglicht aktiven Menschen ein Fitness-Tracking. Der *Verkauf von Werbeplätzen* generiert Einnahmen aus In-App- oder Online-Anzeigen. Dieses Geschäftsmodell wird derzeit beispielsweise von YouTube, Facebook und Instagram genutzt. Die *Lockvogelmethode* (Bait and hook) bietet ein kostenloses oder vergünstigtes Produkt an und generiert Einnahmen aus dem Verkauf eines anderen Produkts oder einer Dienstleistung, die den Kunden an sich bindet. Nehmen wir zum Beispiel iTunes um 2005: Das Produkt selbst war zwar kostenlos, aber nur in Kombination mit einem vergleichsweise teuren iPod nützlich.

3.6.2 Erfassen des Geschäftsmodells

Bei einigen Produkten ist das Geschäftsmodell bereits vorhanden. Dies war bei iTunes der Fall, um das Beispiel aus dem vorherigen Abschnitt fortzusetzen. Das Produkt wurde ursprünglich angeboten, um den Verkauf von iPods zu unterstützen und ein bestehendes Geschäftsmodell umzusetzen. Auch bei anderen Produkten, wie z.B. Facebook und Twitter, entstehen Produkt und Geschäftsmodell gemeinsam.

Ein beliebtes und umfassendes Tool zur Beschreibung eines Geschäftsmodells ist das *Business Model Canvas* [Osterwalder & Pigneur 2010]. Wenn Ihnen das zuvor beschriebene Product Vision Board zusagt, können Sie eine erweiterte Version des Boards verwenden. Auf diese Weise können Sie Ihr Geschäftsmodell neben der Vision und der Produktstrategie erfassen. Dies kann besonders hilfreich sein, wenn das Produkt und das Geschäftsmodell gemeinsam entwickelt werden. Abbildung 3–9 zeigt das *erweiterte Product Vision Board.*

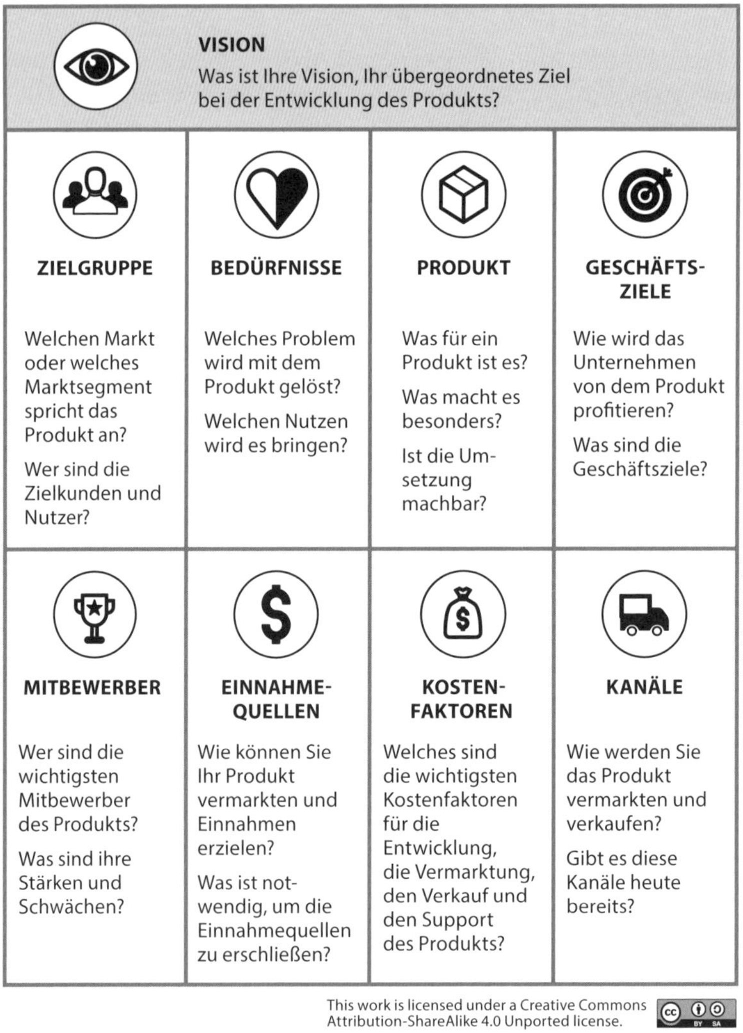
VISION
Was ist Ihre Vision, Ihr übergeordnetes Ziel bei der Entwicklung des Produkts?
ZIELGRUPPE
Welchen Markt oder welches Marktsegment spricht das Produkt an?
Wer sind die Zielkunden und Nutzer?
BEDÜRFNISSE
Welches Problem wird mit dem Produkt gelöst?
Welchen Nutzen wird es bringen?
PRODUKT
Was für ein Produkt ist es?
Was macht es besonders?
Ist die Umsetzung machbar?
GESCHÄFTS-ZIELE
Wie wird das Unternehmen von dem Produkt profitieren?
Was sind die Geschäftsziele?
MITBEWERBER
Wer sind die wichtigsten Mitbewerber des Produkts?
Was sind ihre Stärken und Schwächen?
EINNAHME-QUELLEN
Wie können Sie Ihr Produkt vermarkten und Einnahmen erzielen?
Was ist notwendig, um die Einnahmequellen zu erschließen?
KOSTEN-FAKTOREN
Welches sind die wichtigsten Kostenfaktoren für die Entwicklung, die Vermarktung, den Verkauf und den Support des Produkts?
KANÄLE
Wie werden Sie das Produkt vermarkten und verkaufen?
Gibt es diese Kanäle heute bereits?
This work is licensed under a Creative Commons Attribution-ShareAlike 4.0 Unported license.

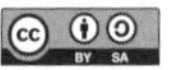

Abb. 3–9 *Das erweiterte Product Vision Board*

Die erste und zweite Zeile des erweiterten Product Vision Board in Abbildung 3–9 sind identisch mit der zuvor beschriebenen Standardversion. Das Geschäftsmodell wird in der untersten Reihe erfasst, die die folgenden vier Abschnitte enthält:[14]

- *Mitbewerber* beschreibt die Stärken und Schwächen der Konkurrenz und ihrer Produkte. Die Angaben bauen auf Ihren Erkenntnissen aus der Wettbewerbsanalyse auf und tragen dazu bei, dass sich Ihr Produkt hervorhebt.
- Unter *Einnahmequellen* versteht man die Art und Weise, wie Ihr Produkt Geld einbringt, z.B. durch den Verkauf von Lizenzen, Abonnements oder Anzeigen oder durch die Erhebung von Gebühren für Premiumfunktionen.
- *Kostenfaktoren* geben die Kosten an, die durch die Entwicklung, die Vermarktung, den Verkauf und den Support Ihres Produkts entstehen. Dazu gehören die Kosten für die Gewinnung von Nutzern und Kunden, den Kauf von Drittanbieter-Komponenten und die Bezahlung von Dienstleistungen und Produkten, die von Partnern und Lieferanten bereitgestellt werden.
- *Kanäle* sind die Möglichkeiten, die Sie nutzen, um die Nutzer und Kunden zu erreichen und das Produkt an sie zu verkaufen und zu liefern. Letzteres kann von der Implementierung einer App bis zur Zusammenarbeit mit Einzelhändlern reichen, um Regalflächen für ein eingeschweißtes Produkt zu erhalten. Überlegen Sie, ob die entsprechenden Vertriebs- und Marketingkanäle für Sie bereits nutzbar sind oder ob Sie sie erst schaffen oder erwerben müssen.

Sie können das erweiterte Product Vision Board von meiner Website herunterladen, wo Sie auch weitere Informationen zu diesem Werkzeug finden.

3.6.3 Verwendung des Geschäftsmodells zur Erstellung eines Business Case

Ein Geschäftsmodell beschreibt zwar, wie ein Produkt einen Wert für ein Unternehmen generieren kann, aber es quantifiziert normalerweise nicht den Nutzen. Das geschieht durch einen Business Case, der die finanzielle Leistung eines Produkts in den kommenden Jahren prognostiziert. Anhand eines Business Case können Sie beurteilen, ob die Entwicklung des Produkts wirtschaftlich tragfähig ist. Glücklicherweise kann man einen Business Case aus dem Geschäftsmodell ableiten, indem man den generierten Nutzen und die entstehenden Kosten in den nächsten, sagen wir, zwei bis drei Jahren quantifiziert. Wie herausfordernd dies ist, hängt, wie be-

14. Die vier Abschnitte sind durch die Abschnitte des *Business Model Canvas* inspiriert. Das Canvas besteht aus neun Abschnitten: *Kundensegmente* und *-beziehungen*, *Kanäle*, *Nutzenversprechen*, *Einnahmequellen*, *Kostenstrukturen*, *Schlüsselaktivitäten* und *-ressourcen* sowie *Schlüsselpartner*. Beachten Sie, dass es einige Überschneidungen geben wird, wenn Sie das Standard-Product-Vision-Board in Kombination mit dem Business Model Canvas verwenden. Der Abschnitt *Kundensegmente* ähnelt der *Zielgruppe* und *Wertversprechen* überschneidet sich mit *Bedürfnissen* und *Produkt*.

reits erwähnt, vom Innovationstyp des Produkts ab. Bei einem Kernprodukt ist die Erstellung eines realistischen Geschäftsmodells normalerweise machbar, bei einem angrenzenden Produkt kann es hingegen schwierig sein. Bei einem disruptiven Produkt ist dies jedoch oft unmöglich, da der Markt für das Produkt noch nicht existiert. Dennoch können Sie das Geschäftsmodell nutzen, um die Investition zusammen mit dem Untätigkeitsrisiko zu rechtfertigen, d.h. dem Risiko, nicht tätig zu werden und den erwarteten geschäftlichen Nutzen nicht erzielen zu können.

3.7 Berücksichtigen Sie die ethischen Aspekte Ihres Produkts

Digitale Produkte können tiefgreifende Auswirkungen auf die Nutzer haben, von der Bereicherung des Lebens bis hin zur Gefährdung durch schädliche Inhalte. Daher ist es wichtig, dass Sie die Auswirkungen Ihres Produkts sorgfältig abwägen und ethisch vertretbare Produktentscheidungen treffen.

Ein *ethisches Produkt* ist ein Angebot, das weder den Nutzern noch dem Planeten Schaden zufügt. Ein solches Produkt wirkt sich nicht negativ auf das psychische Wohlbefinden der Menschen aus und trägt nicht durch die Art und Weise, wie es entwickelt, bereitgestellt und – wenn es Hardware und Kunststoffe enthält – hergestellt, geliefert und entsorgt wird, zur Umweltverschmutzung und zum Klimawandel bei. Die folgenden vier Richtlinien helfen Ihnen, ein ethisches Produkt zu entwickeln.

3.7.1 Nutzer zuerst

Die Nutzer an die erste Stelle zu setzen, mag sich wie eine Selbstverständlichkeit anhören. Manchmal werfen wir jedoch einen eher oberflächlichen Blick auf die Bedürfnisse der Nutzer und vergessen dabei, genau zu untersuchen, wie sich die Nutzung des Angebots auf das psychische Wohlbefinden der Menschen auswirken kann. Ist es zum Beispiel richtig, ein Produkt anzubieten, das die Nutzer anspricht und ein Suchtverhalten auslöst, auch wenn die Menschen es nutzen wollen? Oder ist es akzeptabel, die Verbreitung von Inhalten zu ermöglichen, die zwar viele Aufrufe und Kommentare bekommen, aber Material enthalten, das Fehlinformation, Selbstverletzung oder Gewalt fördert? Ich persönlich glaube das nicht.

Es liegt in unserer Verantwortung als Produktpersonen, für das psychische Wohlbefinden der Nutzer zu sorgen und die Auswirkungen unseres Produkts auf dieses zu mildern. Dafür ist kein Psychologiestudium erforderlich.

Ein echtes Interesse an den Nutzern und eine warmherzige Einstellung zu ihnen sind ausreichend. Befolgen Sie dazu die Ratschläge, die weiter oben in diesem Kapitel gegeben wurden. Bemühen Sie sich, mit den Nutzern zu sprechen, hören Sie sich aufmerksam ihre Ideen an und beobachten Sie, wie sie mit Ihrem Produkt interagieren. Auf diese Weise können Sie sich in die einzelnen Personen hineinversetzen, verstehen, welche Auswirkungen das Produkt auf sie hat oder voraussichtlich haben wird, und entdecken Möglichkeiten zur Verbesserung des Angebots.

3.7.2 Faires Geschäftsmodell

Wenn digitale Produkte kostenlos angeboten werden, erfolgt die Monetarisierung häufig dadurch, dass die Nutzer mit Werbung konfrontiert und ihre Daten verkauft werden. Dieser Ansatz funktioniert jedoch nur, wenn sich genügend Menschen ausreichend mit dem Produkt beschäftigen. Es kann daher verlockend sein, ungesundes Verhalten zu fördern, z.B. die Nutzer an eine App zu binden, was sich dann auf die psychische Gesundheit der Nutzer auswirkt. Die Lösung besteht meines Erachtens darin, das zugrunde liegende Geschäftsmodell zu ändern und dafür zu sorgen, dass es für alle Parteien fair ist. Das kann bedeuten, dass man sich von der Monetarisierung digitaler Produkte durch Anzeigen und Datenverkauf verabschiedet. Denken Sie zum Beispiel daran, was in den letzten Jahren in den Onlinemedien passiert ist: Mehr und mehr Inhalte werden kostenpflichtig angeboten. Das gilt für Nachrichteninhalte ebenso wie für Musik-Streaming-Angebote. Und wenn ein Produkt ein überzeugendes Wertversprechen hat, dann sollte es auch möglich sein, damit Geld zu verdienen, ohne es (völlig) kostenlos anzubieten.

3.7.3 Richtige Design- und Technologieentscheidungen

Fordern Sie Ihr Entwicklungsteam auf, bei der Gestaltung und Erstellung des Produkts ethisch einwandfreie Entscheidungen zu treffen. Raten Sie von unethischen Praktiken wie der Verwendung von Dark Patterns[15] ab [Brignull 2021] und schlagen Sie den Einsatz von »Calm Technology«[16] vor [Case 2015]. Dark Patterns bringen Nutzer dazu, Dinge zu tun, die sie nicht tun wollten, wie etwa ein Produkt zu kaufen oder sich für eine Dienstleistung anzumelden. Der Einsatz von Calm Technology bedeutet, dass Produkte angeboten werden, die nicht aufdringlich sind und sich im Umfeld des Nutzers bewegen, anstatt zu versuchen, im Mittelpunkt der Aufmerksamkeit zu stehen. Das kann zum Beispiel bedeuten, dass Benachrichtigungen sparsam eingesetzt werden.[17]

Ermutigen Sie das Team außerdem dazu, algorithmische Verzerrungen abzuschwächen und beim Einsatz von Technologien für maschinelles Lernen auf Fairness zu achten. Wenn die Daten, die zum Trainieren der Algorithmen verwendet werden, verzerrt sind, werden auch die Empfehlungen Ihres Produkts verzerrt sein.

---

15. *Anm. d. Übers.*: Zum Begriff *Dark Pattern* siehe auch Fußnote 8 in der *Einleitung*.
16. *Anm. d. Übers.*: dt. etwa »Ruhige Technologie« oder wenn Technologie entstresst.
17. Zu den Vorschlägen von [Rowe 2018] gehören die Befolgung eines Design-Ethikkodex, die Entwicklung von Produkten, die gut für die Menschheit sind, und Tests auf Missbrauchsmöglichkeiten.

Da die Entwurfs- und Umsetzungsarbeit sehr anstrengend sein kann, vergisst man leicht, ethische Design- und Technologieentscheidungen zu treffen. Um dieses Risiko zu mindern, sollten Sie geeignete Kriterien in die *Definition of Done* aufnehmen. Die Definition of Done beschreibt die Standards, die ein Produktinkrement am Ende eines Sprints erfüllen muss. Sie ist ein wichtiges Artefakt, das im Scrum-Framework verwendet wird.[18]

3.7.4 Auswirkungen auf die Umwelt

Nicht zuletzt sollten Sie die Auswirkungen Ihres Produkts auf die Umwelt berücksichtigen. Auch wenn ihr Produkt rein digital ist, verbraucht es bei der Entwicklung und dem Hosting dennoch Energie, was zur globalen Erwärmung beitragen kann. Wählen Sie daher einen klimaneutralen Anbieter, der Ihr digitales Produkt auf umweltverträgliche Weise hosten kann.

Außerdem können Sie die Anzahl der Reisen, die für die Produktentwicklung erforderlich sind, reduzieren. Ich persönlich habe die Erfahrung gemacht, dass Videoanrufe die meisten Geschäftsreisen ersetzen können. Das ist nicht nur gut für den Planeten, sondern hilft auch Ihrem Unternehmen, Geld zu sparen. Zudem können Sie in Ihrem eigenen Bett schlafen.

3.8 Entwickeln Sie Varianten und entflechten Sie Ihr Produkt

In vielerlei Hinsicht will eine Produktstrategie Ihnen helfen, ein Produkt so schnell wie möglich in die Wachstumsphase zu bringen und es dort so lange wie möglich zu halten. Wachstum bedeutet aber nicht nur, dass ein Produkt jederzeit mehr Wert für Ihr Unternehmen generiert. Um Wachstum zu erhalten, muss das Produkt in der Regel eine immer größere und heterogenere Zielgruppe bedienen. Gleichzeitig muss das Produkt neue und verbesserte Leistungsmerkmale bieten. Dies kann das Wertversprechen verwässern, das Benutzererlebnis beeinträchtigen und den Zeit- und Arbeitsaufwand für die Erweiterung des Produkts erhöhen. Die Erstellung von Produktvarianten und die Entflechtung Ihres Produkts sind zwei leistungsstarke Techniken, mit denen Sie den Nutzen Ihres Produkts erhöhen können.

---

18. Die Kriterien, die in der *Definition of Done* enthalten sind, variieren von Produkt zu Produkt, aber sie beinhalten in der Regel die Anforderungen, dass die Software auf einem offiziellen Testserver ausgeführt werden kann, dass sie getestet und dokumentiert wurde. Sie kann auch festlegen, dass das Produktinkrement freigegeben oder an (ausgewählte) Nutzer ausgeliefert werden kann.

Eine *Produktvariante* ist eine Variation oder Spezialisierung eines Produkts. Nehmen Sie zum Beispiel Microsofts Diagrammtool Visio, das das Unternehmen derzeit in zwei Varianten anbietet: Visio Standard und Visio Professional.[19] Oder nehmen Sie YouTube, das in verschiedenen Varianten angeboten wird. YouTube-Premium bietet beispielsweise werbefreie Inhalte, Videodownloads und Hintergrundwiedergabe sowie Zugang zu YouTube Music, dem Musik-Streaming-Dienst von Google. YouTube-Kids ist eine Version für Kinder mit kuratierten Inhalten und Kindersicherungsfunktionen. Durch die Erstellung von Produktvarianten wird eine Produktlinie oder eine Gruppe verwandter Produkte erstellt, die auch als Produktfamilie bezeichnet wird.

Die *Entflechtung* Ihres Produkts bedeutet, dass Sie ein einzelnes oder eine Reihe von Leistungsmerkmalen als ein neues Produkt anbieten. Ein gutes Beispiel ist Facebook Messenger, eine Softwareanwendung, mit der man mit seinen Freunden chatten kann. Facebook nahm die ursprünglich in seiner mobilen App enthaltene Messaging-Funktionalität und brachte sie 2014 als eigenständiges Produkt heraus. Ein weiteres Beispiel ist iTunes von Apple. Die App ermöglichte es den Nutzern ursprünglich, digitale Musik zu kaufen und auf ihren iPods zu speichern. Aufgrund des Erfolgs wurden im Laufe der Jahre jedoch immer mehr Leistungsmerkmale hinzugefügt. Außerdem konnten Nutzer Videos ansehen, Podcasts hören, Apple Books lesen sowie ihre iPhones aktivieren, verwalten und sichern. Mit der Veröffentlichung von MacOS Catalina im Jahr 2019 hat Apple iTunes entflochten. Das Unternehmen teilte das Produkt in separate Apps für Musik, TV und Podcasts auf.

3.8.1 Vorteile

Die Erstellung von Produktvarianten und die Entflechtung von Leistungsmerkmalen können die folgenden fünf Vorteile bieten:

1. Es kann die Grundlagen für künftiges Wachstum schaffen, wie im Fall der Messenger-App von Facebook. Durch die Entflechtung der Messaging-Funktion von der eigentlichen Facebook-App wurde das Produkt gestrafft und das Unternehmen konnte die Messenger-App in eine Plattform umwandeln, indem es neue Leistungsmerkmale hinzufügte, z.B. das Senden von Geld an Freunde und die direkte Kommunikation mit Unternehmen.
2. Zudem können Sie durch die Entwicklung spezialisierter Produkte ein bestehendes Publikum besser bedienen und eine neue Zielgruppe ansprechen. Nehmen Sie iTunes als Beispiel. Durch die oben beschriebene Entflechtung des Produkts in drei neue Apps konnte Apple neue, fokussierte Produkte anbieten, die jeweils ein klares Wertversprechen haben und ein verbessertes Benutzererlebnis bieten.

19. Siehe *https://www.microsoft.com/en-gb/microsoft-365/visio/microsoft-visio-plans-and-pricing-compare- visio-options.*

3. Des Weiteren kann die Entflechtung eines Produkts und die Einführung einer oder mehrerer Varianten den Geschäftsnutzen steigern und neue Einnahmequellen schaffen. Microsoft erhebt beispielsweise einen Aufpreis für Visio Professional gegenüber der Standardversion. In ähnlicher Weise sind Strava-Premium-Abonnements eine wichtige Einnahmequelle für das Unternehmen. Auch Facebook Messenger hat mit Leistungsmerkmalen wie dem Senden von Geld eine neue Einnahmequelle für das Unternehmen geschaffen.
4. Beide Techniken verbessern Ihre Fähigkeit, auf Marktveränderungen zu reagieren und die Wettbewerbsfähigkeit Ihres Produkts zu erhöhen. Google hat zum Beispiel Google Drive in separate Anwendungen für Docs, Sheets und Slides aufgeteilt. Dadurch konnte das Unternehmen besser mit den Produktivitätstools von Apple und Microsoft konkurrieren.
5. Schließlich erfordern kleinere, stärker fokussierte Produkte weniger Personen, die sie managen und entwickeln. Damit entfällt die Herausforderung, den Entwicklungsaufwand zu skalieren und eine größere Anzahl von Teams zu koordinieren. Der Aufwand und die Kosten sinken, und die Entwicklung wird beschleunigt.

3.8.2 Zu vermeidende Stolperfallen

Wenn Sie ein Produkt entflechten und neue Varianten erstellen, sollten Sie auf die folgenden drei Fehler achten:

1. Bieten Sie nicht zu viele spezialisierte Produkte an, da dies die Nutzer und Kunden irritieren oder sogar frustrieren könnte. überprüfen und passen Sie Ihre Produktlinien regelmäßig an und streichen Sie einzelne Produkte, wenn es angebracht ist. Microsoft hat z.B. 2002 Visio Technical aus seiner Visio-Produktlinie entfernt, und wie bereits erwähnt hat Apple 2014 den iPod Classic eingestellt und damit die iPod-Produktfamilie gestrafft.
2. Prüfen Sie, ob ein neu erstelltes Produkt ein bestehendes Produkt kannibalisieren würde. Nehmen Sie das iPhone 6 Plus als Beispiel. Während die Variante Apple half, die Konkurrenz anderer Smartphone-Hersteller abzuwehren, kannibalisierte das Produkt ein anderes Angebot des Unternehmens – das iPad Mini.
3. Managen Sie eine Produktfamilie proaktiv und koordinieren Sie die darin enthaltenen Varianten und entflochtenen Produkte. So wäre es beispielsweise nicht wünschenswert, wenn Apple Music, TV und Podcasts unterschiedliche Benutzererlebnisse bieten würden, sodass es für die Nutzer schwierig wäre, zwischen ihnen zu wechseln. Außerdem sollten Sie die Abhängigkeiten zwischen den Mitgliedern der Produktfamilie managen und die Releasetermine aufeinander abstimmen. Nehmen Sie Microsoft Office als Beispiel. Neue Versionen der Office-Produkte werden fast immer zur gleichen Zeit veröffentlicht.

3.8.3 Produktstrategie für Varianten und entflochtene Produkte

Wenn Sie aus einem bestehenden Produkt mehrere Varianten erstellen, empfehle ich Ihnen, zumindest anfangs, eine übergreifende Produktstrategie für die neu geschaffenen Produkte zu erstellen. Die Roadmaps sollten hingegen individuell für jede Variante sein. Auf diese Weise bleiben die Varianten aufeinander abgestimmt und können sich gleichzeitig mit unterschiedlicher Geschwindigkeit ihren eigenen Produktzielen entsprechend weiterentwickeln. Produkte, die aus der Entflechtung einer oder mehrerer Leistungsmerkmale entstanden sind, profitieren jedoch in der Regel von einer individuellen Produktstrategie und einer eigenen Produkt-Roadmap.

3.9 Nutzen Sie die Vorteile von Softwareplattformen

Eine Softwareplattform ist eine Sammlung von Software-Assets, die von mehreren Produkten genutzt werden. Es gibt zwei Arten von Plattformen: geschlossene, interne Plattformen, die Produkte für Endnutzer unterstützen, und offene Plattformen, die die Integration Dritter ermöglichen. Nehmen Sie Amazon Web Services (AWS) als Beispiel. Die Plattform bietet Cloud-basierte Dienste, auf denen andere Produkte aufgebaut werden können, z.B. das Video-Streaming von Netflix. In den folgenden Abschnitten erörtere ich die Vor- und Nachteile der Plattformen und gebe Tipps, wie Sie sie nutzen können.

3.9.1 Vor- und Nachteile von Softwareplattformen

Plattformen können Ihnen dabei helfen, Ihr Produktportfolio schneller und kostengünstiger zu erweitern, ein nahtloses Benutzererlebnis zu schaffen und Ihren Umsatz zu steigern. Lassen Sie uns die drei Vorteile anhand einer Produktfamilie wie Microsoft Office näher betrachten. Wenn die Teams, die die verschiedenen Produktivitätstools entwickeln, alle ihren eigenen Code für die Benutzeroberfläche erstellen würden, käme es zu erheblicher Code-Duplizierung, zusätzlichen Entwicklungskosten, längerer Entwicklungszeit und möglicherweise einem fragmentierten Benutzererlebnis beim Wechsel zwischen den Anwendungen. Eine Softwareplattform, die die Benutzerinteraktion standardisiert und zusätzliche gemeinsame Dienste wie das Speichern und öffnen von Dateien bietet, vermeidet diese Probleme. Sie sorgt für ein einheitliches Benutzererlebnis in allen Anwendungen und ermöglicht es den Entwicklungsteams, sich auf die Entwicklung produktspezifischer Leistungsmerkmale zu konzentrieren, anstatt Infrastrukturcode entwickeln zu müssen. Darüber hinaus kann die öffnung einer Plattform für andere Unternehmen, wie es Amazon mit AWS getan hat, eine neue Einnahmequelle schaffen und zur Diversifizierung des Geschäfts beitragen. Im Jahr 2020 erwirtschaftete Amazon Web Services einen Umsatz von über 45 Milliarden US-Dollar.[20]

Trotz ihrer Vorteile haben Plattformen auch Nachteile. Ich habe Softwareplattformen gesehen, die im Laufe der Zeit so groß wurden, dass sie zu einem Engpass wurden und die Entwicklung der Produkte für die Endnutzer verlangsamten. Ich habe auch erlebt, dass eine Plattform kurz nach ihrer Einführung wieder eingestellt wurde, weil sie den Anforderungen der Entwicklungsteams, die sie hätten nutzen sollen, nicht entsprach. Wie diese Beispiele zeigen, lohnt es sich, sorgfältig abzuwägen, ob eine Plattform für Ihr Unternehmen von Nutzen sein kann, und den richtigen Ansatz für den Aufbau und die Verwaltung der Plattform zu wählen.

3.9.2 Plattform-Tipps

Behandeln Sie die Plattform wie ein Produkt

Eine Softwareplattform ist zwar ein Stück Technologie, aber es ist von Vorteil, sie als eigenständiges Produkt zu betrachten, wenn auch als technisches Produkt. Folglich sollte eine Plattform über eine eigene Produktstrategie und eine Produkt-Roadmap, wichtige Leistungsindikatoren (KPIs), ein Product Backlog und eine gut durchdachte Softwarearchitektur verfügen, die die richtigen Technologien nutzt.

Achten Sie jedoch darauf, dass sich die Plattformentscheidungen an den Anforderungen der von ihr bedienten Produkte orientieren. Schließlich ist eine Plattform dazu da, Teams dabei zu helfen, bessere Produkte schneller und kostengünstiger zu entwickeln. Mit anderen Worten: Die Strategie und die Roadmap der Plattform sollten sich an den Strategien und Roadmaps der darauf aufbauenden Produkte orientieren, und ihre Architektur sollte so gestaltet sein, dass die Nutzung ihrer Dienste so einfach wie möglich ist.

Eine Softwareplattform ist daher mehr als eine Menge von APIs. Sie erfordert oft zusätzliche Ressourcen, die es den Teams ermöglichen, die Vorteile der Plattform zu nutzen. Dazu gehört die Dokumentation, aber auch Werkzeuge, mit denen die Schnittstellen der Plattform programmiert werden können. Nehmen Sie AWS als Beispiel. Derzeit verfügt die Plattform über ein Cloud-Entwicklungskit, das .NET und Java unterstützt und mit einer Reihe von Softwareentwicklungswerkzeugen (IDEs) integriert werden kann.[21]

---

20. Quelle: *https://www.geekwire.com/2021/amazon-web-services-posts-record-13-5b-profits-2020-andy-jassys-aws-swan-song/* (letzter Zugriff am 15.7.23).
21. IDE steht für *Integrated Development Environment (integrierte Entwicklungsumgebung)*. Eine IDE besteht in der Regel aus einem Quellcode-Editor, einem Debugger und zusätzlichen Werkzeugen, mit denen Programmierer ihren Code schreiben, erstellen und testen können.

Klein anfangen

Wenn Sie eine neue Softwareplattform entwickeln, sollten Sie klein anfangen und eine *minimal funktionsfähige Plattform* für eine kleine Anzahl von Produkten – etwa zwei bis drei – aufbauen. So können Sie eine erste Version der Plattform vergleichsweise schnell veröffentlichen. Sobald Sie gezeigt haben, dass die Plattform den gewünschten Wert schafft, können Sie mit der Erweiterung der Dienste beginnen und zusätzliche Produkte auf der Plattform anbieten. Auf diese Weise vermeiden Sie das Risiko, auf dem Markt eine zu anspruchsvolle Softwareplattform anzubieten, die keinen ausreichenden Mehrwert für die Nutzer schafft, wie ich im nächsten Abschnitt näher erläutere.

Nehmen wir noch einmal Amazon Web Services. AWS wurde in den frühen 2000er-Jahren als interne Softwareplattform entwickelt, um das Wachstum von Amazon zu fördern und den Entwicklungsteams die Möglichkeit zu geben, sich auf kundenorientierte Innovationen zu konzentrieren. Nachdem dieses Ziel erreicht war, beschloss Amazon, die Plattform zu öffnen. Im Jahr 2006 brachte das Unternehmen seinen ersten Cloud Storage Service auf den Markt, den Entwickler von Drittanbietern nutzen konnten. Derzeit bietet AWS mehr als 200 Services an und erwirtschaftet einen erheblichen Teil des jährlichen Betriebsgewinns von Amazon.[22]

Benutzerorientiert, nicht technologiegesteuert

Technische Produkte wie eine Softwareplattform können eine Schattenseite haben: Da sie von spezialisierten Teams entwickelt werden, kann es passieren, dass sie übertechnisiert und überkompliziert sind. Im schlimmsten Fall funktioniert eine Plattform für sich genommen wunderbar, aber die Nutzung ihrer Schnittstellen ist schwierig und die Gesamtleistung ist schlecht. Es gibt zwei Techniken, die Ihnen helfen können, diese Risiken zu reduzieren:

1. Beginnen Sie mit der Entwicklung einer neuen Softwareplattform, indem Sie das Plattformentwicklungsteam mit Mitgliedern aus den Produktentwicklungsteams besetzen.
2. Validieren Sie die Plattform frühzeitig und regelmäßig. Laden Sie beispielsweise die Produktentwicklungsteams zur Teilnahme an den Plattform-Sprint-Reviews ein und fragen Sie sie nach ihrem Feedback. Geben Sie außerdem frühzeitig Plattforminkremente frei und bitten Sie die Mitglieder des Entwicklungsteams, entsprechend zu programmieren.

---

22. Quellen: *https://en.wikipedia.org/wiki/Amazon_Web_Services* und *https://www.geekwire.com/2021/amazon-web-services-posts-record-13-5b-profits-2020-andy-jassys-aws-swan-song/* (letzter Zugriff am 15.7.23).

Der Einsatz dieser Techniken half bei der Entwicklung einer neuen Telekommunikationssoftware-Plattform, an der ich beteiligt war. Sie stellten sicher, dass die Plattform für die von ihr bedienten Produkte hervorragende Arbeit leistete, und steigerten ihre Akzeptanz bei den Produktentwicklungsteams.

3.10 Erstellen Sie eine Produktgruppe

Wie der Name schon sagt, bedeutet die Erstellung einer *Produktgruppe*, dass separate Produkte zu einem neuen, größeren Angebot zusammengefasst werden. Microsoft Office ist zum Beispiel ein Softwarepaket, das Word, Excel und PowerPoint umfasst. Sie können Word nicht einzeln lizenzieren oder abonnieren, sondern nur in Kombination mit anderen Office-Produkten.

3.10.1 Vorteile

Die Zusammenstellung einer Produktgruppe bietet drei Vorteile.

1. Es ist hilfreich, wenn die einzelnen Produkte zu klein oder nicht attraktiv genug sind, um für sich allein erfolgreich zu sein. Nehmen Sie YouTube-Premium. Wie bereits erwähnt, bündelt das Produkt werbefreie Inhalte, Videodownloads und Hintergrundwiedergabe sowie den Zugang zu YouTube Music, um es für Nutzer attraktiver zu machen, sich anzumelden und für den Dienst zu bezahlen.
2. Die Bündelung kann den Umsatz steigern – man denke nur an das Happy Meal von McDonald's, bei dem man einen Hamburger, Pommes Frites und ein Getränk für weniger Geld bekommt als beim Kauf der einzelnen Produkte. Die Idee ist, dass Kunden mehr Geld ausgeben und mehr Produkte kaufen, wenn sie einen Paketrabatt erhalten.
3. Eine Produktgruppe kann Ihnen einen Vorteil gegenüber der Konkurrenz verschaffen. Die Kombination von Internet Explorer und Windows half Microsoft beispielsweise, den ersten »Browserkrieg« in den späten 1990er-Jahren zu gewinnen. Das Unternehmen nutzte die Popularität seines Betriebssystems, um seinen Browsermarktanteil zum Nachteil seines Erzrivalen, des Netscape Navigator, erheblich zu steigern.[23]

23. Weitere Informationen finden Sie unter *http://en.wikipedia.org/wiki/Browser_wars*.

3.10.2 Zu vermeidende Stolperfallen

Die Bündelung von Angeboten kann zwar eine hilfreiche Strategie sein, doch sollten Sie die folgenden drei Fehler vermeiden:

- Vergraulen Sie die Kunden nicht, indem Sie zu große Pakete schnüren. Als Netscape im ersten Browserkrieg unter Druck geriet, versuchte das Unternehmen, sein Produkt attraktiver zu machen und seinen Marktanteil zu verteidigen, indem es seinen Browser um mehrere Produkte ergänzte, darunter einen E-Mail- und einen News-Client. Das daraus resultierende Paket wurde Netscape Communicator genannt. Leider war es aufgebläht und umständlich zu bedienen, was die Sorgen von Netscape eher noch vergrößerte, als sie zu lindern.
- Schränken Sie die Kaufmöglichkeiten Ihrer Kunden nicht zu sehr ein. Nehmen Sie Microsoft Office als Beispiel. Kunden können ausschließlich die gesamte Suite abonnieren, nicht aber einzelne Produkte wie Microsoft Word. Dies könnte Menschen, die nur Zugang zu ausgewählten Produkten benötigen, davon abhalten, ein Abonnement abzuschließen.[24] Einen flexibleren Ansatz wählt Adobe mit seiner Creative Cloud. Derzeit können die Kunden sowohl einzelne Apps als auch ein Paket abonnieren, das alle Produkte zu einem ermäßigten Preis enthält.
- Vergessen Sie schließlich nicht, die Benutzerfreundlichkeit der im Paket enthaltenen Produkte zu harmonisieren, um den Nutzern den Wechsel zwischen den Produkten zu erleichtern. Die wichtigsten Leistungsmerkmale der verschiedenen Office-Produkte, wie z.B. das Öffnen und Speichern von Dokumenten, funktionieren erwartungsgemäß auf die gleiche Weise. Sie haben die gleiche visuelle Darstellung und sind beispielsweise an der gleichen Stelle zu finden. Die Verwendung einer Plattform, wie im vorherigen Abschnitt beschrieben, kann Ihnen dabei helfen.

24. Bevor Microsoft Word 1990 als Teil von Office für Windows veröffentlichte, war es als eigenständiges Produkt für MS-DOS erhältlich. Siehe *https://en.wikipedia.org/wiki/Microsoft_Word*.

4 Validierung der Produktstrategie

Scheitern ist eine Voraussetzung für Lernen.

Eric Ries

Die Entwicklung einer Produktstrategie ist mit Risiken verbunden – unabhängig davon, ob es um die Entwicklung eines brandneuen Produkts oder um eine größere änderung an einem bestehenden Produkt geht. Es ist möglich, dass der Bedarf für Ihr Produkt nicht groß genug ist, der von Ihnen gewählte Markt könnte zu klein oder zu diversifiziert sein oder die erforderlichen Technologien sind (noch) nicht verfügbar. Um die Chancen auf ein erfolgreiches Produkt zu maximieren, müssen Sie die wichtigsten Risiken systematisch ermitteln und angehen, bevor Sie sich auf die Produktstrategie festlegen. Kurz gesagt: Sie müssen die Produktstrategie validieren.

4.1 Testen und korrigieren Sie Ihre Strategie iterativ

Eine gute Möglichkeit zur Validierung der Produktstrategie ist ein iterativer, risikoorientierter Ansatz.[1] Beginnen Sie den Prozess mit der Erstellung einer initialen Produktstrategie. Wählen Sie dann das größte Risiko aus: die Ungewissheit, die jetzt angegangen werden muss, damit Sie keine falschen strategischen Entscheidungen treffen und das Produkt nicht auf den falschen Weg bringen. Legen Sie dann fest, wie Sie das Risiko am besten angehen können, z. B. durch Beobachtung der Zielgruppe, Befragung von Kundinnen oder den Bau eines Prototyps. Führen Sie die erforderlichen Arbeiten durch und sammeln Sie die entsprechenden Rückmeldungen und Daten. Analysieren Sie die Ergebnisse und nutzen Sie die neu gewonnenen

1. Die von mir beschriebene Validierung der Produktstrategie basiert auf der Arbeit von Eric Ries, insbesondere auf seinem Buch *The Lean Startup* [Ries 2011]. Beachten Sie, dass ich von Ries' Arbeit abweiche, indem ich empfehle, Risiken anstelle von Hypothesen zu identifizieren. Risiken und Annahmen sind jedoch eng miteinander verbunden: Ein Risiko ist eine Ungewissheit, die zu einem unerwünschten Ergebnis führen kann, wenn sie nicht angegangen wird – ähnlich wie eine Annahme, die nicht getestet wird.

Erkenntnisse, um zu entscheiden, was zu tun ist. Sollten Sie umschwenken, weitermachen oder aufhören? Sollten Sie an Ihrer Strategie festhalten, sie grundlegend ändern oder Ihre Vision nicht mehr verfolgen? Wenn Sie sich für eine Neuausrichtung entscheiden, ändern Sie die Strategie und starten Sie den Validierungsprozess neu. Wenn die Strategie beibehalten wird, wird die Roadmap aktualisiert und das nächste Hauptrisiko ausgewählt. Abbildung 4–1 veranschaulicht diesen Prozess.

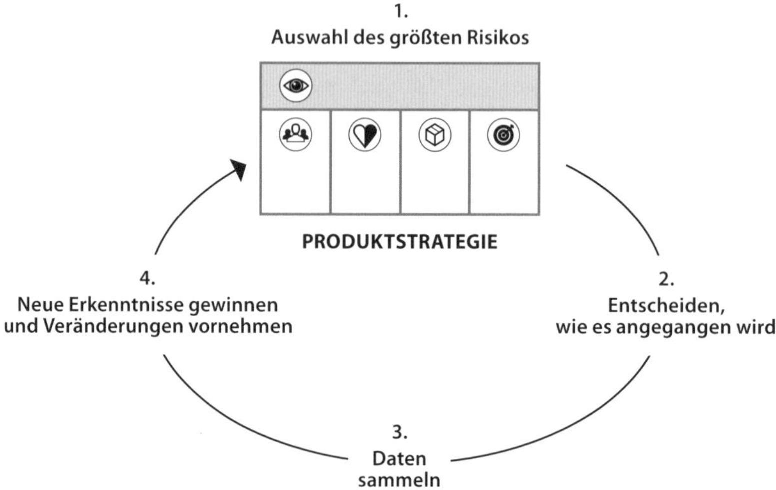

Abb. 4–1 *Risikoorientierte Validierung der Produktstrategie auf der Grundlage von [Ries 2011]*

Die iterative Validierung der Produktstrategie bietet die folgenden beiden Vorteile:

- Sie werden ermutigt, *gerade genug* Arbeit in Recherche und Strategieentwicklung zu investieren. Dadurch wird das Risiko vermieden, mehr Recherche als nötig zu betreiben. Das kommt meiner Erfahrung nach bei Unternehmen, die einen traditionellen, sequenziellen Innovationsprozess anwenden, recht häufig vor.
- Die frühzeitige Auseinandersetzung mit den Risiken hilft Ihnen, schnell zu verstehen, welche Teile Ihrer Strategie funktionieren und welche nicht. Das beschleunigt das Lernen und vermeidet späte Fehlschläge. Ein frühes Scheitern kann zwar eine Herausforderung sein, gibt Ihnen aber mehr Möglichkeiten, den Kurs zu ändern und Alternativen zu prüfen. An dieser Stelle der Produktentwicklung, vor dem Festlegen der endgültigen Strategie und dem Beginn der Arbeit am eigentlichen Produkt, sind die Kosten für diese Änderungen noch gering. Wenn Sie erst bei der Markteinführung feststellen, dass der Bedarf für das Produkt nicht ausreichend groß ist oder die Geschäftsziele nicht erreichbar sind, haben Sie schon deutlich mehr Geld und Aufwand investiert.

Wenn Sie Ihre Strategie iterativ validieren, sollten Sie feststellen, dass die Unsicherheit abnimmt. Es sollten immer weniger Risiken vorhanden sein und die Inhalte klarer und präziser werden. Sie haben die Produktstrategie erfolgreich validiert, wenn sie keine wesentlichen Risiken mehr enthält. Dann sind Sie sich sicher, dass Sie den Markt, das Wertversprechen, die markanten Leistungsmerkmale, die Geschäftsziele und das Geschäftsmodell genau getroffen haben. Und was noch wichtiger ist: Sie verfügen über empirische Beweise, die Ihre Ansichten untermauern.

4.2 Führen Sie die minimal notwendige Vorarbeit durch

Um mit der iterativen Strategievalidierung erfolgreich zu sein, benötigen Sie zunächst eine Produktstrategie. Diese Strategie muss *überprüfbar* sein und die darin enthaltenen Aussagen müssen spezifisch genug sein, damit Sie die Hauptrisiken erkennen und bestimmen können, wie Sie diese am besten angehen.

Wenn Sie ein neues Produkt für einen Markt entwickeln, mit dem Sie vertraut sind und den Ihr Unternehmen bereits bedient, können Sie unter Umständen sofort eine initiale, testbare Produktstrategie entwickeln, ohne im Vorfeld Recherchearbeit leisten zu müssen. Wenn Sie sich jedoch an einen neuen Markt wenden, müssen Sie zunächst in die Marktforschung investieren. Nehmen Sie die folgende Geschichte aus dem Buch *The Toyota Way* von Jeffrey Liker [Liker 2004]. Bevor das Unternehmen mit der Entwicklung des allerersten Lexus-Autos begann, wurde der für das neue Produkt verantwortliche Chefingenieur gebeten, ein Jahr in Kalifornien zu verbringen, das Leben zu genießen und andere Luxusautos zu fahren. Das mag zu schön klingen, um wahr zu sein, aber es gab einen guten Grund für diesen Ansatz. Toyota hatte noch nie ein Luxusauto entwickelt, und das Unternehmen war mit seiner neuen Zielgruppe nicht vertraut. Indem er Zeit auf dem Zielmarkt verbrachte und in die Lebenswelt der potenziellen Kundinnen eintauchte, konnte der Chefingenieur die Zielgruppe sehr gut verstehen und folglich die richtigen Produktentscheidungen treffen.

Ich will damit nicht sagen, dass Sie unbedingt ein ganzes Jahr damit verbringen müssen, Ihre Zielnutzerinnen und Kundinnen kennenzulernen. Stattdessen sollten Sie nur ein Minimum an Vorarbeit leisten. Gerade so viel, dass Sie eine erste testbare Produktstrategie entwickeln können. Wie viel Arbeit das sein wird, hängt von Ihrem aktuellen Wissensstand ab. Je weniger Sie über den Zielmarkt wissen, desto mehr Vorarbeit wird erforderlich sein. Das kann von ein paar Tagen bis zu einigen Monaten dauern. Im Zweifelsfall sollten Sie Ihr aktuelles Wissen auf den Prüfstand stellen und einen Entwurf für eine Produktstrategie erstellen. Ergibt sich daraus nicht ein Plan, der es Ihnen ermöglicht, die wichtigsten Risiken zu erkennen und die geeigneten Validierungsmaßnahmen auszuwählen, dann führen Sie eine fokussierte Marktforschung durch, bis Sie in der Lage sind, eine erste, überprüfbare Strategie zu erstellen.

4.3 Beziehen Sie die richtigen Personen mit ein

Als Produktperson werden Sie voraussichtlich feststellen, dass es eine Herausforderung darstellt, alle Risiken in der Produktstrategie selbst zu identifizieren und anzugehen. Sie sind möglicherweise nicht in der Lage, technische Risiken und Probleme im Zusammenhang mit den Marketing- und Vertriebskanälen zu erkennen. Ich empfehle daher, einen kooperativen Ansatz zu wählen und die wichtigsten Stakeholderinnen und Mitglieder des Entwicklungsteams in die Validierungsarbeiten einzubeziehen. Auf diese Weise können Sie von ihrem Fachwissen profitieren und die Chancen erhöhen, dass die Hauptrisiken wirksam angegangen werden. Außerdem ist es wahrscheinlicher, dass diese Personen die strategischen Produktentscheidungen verstehen und unterstützen. Stellen Sie jedoch sicher, dass die Gruppe stabil ist und ihre Mitglieder genügend Zeit für die Validierungsarbeit aufbringen können. Andernfalls wird es zu Erfahrungsübergaben, Wissensverlust und Verzögerungen kommen. Wenn die einzelnen Personen nicht genügend Zeit haben, sich an der Validierungsarbeit zu beteiligen, werden die Fortschritte ebenfalls langsam sein. Wägen Sie im Zweifelsfall eine mögliche Verzögerung gegen einen Kostenanstieg ab, z.B. durch die Freistellung der Personen von anderen Aufgaben. Überlegen Sie, ob Sie die Leute über einen Inkubator zusammenbringen können. Dies ist besonders hilfreich, um die Strategie für ein brandneues Produkt zu entwickeln, wie ich später in diesem Kapitel näher erläutere. Vergessen Sie schließlich nicht, den Scrum Master einzubeziehen. Er kann eine große Hilfe sein, wenn es darum geht, Meetings zu moderieren und die Validierungsarbeit zu organisieren und zu verfolgen.

Ein guter Einstieg ist die Durchführung eines Produktstrategie-Workshops, wie er im Kapitel 2 beschrieben ist. Ziel des Workshops ist es, eine erste überprüfbare und abgestimmte Strategie zu entwickeln. Wenn Sie an einem neuen Produkt arbeiten, können Sie den Workshop auch dazu nutzen, eine Produktvision zu entwickeln. Sobald eine erste Strategie erstellt wurde, beziehen Sie die Stakeholderinnen und die Mitglieder des Entwicklungsteams weiter in die Validierungsarbeit ein. Die Vertriebsmitarbeiterin könnte beispielsweise die richtige Person sein, um die Risiken im Zusammenhang mit der Nutzung bestehender Vertriebskanäle anzusprechen. Ein Mitglied des Entwicklungsteams mit einem UX-Hintergrund könnte in der Lage sein, mit Ihnen Benutzerinterviews vorzubereiten und durchzuführen, und eine Entwicklerin und eine Testerin könnten verschiedene Technologie- und Architekturoptionen bewerten. Die Verwendung eines Kanban-Boards und wöchentliche Besprechungen helfen Ihnen, die Validierungsarbeiten zu organisieren, und tragen dazu bei, dass alle Beteiligten an einem Strang ziehen, wie ich später in diesem Kapitel näher erläutere.

Wie bereits erwähnt, dürfen Sie nicht vergessen, dass Zusammenarbeit Führung erfordert. Als Produktperson müssen Sie die Strategievalidierung aktiv leiten. Seien Sie integrativ und aufgeschlossen. Schätzen Sie die Ideen und Bedenken der Stakeholderinnen und Mitglieder des Entwicklungsteams. Scheuen Sie sich nicht vor schwierigen Gesprächen. Haben Sie den Mut, eine Entscheidung zu treffen, wenn Sie innerhalb eines realistischen Zeitrahmens keine Einigung erzielen können. Denken Sie daran: Ihre Aufgabe ist es nicht, die Stakeholderinnen zufrieden zu stellen oder einen Kompromiss auszuhandeln, sondern den Erfolg des Produkts sicherzustellen.

4.4 Nutzen Sie Daten zur Entscheidungsfindung

Der Prozess des Testens und Änderns einer anfänglichen Produktstrategie basiert auf der Idee, dass das Sammeln von Daten notwendig ist, um die richtigen strategischen Produktentscheidungen zu treffen. Dies bedeutet nicht, dass Intuition und Erfahrung unwichtig sind. Die Intuition ist hervorragend geeignet, um neue Ideen und Optionen zu entwickeln, und die Erfahrung kann Ihnen helfen, die gesammelten Daten richtig zu bewerten. Wenn Sie jedoch ausschließlich auf der Grundlage dessen entscheiden, was Sie persönlich für wahr halten, laufen Sie Gefahr, schlechte Entscheidungen zu treffen. Schließlich kann Ihre Überzeugung falsch sein. Das folgende Beispiel zeigt, dass dies nicht nur bei der Arbeit passiert. Eine meiner liebsten Freizeitbeschäftigungen ist das Radfahren. Eine der Apps, die ich benutze, um meine Fahrten aufzuzeichnen, ist Strava. Wenn ich die Daten, die Strava sammelt, mit meiner eigenen Fahrpraxis vergleiche, stellt sich manchmal heraus, dass meine Wahrnehmung falsch ist – dass ich zum Beispiel nicht so schnell war, wie ich dachte, obwohl ich mich angestrengt habe. Ein anderes Mal stelle ich fest, dass ich schneller war, als ich angenommen hatte. Wenn ich mich blind auf mein Bauchgefühl verlassen würde, wäre das eine schlechte Grundlage, um meine Leistung zu verbessern und ein besserer Radfahrer zu werden.

Ein weiterer Nachteil von Entscheidungen, die auf Intuition, Meinungen und Überzeugungen beruhen, besteht darin, dass im Fall von Meinungsverschiedenheiten die Person mit dem größeren Einfluss und der größeren Macht gewinnen könnte. Ich bin zwar ein großer Befürworter von Ermächtigung und kollaborativen Ansätzen in der Entscheidungsfindung, aber nicht alle Produktpersonen haben die nötige Autorität und nicht alle Stakeholderinnen sind kooperativ. In einem solchen Kontext haben Sie mit den richtigen Daten die Chance, erfolgreich gegen die Meinung einer mächtigen Stakeholderin zu argumentieren. Ohne diese Daten könnte die HiPPO[2] – die Meinung der bestbezahlten Person – gewinnen.

Machen Sie jedoch nicht den Fehler, davon auszugehen, dass jede datenbasierte Entscheidung richtig sein wird. Als Menschen haben wir alle kognitive Verzerrungen, die dazu führen können, dass wir die falschen Daten sammeln und diese falsch interpretieren. Der Bestätigungsfehler (Confirmation Bias) ist beispielsweise

2. *Anm. d. Übers.*: Akronym für Highest Paid Person's Opinion.

die Tendenz, Informationen zu bevorzugen, die unsere vorgefassten Meinungen bestätigen. Von Autoritätsverzerrung (Authority Bias) spricht man, wenn den Meinungen einer Person in einer Autoritätsposition unabhängig vom Kontext mehr Gewicht beigemessen wird. Ich empfehle Ihnen daher, Ihre eigenen Ansichten und Meinungen nicht zu stark zu gewichten und sich nicht an Ihre Ideen zu klammern. Dies wird es Ihnen erleichtern, Ihre Meinung zu ändern und die richtigen Entscheidungen zu treffen. Analysieren Sie außerdem die Daten gemeinsam mit den Stakeholderinnen und den Mitgliedern des Entwicklungsteams. Ein kollaborativer Ansatz kann individuelle Präferenzen und Vorurteile ausgleichen.

4.5 Verwandeln Sie Misserfolge in Chancen

Fehler zu machen und zu scheitern ist unvermeidlich, wenn wir etwas Neues schaffen. Wie Albert Einstein sagte: »Wer nie einen Fehler gemacht hat, hat nie etwas Neues ausprobiert.« Wenn Sie mit Ihrer Validierung beginnen, müssen Sie also damit rechnen, Feedback und Daten zu erhalten, die zeigen, dass Ihre Produktstrategie zumindest teilweise falsch ist. Außerdem sollten Sie negatives Feedback zu schätzen wissen und es als Chance sehen, daraus zu lernen und die richtigen Produktentscheidungen zu treffen. In der Praxis kann es jedoch schwierig sein, ein Scheitern zu akzeptieren. Dafür gibt es zwei Gründe: den organisatorischen Kontext und persönliche Glaubenssätze.

Wenn Sie für ein etabliertes Unternehmen arbeiten, das seine Prozesse und Werkzeuge für die Pflege bestehender Produkte optimiert hat und sich folglich auf operative Exzellenz und fehlerfreie Ausführung konzentriert, dann fällt es Ihnen möglicherweise schwer, den Leuten klarzumachen, dass man scheitern muss, um erfolgreich zu sein, wenn man etwas Neues ausprobiert. Es kann sich anfühlen, als würde man gegen den Strom schwimmen. Wenn Sie sich selbst als sachkundige Produktmanagementexpertin sehen und sich mit dem identifizieren, was Sie wissen und was Sie erreicht haben, kann es auch schwierig sein, zu akzeptieren, dass einige Ihrer Ideen falsch sind. Die Lösung besteht also darin, den richtigen organisatorischen Rahmen zu schaffen und die richtige persönliche Einstellung zu entwickeln.

Eine gute Möglichkeit hierfür ist der Einsatz eines *Inkubators*. Ein Inkubator ist eine neue, zeitlich begrenzte Geschäftseinheit, die nur lose mit dem Rest des Unternehmens verbunden ist. Sie bietet die nötige Autonomie, um zu innovieren – und zu scheitern. Peter Drucker schreibt in seinem Buch *Innovation and Entrepreneurship*: »The best, and perhaps the only, way to avoid killing off the new ... is to set up the innovative project from the start as a separate business«[3] ([Drucker 1985], S. 163).

3. *Anm. d. Übers.*: »Der beste und vielleicht einzige Weg, um zu vermeiden, dass das Neue untergeht, besteht darin, das innovative Projekt von Anfang an als eigenständiges Unternehmen aufzusetzen.«

Wie bereits erwähnt, ist ein Inkubator für disruptive Produkte besonders wertvoll, da sie mit einem hohen Maß an Unsicherheit und Risiko verbunden sind. Aber auch angrenzende Innovationen profitieren von Inkubatoren, wie das folgende Beispiel zeigt. Das erste Scrum-Projekt, an dem ich im Jahr 2004 arbeitete, hatte die Aufgabe, ein neues digitales Telekommunikationsprodukt zu entwickeln. Die ursprüngliche Entwicklungsarbeit fand bei Siemens statt, einem Unternehmen, das über 100 Jahre alt ist und Mitte der 2000er-Jahre mehr als 400.000 Mitarbeitende hatte. Um einen Inkubator zu schaffen, mieteten wir neue Büroräume und brachten Personen aus verschiedenen Bereichen des Unternehmens zusammen. Dies ermöglichte dem Team eine effektive Zusammenarbeit. Es gab ihm die Freiheit, über den Tellerrand zu schauen, neue Dinge auszuprobieren, zu scheitern, zu lernen und sich zu verbessern. Wären die Teammitglieder in ihren jeweiligen Organisationen verankert gewesen, wäre es unmöglich gewesen, den gleichen Erfolg zu erzielen.

Natürlich gibt es auch Alternativen zu einem Inkubator. Ein Beispiel dafür ist die 20 %-Regel von Google. Ingenieurinnen können bis zu 20 % ihrer Zeit mit der Erforschung neuer Ideen verbringen. Ein Ansatz, der beispielsweise zur Entwicklung des Google Chrome-Browsers beigetragen hat. Eine weitere Alternative ist ein unternehmensinterner Hackathon, bei dem Mitarbeitende für einen oder mehrere Tage zusammenkommen, um neue Ideen auszuprobieren. Auf diese Weise wurde beispielsweise der Like-Button von Facebook entwickelt[4]. Unabhängig davon, welchen Ansatz Sie wählen, ist es wichtig, dass Sie ein Umfeld schaffen, das es erlaubt, zu scheitern und schnell zu lernen. Insbesondere, wenn Sie an angrenzenden und disruptiven Innovationen arbeiten.

Neben der Schaffung des richtigen organisatorischen Rahmens profitieren Sie auch von der richtigen Einstellung und Aufgeschlossenheit, wie das folgende Beispiel zeigt. Vor einigen Jahren hatte ich die Idee, meine Templates für das Produktmanagement als digitales Produkt anzubieten. Ich war begeistert von der Aussicht, dieses Produkt zu entwickeln und damit mein Geschäft zu diversifizieren. Aber die Validierungsarbeit – die Befragung und Beobachtung von Produktpersonen und Gespräche mit Leuten im Einkauf – hat mir gezeigt, dass es viel schwieriger ist, ein Softwaretool erfolgreich anzubieten und an größere Unternehmen zu verkaufen, als ich gedacht hatte. Aber es fiel mir schwer, dies zu akzeptieren. Ich hing an der Idee, und ich wollte das Produkt schaffen. Wie diese Geschichte zeigt, ist es leicht, an vorgefassten Meinungen festzuhalten, selbst wenn wir Daten erhalten, die sie widerlegen. Mir hilft es, Ideen nicht persönlich zu nehmen und mich nicht mit ihnen zu identifizieren, sondern sie entspannt zu betrachten und mir selbst zu sagen, dass es nicht meine Ideen sind, sondern lediglich Gedanken und Annahmen. Die Geschichte mit dem Softwaretool endete damit, dass ich die Innovationsbemühungen

4. Quelle: *http://en.wikipedia.org/wiki/Hackathon.*

aufgab, während ich die Produktstrategie validierte. Das war damals nicht schön, aber es war die richtige Entscheidung. Es hat mir Zeit verschafft und mir ermöglicht, die erste Ausgabe dieses Buches zu schreiben.

4.6 Verlassen Sie das Gebäude

Was auch immer Sie tun, um Ihre Produktstrategie zu testen, folgen Sie dem Rat von Steve Blank: »Get out of the Building« [Blank 2014]. Besuchen Sie Ihre Zielnutzerinnen und Kundinnen, um ihre Bedürfnisse zu verstehen und die Umgebung zu sehen, in der Ihr Produkt verwendet wird. Das kann zum Beispiel im Zug, in einem Supermarkt, bei den Menschen zu Hause oder an ihrem Arbeitsplatz sein. Wenn eine persönliche Interaktion nicht möglich ist, sollten Sie mit den Nutzerinnen und Kundinnen über Onlinetools in Kontakt treten und Online-Interviews durchführen. Beachten Sie, dass »das Gebäude verlassen« nicht nur für brandneue Produkte gilt, sondern auch für bestehende. Generell empfehle ich, mindestens einmal pro Quartal direkt mit den Nutzerinnen und Kundinnen zu interagieren, auch wenn Sie über eine Vielzahl von Analysedaten verfügen. So können Sie sich in die Menschen hineinversetzen und ein tiefes Verständnis für ihre Bedürfnisse entwickeln. Das wiederum verbessert Ihre Position, die richtigen strategischen Entscheidungen für Ihr Produkt zu treffen.

Auch wenn Kolleginnen eine gute Quelle für Nutzer- und Kundenwissen sein können, sollten Sie sich nicht ausschließlich auf das verlassen, was andere Ihnen erzählen. Außerdem sollten Sie einem Marktforschungsunternehmen nicht blindlings vertrauen, wie das folgende Beispiel zeigt. Ein Kunde von mir, ein großes Medienunternehmen, hat viel Zeit und Geld in die Entwicklung einer neuen App investiert. Nach der Einführung stellte das Unternehmen fest, dass die Nutzerinnen nur einen Bruchteil der Leistungsmerkmale verwenden. Was war schiefgelaufen? Das Unternehmen hatte eine Agentur mit der Durchführung der Recherchearbeit und der Validierung der Strategie beauftragt. Aus welchen Gründen auch immer – sei es aus Angst vor dem Scheitern oder ein unzureichendes Verständnis des Wertversprechens des Produkts – berichtete die Agentur, dass alle Rückmeldungen zu den frühen Prototypen positiv waren und dass die Strategie genau richtig war. Wären die Recherche- und Validierungsarbeiten nicht ausgelagert worden und hätte die für das Produkt verantwortliche Person direkt mit der Zielgruppe des Produkts interagiert, dann wäre voraussichtlich ein weniger mit Leistungsmerkmalen überladenes und kostengünstigeres Produkt entstanden.

Abschließend sollten Sie sich nicht vom Aufwand abschrecken lassen, der für die Kontaktaufnahme erforderlich ist. Die Rekrutierung einer Testgruppe kann so einfach sein wie das Versenden einer gezielten E-Mail oder LinkedIn-Nachricht. Die Belohnung dafür kann eine großartige Idee sein, wie Sie Ihr Produkt verbessern können.

4.7 Identifizieren Sie das größte Risiko

Sobald Ihre Produktstrategie überprüfbar ist, können Sie die Hauptrisiken ermitteln und diese systematisch angehen, wie ich im Folgenden erläutere.

Die Risiken bestimmen

Um die in Ihrer Produktstrategie versteckten Risiken aufzudecken, bewerten Sie die darin enthaltenen Aussagen und fragen Sie sich, wie sicher Sie sind, dass die jeweilige Aussage richtig ist. Markieren Sie die Aussagen, die risikobehaftet sind und an denen deshalb gearbeitet werden muss, wie ich gleich noch näher erläutern werde.

Vermeiden Sie den Fehler, sich in erster Linie mit der technischen Machbarkeit zu befassen – ich habe erlebt, dass Teams dies vor allem in Unternehmen mit einer ausgeprägten Ingenieurkultur getan haben. Ihr Produkt kann technologisch noch so fortschrittlich sein, wenn es keinen ausreichenden Wert für seine Nutzerinnen und Kundinnen schafft, wird es nicht erfolgreich sein. Als Faustregel gilt daher: *Kümmern Sie sich zuerst um die Risiken im Zusammenhang mit der Zielgruppe und den Bedürfnissen.* Wenn es keinen Markt für Ihr Produkt gibt oder wenn das Wertversprechen des Produkts gering ist, dann werden Ihnen ausgefallene Leistungsmerkmale und verblüffende Technologien nicht helfen.

Die folgenden Abschnitte enthalten Beispielfragen, die Ihnen helfen sollen, die Risiken zu ermitteln, die Ihre Strategie beinhalten könnte. Verwenden Sie diese als Ausgangspunkt. Streichen Sie Fragen, die für Sie nicht relevant sind, und fügen Sie zusätzliche Fragen hinzu, die möglicherweise fehlen.

Markt- und bedarfsbezogene Risiken

Sind Sie sicher, dass Sie den richtigen Markt oder das richtige Marktsegment ausgewählt haben und dass Sie die richtigen Personen ansprechen? Ist die Zielgruppe groß genug? Sind Sie sicher, dass die Gruppe nicht zu unterschiedlich ist? Können Sie klar sagen, wer zu Ihrer Zielgruppe gehört und wer nicht? Wissen Sie, wie groß der Markt ungefähr ist? Gibt es irgendwelche Hindernisse, die Ihnen den Zugang zum Markt erschweren?

Wird die Erfüllung der Bedürfnisse einen echten Unterschied für die Nutzerinnen und Kundinnen machen? Wird es den Menschen wirklich nützen oder ihnen zumindest nicht schaden? Sind sich die Menschen des Bedürfnisses bewusst, das Sie befriedigen wollen? Wenn Sie mehrere Bedürfnisse identifiziert haben, haben Sie diese nach Prioritäten geordnet und ein Hauptbedürfnis ausgewählt? Sind die Bedürfnisse spezifisch genug, sodass Sie feststellen können, ob ein Bedürfnis erfolgreich erfüllt wurde, und die dafür passenden Leistungsindikatoren auswählen können?

Funktions- und technologiebezogene Risiken

Können Sie die drei wichtigsten Leistungsmerkmale aufzählen, die Menschen dazu bewegen, das Produkt zu nutzen oder zu kaufen? Bietet das Produkt einen klaren und überzeugenden Vorteil gegenüber den Angeboten der Konkurrenz? Sind Sie sicher, dass die wichtigsten Leistungsmerkmale des Produkts die Menschen nicht süchtig machen oder ihnen auf andere Weise schaden werden? Ist die Entwicklung des Produkts machbar? Stehen die erforderlichen Technologien zur Verfügung und sind sie ausgereift genug? Verfügt Ihre Organisation über die notwendigen Fähigkeiten, um sie effektiv zu nutzen? Stehen genügend Leute mit den richtigen Fähigkeiten zur Verfügung, und wenn nicht, können Sie diese rekrutieren? Müssen Sie für Software von Drittanbietern bezahlen, und wenn dies der Fall ist, haben Sie geprüft, ob die Kosten und die Lizenzvereinbarung für Sie funktionieren? Sind Sie sich über die Hauptmerkmale des gewünschten Benutzererlebnisses im Klaren? Haben Sie ethische Design- und Technologiepraktiken in Betracht gezogen, wie z. B. den Einsatz von Calm Technology und die Abschwächung von Verzerrungen beim maschinellen Lernen?

Im Geschäftsziel enthaltene Risiken

Sind Sie davon überzeugt, dass es sich für Ihr Unternehmen lohnt, das Produkt zu entwickeln und anzubieten? Sind Sie sich über die Geschäftsziele im Klaren, die das Produkt erfüllen muss? Sind die Ziele realistisch? Sind Sie in der Lage, die Ziele zu priorisieren oder zumindest das wichtigste Ziel zu nennen? Haben Sie ein geeignetes Geschäftsmodell für die Monetarisierung des Produkts gewählt? Sind Sie zuversichtlich, dass das Geschäftsmodell für alle Beteiligten fair ist und dass es Ihnen helfen wird, die gewünschten Geschäftsvorteile zu erzielen?

Was ist mit den Risiken in Bezug auf Termine und Entwicklungskosten?

Wie Sie vielleicht bemerkt haben, werden in den obigen Fragen keine Termine, Zeitrahmen oder Entwicklungskosten berücksichtigt. Dafür gibt es einen Grund: Ich empfehle, Termine und Kosten nicht im Zusammenhang mit der Produktstrategie zu bestimmen, sondern auf der Grundlage einer aus der Strategie abgeleiteten Produkt-Roadmap, auf die ich später in diesem Buch noch näher eingehen werde. Dadurch können Sie besser einschätzen, inwieweit die Bedürfnisse und Geschäftsziele in den nächsten, sagen wir, zwölf Monaten realisiert werden können und welche Kosten hierfür voraussichtlich anfallen.

4.7.1 Wählen Sie das größte Risiko aus

Nachdem Sie die in Ihrer Strategie enthaltenen Risiken ermittelt haben, wählen Sie das größte Risiko aus. Also das Risiko, das jetzt angegangen werden muss, um zu vermeiden, dass Sie falsche Entscheidungen treffen, Ihr Produkt auf den falschen Weg bringen und ein unerwünschtes Ergebnis erhalten. Als Faustregel gilt: *Bearbeiten Sie ein Risiko nach dem anderen.* Das schafft Fokus und erleichtert die Zusammenarbeit. Außerdem ist es so einfacher, die relevanten Daten zu sammeln, zu analysieren und den Fortschritt der Validierungsarbeiten zu verfolgen.

Eine einfache, aber wirksame Methode zur Ermittlung des Hauptrisikos besteht darin, die wichtigsten Stakeholderinnen und Mitglieder des Entwicklungsteams zu bitten, ihre Stimme abzugeben. Der Prozess beginnt damit, dass jede Person drei Stimmen erhält. Dies können bei einer physischen Darstellung der Produktstrategie z.B. farbige Klebepunkte sein. In einem Onlinekontext können die Personen ihre Initialen verwenden. Bitten Sie die Teilnehmerinnen, die Punkte oder Initialen neben die Aussagen zu setzen, bei denen sie sich am unsichersten oder beunruhigt fühlen. Zählen Sie dann die Stimmen pro Aussage. Wenn es einen klaren Gewinner unter den Aussagen gibt, diskutieren Sie kurz das Risiko und den Schaden, den es verursachen könnte. Zum Beispiel könnte die Zielgruppe zu groß und zu unterschiedlich sein, was es schwierig machen könnte, ein Produkt mit einem überzeugenden Wertversprechen zu entwickeln. Wenn keine Einigung erzielt werden kann, führen Sie eine weitere Runde mit den Aussagen durch, die die meisten Stimmen erhalten haben. Beenden Sie die Abstimmung, wenn Sie einen Konsens erreicht haben und das größte Risiko ermittelt wurde.

Beachten Sie, dass dieser Ansatz die kollektive Weisheit der Gruppe nutzt, anstatt zu versuchen, die Auswirkungen und die Wahrscheinlichkeit jedes Risikos zu quantifizieren. Es werden die Wahrnehmungen der Teammitglieder verwendet, um die Risiken und deren Schweregrad zu bestimmen. Dafür geht es schnell, und für den Zweck der iterativen Strategievalidierung ist es in der Regel gut genug: Wenn Sie ein Risiko falsch einschätzen oder übersehen, werden Sie es voraussichtlich in der nächsten Validierungsiteration erkennen.

4.7.2 Waschen, spülen und wiederholen

Vergessen Sie nicht, den Prozess der Risikoauswahl zu wiederholen, sobald ein Risiko erfolgreich beseitigt wurde. Wie bereits erwähnt, wird der Validierungsprozess so lange fortgesetzt, bis keine größeren Risiken mehr übrig sind – oder Ihnen die Zeit und das Geld ausgegangen sind.

4.8 Wählen Sie die richtigen Validierungstechniken

Sobald Sie das größte Risiko ermittelt haben, sollten Sie den nächsten Schritt tun und entscheiden, wie Sie es am besten angehen. Dazu gehören zwei Dinge:

- Sie müssen die richtige Validierungstechnik auswählen, d.h. die Methode, mit der Sie das Risiko angehen und die Unsicherheit verringern können.
- Die richtige Testgruppe muss identifiziert werden, d.h. die Personen, die relevantes Feedback oder Daten liefern sollen. Zu den beispielhaften Validierungstechniken gehören die Benutzerbeobachtung, die Kundenbefragung und die Erstellung von Wegwerfprototypen, die ich in den nächsten Abschnitten näher beschreibe.

4.8.1 Beobachten Sie direkt Nutzerinnen und Kundinnen

Direkte Beobachtung bedeutet, dass Sie sorgfältig beobachten, wie die Zielnutzerinnen und Kundinnen eine Aufgabe ausführen. Auf diese Weise können Sie feststellen, ob Sie die richtige Zielgruppe ausgewählt haben und ob deren Mitglieder wahrscheinlich von Ihrem Produkt profitieren werden. Nehmen wir meine App für gesunde Ernährung als Beispiel und gehen wir davon aus, dass ich junge männliche Berufstätige als Zielgruppe ausgewählt habe. Um mehr über sie zu erfahren und zu verstehen, ob sie von dem Produkt profitieren würden, könnte ich ihr Essverhalten studieren und sie beim Kauf und Verzehr von Lebensmitteln während ihrer Mittagspause beobachten, sei es in einer Kantine, einem Restaurant oder an einem anderen öffentlichen Ort.

Die Benutzerbeobachtung eignet sich als Technik nicht nur zur Bewertung von Ideen und zur Risikobewältigung, sondern auch zum Erkennen von Chancen und zur Entwicklung neuer Ideen. Das Beobachten von Menschen ermöglicht eine neue Dimension des Verständnisses dafür, wie Menschen Ihr Produkt nutzen und warum sie mit einigen Leistungsmerkmalen Schwierigkeiten haben oder diese überhaupt nicht nutzen. Verlassen Sie also das Büro und beobachten Sie die Benutzerinnen in freier Wildbahn. Wenn das nicht möglich ist, fragen Sie ausgewählte Mitglieder Ihrer Zielgruppe, ob Sie ihnen aus der Ferne, z.B. per Screensharing, dabei zusehen können, wie sie die entsprechenden Aufgaben erledigen.

Konzentrieren Sie sich bei der direkten Beobachtung von Mitgliedern der Zielgruppe auf das Risiko, das Sie angehen wollen, und seien Sie geduldig, aufgeschlossen und nicht aufdringlich. Wenn Sie geduldig und behutsam vorgehen, verringert sich das Risiko, dass sich Menschen anders verhalten, wenn sie von jemandem beobachtet werden. Dies wird als *Beobachtereffekt* bezeichnet. Eine offene Denkweise verringert das Risiko, dass Ihre kognitiven Verzerrungen das, was Sie sehen, beeinflussen und Sie so Schlussfolgerungen ziehen, bevor Sie alle Fakten gesammelt haben.

4.8.2 Führen Sie problemzentrierte Interviews durch

Problemzentrierte Interviews sind strukturierte Gespräche mit Zielnutzerinnen und Kundinnen. Sie ermöglichen es Ihnen, die Bedürfnisse der Menschen zu verstehen, die Art und Weise, wie sie derzeit eine Aufgabe erledigen, was für sie gut funktioniert und was nicht. Dies wiederum hilft Ihnen, zu überprüfen, ob Sie den richtigen Markt und die richtigen Bedürfnisse ausgewählt haben. Nehmen wir an, ich arbeite noch an meiner App für gesunde Ernährung und bin mir nicht sicher, ob gesunde Ernährung für junge männliche Berufstätige ein Thema ist. Dann könnte ich Einzelgespräche mit Mitgliedern der Zielgruppe führen und sie zum Beispiel fragen, ob sie sich bewusst sind, was und wie viel sie essen, ob sie ihre Lebensmittel bewusst auswählen, ob sie mit ihrer Gesundheit und ihrem Aussehen zufrieden sind und ob Fitness und Gesundheit für sie generell wichtig sind.

Um effektive problemzentrierte Gespräche zu führen, empfehle ich die Anwendung der folgenden sieben Tipps:

- Seien Sie sich über das spezifische Risiko im Klaren, das Sie ansprechen wollen, bereiten Sie die Fragen, die Sie stellen wollen, sorgfältig vor und vergessen Sie nicht, die Antworten zu notieren. Die ersten beiden Punkte erleichtern die Gesprächsführung, und der letzte wird Ihnen helfen, hinterher die richtigen Schlussfolgerungen zu ziehen.
- Halten Sie Ihre Gespräche kurz, beschränken Sie sie auf 15 Minuten. Diese Zeit reicht in der Regel aus, um ein spezielles Risiko anzusprechen, und es macht es einfacher, Personen zu finden, die zu einem Interview bereit sind. Ziehen Sie außerdem in Erwägung, einen kleinen Anreiz oder ein Dankeschön anzubieten, z.B. einen Gutschein.
- Nehmen Sie eine freundliche und aufgeschlossene Haltung ein. Hören Sie aufmerksam zu mit der Absicht, die andere Person zu verstehen. Zeigen Sie Wertschätzung für die Sichtweise der Person, auch wenn Sie anderer Meinung sind oder die Person unsympathisch finden. So vermeiden Sie ein vorschnelles Urteil und können die relevanten Informationen sammeln.
- Wenden Sie die richtigen Gesprächstechniken an, z.B. offene Fragen stellen, bewusste Pausen einlegen und das Gehörte zusammenfassen. Dies erläutere ich weiter unten ausführlicher.
- Erwähnen Sie nicht Ihr Produkt. Bei einem problemzentrierten Gespräch geht es darum, das Problem zu validieren – nicht die Lösung. Feedback zum UX-Design und den Leistungsmerkmalen zu erhalten, ist in dieser Phase nicht das Ziel.

- Bitten Sie die Person am Ende des Gesprächs um ein Feedback zu dem Gespräch und den von Ihnen gestellten Fragen sowie um Empfehlungen, falls Sie weitere Gesprächspartner suchen müssen.[5]
- Als Faustregel gilt: Führen Sie fünf bis zehn problemzentrierte Gespräche durch, um ein bestimmtes Risiko zu betrachten.

Da es bei problemzentrierten Interviews darum geht, mit einer Nutzerin oder Kundin aus der Zielgruppe ins Gespräch zu kommen, ist es hilfreich, die richtigen Gesprächstechniken anzuwenden. Dazu gehört die Verwendung offener Fragen, die typischerweise mit »*Warum*«, »*Wie*« oder »*Was*« beginnen – um eine Information zu klären und die befragte Person zu ermutigen, weitere Informationen zu teilen. In Interviews in Zusammenhang mit meiner App für gesunde Ernährung könnte ich zum Beispiel fragen: »Können Sie mir bitte sagen, warum gesunde Ernährung für Sie wichtig ist?« Oder: »Bitte helfen Sie mir zu verstehen, warum es für Sie wichtig ist, ein bestimmtes Gewicht zu haben.«

Achten Sie darauf, keine Suggestivfragen zu stellen, die die Befragten zu einer bestimmten Antwort veranlassen, z. B.: »Sie machen sich Sorgen über eine gesunde Ernährung und wollen wirklich etwas dagegen tun, richtig?« Dies könnte die Person dazu veranlassen, Ihnen die Antwort zu geben, die Sie hören möchten, auch wenn sie das so gar nicht denkt. Achten Sie darauf, die Antworten nicht zu kommentieren, weder verbal noch nonverbal, z. B. durch Hochziehen der Augenbrauen oder Seufzen, da dies die befragte Person ebenfalls beeinflussen wird.

Ziehen Sie in Erwägung, das Gehörte zu paraphrasieren und zusammenzufassen, um zu überprüfen, ob Ihr Verständnis richtig ist. Sie geben der Person so die Gelegenheit, über das Gesagte nachzudenken oder Missverständnisse zu korrigieren. Legen Sie bewusst Pausen ein, um das Gehörte zu reflektieren. Verändern Sie schließlich freundlich die Gesprächsrichtung, wenn die befragte Person zu stark vom Thema abgekommen ist. In Tabelle 4–1 sind die gerade erläuterten fünf Gesprächstechniken zusammengefasst.

5. Die letzten beiden Tipps habe ich [Blank 2014] zu verdanken.

Technik	Beschreibung
Klarstellen	Stellen Sie klärende Fragen, um sicherzustellen, dass Sie richtig verstanden haben, was gesagt wurde und um die Personen zu ermutigen, weitere Informationen zu teilen. Sie könnten z.B. fragen: »Können Sie mir bitte ein Beispiel für das, was Sie meinen, nennen?«
Paraphrasieren	Sagen Sie in Ihren eigenen Worten, was die Person Ihrer Meinung nach gesagt hat, und fragen Sie sie, ob Sie es richtig wiedergegeben haben.
Zusammenfassen	Fassen Sie zusammen, was die andere Person gesagt hat, um zu überprüfen, ob Sie richtig gehört haben, und um ihr die Möglichkeit zu geben, über das Gesagte nachzudenken.
Pausieren	Schweigen Sie bewusst einen Moment. Dies ermöglicht Ihnen, das Gehörte zu reflektieren. Sie könnten zum Beispiel sagen: »Das hört sich wichtig an. Können wir hier einen Moment innehalten, damit ich es auf mich wirken lassen kann?«
Umleiten	Bestätigen Sie, was die andere Person gesagt hat, und äußern Sie Ihren Wunsch, zu einem früheren Thema zurückzukehren oder zu einem neuen überzugehen. Auf diese Weise können Sie das Gespräch wieder in die richtige Bahn lenken, falls die Person abschweift, und vermeiden, dass ein Thema zu sehr dominant wird.

Tab. 4–1 *Ausgewählte Gesprächstechniken für problemzentrierte Interviews in Anlehnung an [Pichler 2022]*

4.8.3 Verwenden Sie Produktattrappen

Eine Produktattrappe ahmt das künftige Produkt oder zumindest einen Aspekt davon nach, damit Sie eine bestimmte Annahme *so kostengünstig und so schnell wie möglich* testen können. Hier sind vier Techniken, die Ihnen helfen, Produktattrappen zu verwenden:[6]

- Erstellung eines *Wegwerfprototyps*, der einen oder mehrere Aspekte der Zukunft umsetzt, die Sie validieren möchten. Der Prototyp kann softwarebasiert (anklickbar) oder papierbasiert (analog) sein. Mitte der 2000er-Jahre habe ich zum Beispiel an der Entwicklung eines neuen VoIP-Telefons mitgewirkt.[7] Um zu testen, ob wir die richtigen Schlüsselmerkmale gefunden hatten, bauten wir einen Wegwerfprototyp mit Adobe Flash. Die Technologie wäre für die Entwicklung der eigentlichen Telefonsoftware völlig ungeeignet gewesen. Aber sie ermöglichte es uns, die Produktattrappe schnell und kostengünstig umzusetzen.[8]

6. Eine ausführlichere Diskussion der Techniken findet sich in [Bland & Osterwalder 2019]. In dem Buch werden die Methoden gut beschrieben, einschließlich der typischen Kosten, der Einrichtungszeit und der Beweiskraft. Es werden auch andere Techniken erörtert, sodass Sie die für Sie am besten geeigneten auswählen können.
7. VoIP steht für *Voice over IP*. Bei dem erwähnten Telefon handelte es sich um ein spezielles Mobilteil, bei dem das Telefonat über das Internet und nicht über einen Festnetzanschluss aufgebaut wurde.
8. Flash war einst ein beliebtes Werkzeug zur Erstellung interaktiver Multimediainhalte. Es wurde im Jahr 2020 eingestellt.

- Veröffentlichung eines *Videos*, wie es Dropbox erfolgreich getan hat, um seine ursprüngliche Produktidee zu testen.
- Bereitstellung einer *Landing Page*, die nach dem Klicken auf einen Link in einer E-Mail oder Anzeige besucht wird.
- Ein *Wizard of Oz-* und *Concierge*-Experiment, bei dem das Produkt oder die Dienstleistung manuell bereitgestellt wird, um zu testen, ob es einen ausreichenden Bedarf für das, was Sie anbieten möchten, gibt.

Produktattrappen können Ihnen dabei helfen, herauszufinden, ob es eine ausreichende Nachfrage nach Ihrem Produkt gibt, ob seine Hauptmerkmale die Nutzerinnen wirklich begeistern, ob Ihre Vorstellungen über das Nutzererlebnis richtig sind, ob die Marketing- und Vertriebskanäle funktionieren und ob das Produkt den richtigen Preis hat.

Ich könnte zum Beispiel versucht sein, ein Freemium-Modell für meine App zur gesunden Ernährung zu wählen. Bei diesem Ansatz könnte ich eine Basisversion kostenlos zur Verfügung stellen und versuchen, Einnahmen zu erzielen, indem ich die Nutzerinnen dazu ermutige, eine Premium-Version zu abonnieren. Dieses Geschäftsmodell ist zwar beliebt, birgt aber auch ein erhebliches Risiko: Die Leute könnten mit der Basisversion so zufrieden sein, dass sie nicht die Notwendigkeit sehen, für zusätzliche Leistungsmerkmale zu bezahlen. Etwas, womit beispielsweise Strava in der Vergangenheit zu kämpfen hatte. Wenn die Basisversion jedoch zu dünn ist, wird die App wahrscheinlich nicht genügend Nutzerinnen ansprechen, was es schwierig machen wird, in Zukunft die gewünschten Einnahmen zu erzielen. Um diesem Risiko zu begegnen, könnte ich ein anfängliches Preismodell entwickeln und einen Wegwerfprototyp verwenden, um zu testen, ob die Leute bereit wären, einen bestimmten Betrag für das Produkt oder eine bestimmte Funktion zu zahlen.

Design Sprints

Ein Design Sprint ist ein intensiver Zeitraum von fünf Tagen, in dem ein funktionsübergreifendes Team ein Designproblem angeht [Knapp et al. 2016]. Dazu gehört die Erstellung von Prototypen und deren Erprobung bei ausgewählten Nutzerinnen. Am Ende der fünf Tage sollte das Team besser verstehen, wie es das Produkt so gestalten kann, dass es den gewünschten Wert schafft und die ausgewählten Nutzerbedürfnisse erfüllt. Wenn Sie den in diesem Kapitel erläuterten Strategievalidierungsprozess anwenden und Design Sprints in Erwägung ziehen, empfehle ich Ihnen, diese einzusetzen, nachdem Sie erfolgreich gezeigt haben, dass es einen Bedarf und einen Markt für das Produkt gibt und dass die Geschäftsziele erreicht werden können. Dies ist eine gute Vorbereitung für den Design Sprint und vermeidet, dass Sie sich zu früh mit der Lösung beschäftigen.

4.8.4 Bauen Sie Spikes zur Bewertung der technischen Machbarkeit

Ein *Spike* ist eine andere Art von Wegwerfprototyp, mit dem ein bestimmtes Technologie- oder Architekturrisiko überprüft werden soll.[9] Spikes können mir zum Beispiel helfen herauszufinden, welches Framework für maschinelles Lernen am besten für meine App zum Thema gesunde Ernährung geeignet wäre und ob eine Model-View-Controller-(MVC-)Architektur effektiv wäre.

Wenn Sie sich im Rahmen der Validierung mit den technischen Risiken befassen, können Sie besser einschätzen, ob Sie das Produkt technisch umsetzen können und wie viel Aufwand es voraussichtlich erfordern wird. Das ist wichtig, denn die beste Produktidee ist nutzlos, wenn Sie nicht über die richtigen Mitarbeitenden mit den richtigen Fähigkeiten verfügen, um das eigentliche Produkt zu entwickeln. Auch die beste Produktidee wird scheitern, wenn die erforderlichen Technologien nicht vorhanden sind, wenn sie nicht ausgereift genug sind oder die Realisierung des Produkts einfach nicht bezahlbar ist. Darüber hinaus geben Spikes den Mitgliedern des Entwicklungsteams die Möglichkeit, sich Gedanken über die Entwicklungs- und Testumgebungen zu machen und die Software von Drittanbietern zu untersuchen, die Teil des Produkts sein könnte. Dies hilft dem Entwicklungsteam, sich auf den ersten Sprint vorzubereiten, und gibt Ihnen eine grobe Vorstellung von den Lizenzkosten, die Auswirkungen auf Ihre Geschäftsziele und Ihr Geschäftsmodell haben.

Auch wenn Spikes sehr hilfreich sein können, sollten Sie nicht in die Falle tappen, für Ihr Produkt einen großen Entwurf im Voraus (Big Design Up Front, BDUF) zu erstellen. Konzentrieren Sie sich nur auf die Hauptrisiken und nicht auf den detaillierten Entwurf.

Es ist verständlich, dass Sie sicher sein wollen, dass Sie das Produkt in einem angemessenen Zeitrahmen und mit einem realistischen Budget entwickeln können. Sie sollten jedoch nicht alle Entscheidungen über die Architektur und das Benutzererlebnis im Voraus treffen. Die detaillierten Entwürfe sollten sich während der Produktentwicklung ergeben.

9. Der Begriff Spike wurde erstmals im Extreme Programming verwendet, um technische Wegwerfprototypen zu bezeichnen, siehe zum Beispiel *http://www.extremeprogramming.org/rules/spike.html*.

4.8.5 Verlassen Sie sich nicht auf eine einzige Methode und trennen Sie die Datenanalyse von der Datenerhebung

Um die Diskussion über Validierungstechniken abzuschließen, möchte ich Ihnen die folgenden zwei Tipps geben:

- Machen Sie nicht den Fehler, sich auf eine einzige Methode zu verlassen. Jede Validierungstechnik hat ihre Stärken und Schwächen; keine ist perfekt. Wählen Sie die Methode, die am besten geeignet ist, um ein bestimmtes Risiko anzugehen. Es wäre z.B. ein Fehler, sich immer auf Produktattrappen und Prototypen zu verlassen und dabei die direkte Beobachtung und Befragung zu ignorieren. Wenn Sie feststellen, dass mehrere Techniken gleich gut geeignet sind, dann wählen Sie die schnellste und günstigste aus. Wenn Sie etwa einen papierbasierten und einen softwarebasierten Prototyp verwenden könnten, entscheiden Sie sich für den Ersteren – in der Annahme, dass er schneller und kostengünstiger zu erstellen ist.
- Trennen Sie stets die Datenanalyse von der Datenerhebung. Ziehen Sie keine Schlussfolgerungen, während Sie noch relevante Informationen sammeln. Dies kann Ihre Arbeit bei der Datenerhebung beeinflussen und zu falschen Entscheidungen führen. Warten Sie mit der Analyse, bis ausreichend Daten zur Verfügung stehen.

4.9 Umdenken, weitermachen oder aufhören

Sobald Sie die passende Validierungstechnik angewendet haben, führen Sie die beiden folgenden Schritte durch. überprüfen und analysieren Sie das Feedback oder die Daten. Ziehen Sie anschließend die richtigen Schlussfolgerungen und ergreifen Sie die richtigen Maßnahmen. Schauen wir uns die beiden Schritte im Detail an.

4.9.1 Überprüfen und analysieren Sie die Daten

Die Überprüfung und Analyse der Daten beinhalten das Entfernen von Daten, deren Qualität zu schlecht ist, um sie richtig zu interpretieren, sowie das Aussortieren irrelevanter Daten. Angenommen, Sie sehen die Notizen aus der letzten Kundenbefragung durch, können aber nicht verstehen, was eine befragte Person gemeint hat, dann sollten Sie diese Information verwerfen. Ähnlich verhält es sich, wenn Sie der Meinung sind, dass die Perspektive einer einzelnen Person ein Ausreißer ist und damit nicht repräsentativ für den Rest der Zielgruppe. Dann sollten Sie sie ignorieren. Achten Sie jedoch darauf, dass Sie nicht in eine Bestätigungsfalle tappen und Daten ablehnen, die Ihre vorgefassten Meinungen nicht bestätigen. Bleiben Sie aufgeschlossen und betrachten Sie negative Rückmeldungen und Daten als Chance, mehr zu lernen, und nicht als persönliches Versagen, wie ich im Abschnitt 4.5 erörtere.

Wenn Sie feststellen, dass das Feedback oder die Daten, die Sie gesammelt haben, schwierige Gedanken oder Gefühle wie Frustration oder Abneigung auslösen, dann ignorieren Sie sie nicht. Es ist normal, dass man sich aufregt, wenn man feststellt, dass eine Idee nicht funktioniert, dass der Bedarf an einem Produkt nicht groß genug ist oder dass die Geschäftsziele nicht erreichbar sind. Das ist mir mehr als einmal passiert. Aber verschieben Sie die Analysearbeit, bis sich die Gefühle gelegt oder zumindest abgeschwächt haben. Das wird Ihnen helfen, die Daten so objektiv wie möglich auszuwerten und die richtigen Schlussfolgerungen daraus zu ziehen.

4.9.2 Ergreifen Sie sie richtige Maßnahme

Nachdem Sie sich die Daten angesehen und ausgewertet haben, müssen Sie entscheiden, was Sie als Nächstes tun wollen. Sie haben drei Möglichkeiten: umdenken, weitermachen oder aufhören.

- *Umdenken* bedeutet, dass man an der Vision festhält, aber die Produktstrategie deutlich ändert [Ries 2009b]. Wählen Sie diese Option, wenn es unwahrscheinlich ist, dass die aktuelle Strategie zu einem erfolgreichen Produkt führt. Angenommen, ich finde keinen Weg, meine App für gesunde Ernährung zu monetarisieren, dann könnte ich beschließen, umzudenken und stattdessen ein Buch über gesunde Ernährung zu schreiben. Die neue Strategie würde zu einem grundlegend anderen Produkt führen. Aber es würde mir immer noch ermöglichen, meine Vision zu verwirklichen: Menschen dabei zu helfen, sich gesund zu ernähren.
- *Weitermachen* bedeutet, die aktuelle Produktstrategie beizubehalten. Entscheiden Sie sich für diese Option, wenn die Validierungsarbeiten bestätigt haben, dass die Gesamtstrategie richtig ist und nur kleinere änderungen erforderlich sind. Zum Beispiel die Verfeinerung der Bedarfsanalyse oder die Anpassung eines der zentralen Merkmale.
- *Aufhören* bedeutet schließlich, dass die Strategievalidierung beendet wird. Wählen Sie diese Option, wenn Sie bereits mehrmals umgedacht haben und die neuesten Daten darauf hindeuten, dass die aktuelle Produktstrategie erneut falsch ist. Oder es gibt keine Hauptrisiken mehr in Ihrer Strategie, die bearbeitet werden müssen. Im ersten Fall bedeutet das Aufhören, dass Sie anerkennen, dass Sie keinen Weg finden, Ihre Vision zu verwirklichen, und dass die Zeit und Energie aller Beteiligten besser für die Arbeit an einer anderen Innovationsinitiative genutzt werden können. Im zweiten Fall ist die Validierungsarbeit abgeschlossen. Sie sind bereit, weiterzumachen und aus der Strategie eine Produkt-Roadmap abzuleiten.

Wenn Sie meine vorherigen Ratschläge befolgt und im Vorfeld so wenig Recherchearbeit wie möglich geleistet haben, sollten Sie damit rechnen, dass Ihre Strategie am Anfang der Validierung falsch oder zumindest nicht ganz korrekt ist. Wenn Sie den Plan iterativ testen und dabei keine Probleme feststellen, halten Sie inne und denken darüber nach. Fragen Sie sich, ob Sie die richtigen Risiken angehen, ob Sie die richtigen Validierungstechniken ausgewählt haben und sie effektiv anwenden, ob Sie die richtigen Testgruppen einsetzen und ob Sie die Ergebnisse objektiv bewerten. Das ist natürlich leichter gesagt als getan. In der Praxis wollen wir oft positive Rückmeldungen erhalten und unsere Ideen bestätigt bekommen. Aber lassen Sie nicht zu, dass der Wunsch, zu beweisen, dass Ihre Ideen richtig sind, die Validierungsarbeit bestimmt. Akzeptieren Sie stattdessen, dass es unwahrscheinlich ist, dass Sie die richtigen strategischen Entscheidungen treffen, ohne aus der Erfahrung mit Misserfolgen zu lernen.

4.10 Planen und verfolgen Sie die Validierungsarbeiten

Wann immer Sie voraussichtlich mehr als ein paar Tage benötigen, um die Hauptrisiken Ihrer Strategie anzugehen, werden Sie davon profitieren, die Validierungsarbeit zu planen, zu organisieren und nachzuverfolgen. Die folgenden Techniken werden Ihnen dabei helfen.

4.10.1 Legen Sie eine Timebox fest

Die korrekte Schätzung der Zeit, die für die Validierung einer Produktstrategie erforderlich ist, kann knifflig sein. Am Anfang weiß man nicht, was man nicht weiß, und im Rahmen der Validierungsarbeiten tauchen oft neue Risiken auf. Zum Glück gibt es eine einfache Lösung: die Strategiearbeit in einen Zeitrahmen einordnen.

Eine Timebox ist ein fester Zeitraum, der nicht verlängert werden kann. Am Ende der Timebox wird die Arbeit unterbrochen und Sie reflektieren, was bis dahin erreicht wurde. Wenn die Arbeit noch nicht abgeschlossen ist und Ihre Strategie noch erhebliche Risiken enthält, haben Sie zwei Möglichkeiten. Sie können eine weitere Timebox hinzufügen oder die Arbeit komplett einstellen.

Um die richtige Dauer der Timebox zu wählen, sind die folgenden beiden Faktoren zu berücksichtigen:

- Bestimmen Sie das Ausmaß der vorhandenen Unsicherheit. Produkte im Bereich der Innovationen im Kerngeschäft sind mit wenigen Risiken behaftet und der Validierungsaufwand ist entsprechend gering. Die Spanne reicht von einigen Stunden bis zu einigen Tagen. Produkte des angrenzenden Innovationstyps weisen ein viel höheres Risiko auf und erfordern einen mittleren Validierungsaufwand. Es kann sein, dass Sie mehrere Wochen damit verbringen müssen, die Hauptrisiken in Ihrer Produktstrategie anzugehen. Disruptive Produkte sind noch risikoreicher als angrenzende Produkte. Daher erfordern sie einen hohen Validierungsaufwand, und es kann mehrere Monate dauern, bis Sie eine gültige Strategie entwickelt haben.

- Begrenzen Sie die Timebox auf maximal vier Wochen. Auch wenn Sie an einer angrenzenden oder disruptiven Innovation arbeiten und wahrscheinlich mehr Zeit benötigen werden. Kürzere Zeitfenster schaffen Fokus und machen es einfacher, den Fortschritt zu verfolgen.

4.10.2 Verwenden Sie ein Kanban-Board

Sobald Sie den Validierungsaufwand grob geschätzt und die Dauer der Validierungsiterationen festgelegt haben, gehen Sie zum nächsten Schritt über. Dabei geht es darum, die Aufgaben zu ermitteln, die zur Bewältigung der Hauptrisiken erforderlich sind, zu entscheiden, wer die Aufgaben ausführt, und den Fortschritt nachzuverfolgen. Eine gute Möglichkeit hierzu ist die Verwendung eines Kanban-basierten Prozesses und eines einfachen Kanban-Boards, wie es in Abbildung 4–2 dargestellt ist.[10]

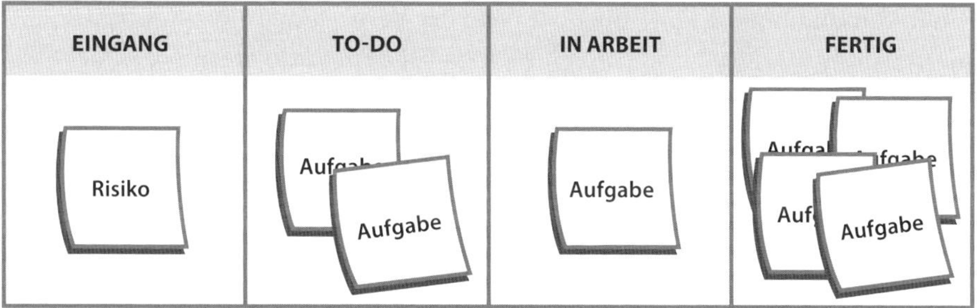

Abb. 4–2 *Ein einfaches Kanban-Board für Strategietests*

Das Kanban-Board in Abbildung 4–2 enthält vier Spalten: *Eingang*, *To-do*, *In Arbeit* und *Fertig*. Tragen Sie die Risiken, an denen Sie arbeiten, in die Eingangsspalte ein und die Aufgaben, die zu ihrer Bewältigung erforderlich sind, in die To-do-Spalte. Wenn eine Person an einer Aufgabe arbeitet, verschiebt sie sie in den Abschnitt In Arbeit. Wenn die Aufgabe abgeschlossen ist, wird sie in die Spalte Fertig verschoben. Nehmen wir an, ich möchte das Risiko der Auswahl der falschen Zielgruppe für meine App für gesunde Ernährung angehen. Dann würde ich das Risiko erfassen und es in die Eingangsspalte des Kanban-Boards eintragen. Als Nächstes würde ich die relevanten Aufgaben identifizieren, z.B. die Suche nach potenziellen Nutzerinnen, die zu einem Interview bereit sind, die Vorbereitung der problemzentrierten Interviews, die Durchführung der Interviews und die Analyse der Daten. Sobald ich die Aufgaben zur To-do-Spalte hinzugefügt habe, kann ich mit ihrer Bearbeitung beginnen und sie in die Spalte »In Arbeit« und schließlich in die Spalte »Fertig« verschieben.

---

10. Weitere Informationen über Kanban und die Arbeit mit einem Kanban-Board finden Sie in [Anderson 2011].

Das Kanban-Board visualisiert die zu erledigende Arbeit und den Fortschritt. Es erleichtert dadurch die Zusammenarbeit und fördert die Eigenverantwortung und Selbstorganisation. Das ist besonders wertvoll, wenn Sie, meiner Empfehlung folgend, einen kollaborativen Ansatz verfolgen und die wichtigsten Stakeholderinnen und Mitglieder des Entwicklungsteams in die Validierungsarbeit einbeziehen. Sie können Ihr Kanban-Board verbessern, indem Sie die Namen von Personen, Fristen und, wenn notwendig, den maximalen Aufwand zu den Aufgaben hinzufügen. Sie können die Menge an parallelen Tätigkeiten durch »Work-in-Progress-Limits« (WIP) beschränken, um den Arbeitsfluss zu optimieren. Vergessen Sie nicht, Ihren Scrum Master oder Agile Coach zu bitten, Ihnen bei der Anwendung eines Kanban-basierten Prozesses zu helfen, vor allem wenn Sie keine oder wenig Erfahrung mit den Kanban-Praktiken haben.

4.10.3 Nutzen Sie Standup-Meetings und wöchentliche Reviews

Zusätzlich zum Einsatz von Timeboxes und der Verwendung eines Kanban-Boards zur Organisation der Arbeit, empfehle ich *tägliche Standup-* und *wöchentliche Review-Meetings*. *Standups* sind täglich stattfindende, kurze Meetings, die es allen an der Validierung Beteiligten ermöglichen, den Fortschritt zu überprüfen, gemeinsam zu entscheiden, was noch zu tun ist, und mögliche Hindernisse zu identifizieren. Wenn Sie feststellen, dass tägliche Standup-Meetings nicht notwendig sind, können Sie versuchen, die Häufigkeit zu verringern. Führen Sie sie zum Beispiel zwei- oder dreimal pro Woche durch. Prüfen Sie dann, ob dies ausreichend ist oder ob die Zusammenarbeit darunter leidet.

Nutzen Sie die *wöchentlichen Review-Meetings*, um den Fortschritt zu bewerten und die Arbeit gemeinsam mit den wichtigsten Stakeholderinnen und Mitgliedern des Entwicklungsteams zu planen. Erörtern Sie, welche Risiken erfolgreich bewältigt wurden und welche noch offen sind. Prüfen Sie, ob neue Risiken entdeckt wurden. Entscheiden Sie dann, was als Nächstes zu tun ist. Dabei können neue Risiken identifiziert und angegangen werden. Es kann aber auch zu einer signifikanten Änderung der Vorgehensweise kommen, wie z. B. zu einer Neuausrichtung oder einem Abbruch der Validierungsarbeit. Wenn Sie am Ende einer Strategie-Iteration angelangt sind, entscheiden Sie, ob ein weiterer Zyklus notwendig ist und ob dessen Dauer dieselbe sein sollte wie die des aktuellen Zyklus.

Sie können das Treffen auch dazu nutzen, darüber nachzudenken, wie gut Sie als Gruppe zusammenarbeiten, und um Verbesserungsmaßnahmen zu identifizieren. Beispiele für Maßnahmen sind die erneute Selbstverpflichtung aller zur Teilnahme an den Standup-Meetings, die Einbeziehung einer Person aus dem Finanzbereich, um ein Risiko im Zusammenhang mit dem Geschäftsmodell anzugehen, und das Hinzufügen von WIP-Limits zum Kanban-Board, um den Durchsatz zu verbessern.

Vergessen Sie nicht, den Scrum Master zu bitten, die beiden Meetings zu moderieren. Das gibt Ihnen die Möglichkeit, sich auf die inhaltliche Teilnahme zu fokussieren, ohne dafür sorgen zu müssen, dass alle aktiv teilnehmen und niemand dominiert.

Kann ich Scrum zur Steuerung der Strategievalidierungsarbeiten verwenden?

Wenn Sie Scrum für die Produktentwicklung verwenden, fragen Sie sich vielleicht, ob sich das Framework auch auf die Validierungsarbeit anwenden lässt. Meine Antwort auf diese Frage lautet, dass Sie Scrum verwenden können – aber ich würde es nicht empfehlen. Scrum wurde entwickelt, um Teams bei der Entwicklung komplexer *Produkte* zu unterstützen. In den Sprints wird ein *Product Backlog* als Input verwendet, und es werden *Produktinkremente* geliefert. Wenn Sie jedoch eine Produktstrategie testen und die Hauptrisiken angehen, arbeiten Sie nicht an dem eigentlichen Produkt, sondern an einem Plan, der Ideen enthält. Man könnte natürlich die Scrum-Begriffe uminterpretieren und z. B. Product Backlog durch Strategie-Backlog ersetzen. Davon rate ich aber ab. Ich halte es für besser, zu erkennen, dass Scrum nicht das ideale Werkzeug für diese Aufgabe ist, und ein besser geeignetes zu verwenden. Das ist meiner Meinung nach Kanban.

5 Überprüfung der Produktstrategie

Nur weil man einen guten Plan macht, heißt das noch nicht, dass es das ist, was passieren wird.

Taylor Swift

Sobald Sie die Produktstrategie validiert und ein Produkt auf den Markt gebracht haben, das diese umsetzt, sollten Sie messen, ob der gewünschte Wert geschaffen wird, und beurteilen, ob die Strategie funktioniert. Anders ausgedrückt: Sie sollten die richtigen Leistungsindikatoren (KPIs) auswählen und die Produktstrategie regelmäßig überprüfen und anpassen. Diesen Vorgang beschreibe ich in diesem Kapitel.

5.1 Wählen Sie die richtigen Leistungsindikatoren (KPIs) aus

Leistungsindikatoren (Key Performance Indicators, KPIs) sind – in unserem Kontext – Kenngrößen, die den Erfolg Ihres Produkts messen. Sie helfen Ihnen zu verstehen, ob ein Produkt ausreichend Wert für die Nutzer und Kunden schafft, ob es die geplanten Geschäftsziele erreicht und ob die Produktstrategie funktioniert. Ohne KPIs können Sie am Ende nur raten, wie gut Ihr Produkt funktioniert. Das ist wie Autofahren mit verschwommener Sicht: Sie können nur schwer erkennen, ob Sie in die richtige Richtung fahren oder ob Sie Ihrem Ziel näher kommen. Der Einsatz von KPIs hilft Ihnen, Intuition und empirische Evidenz in Einklang zu bringen. Das erhöht die Chancen, die richtigen Entscheidungen zu treffen und das Produkt zum Erfolg zu führen. In den folgenden Abschnitten werde ich Ihnen Empfehlungen für die Auswahl der richtigen Indikatoren und Tipps zur Vermeidung häufiger KPI-Fehler geben sowie eine Liste von Beispielindikatoren aufführen.

5.1.1 Konzentrieren Sie sich auf Bedürfnisse, Geschäfts- und Produktziele

Um die richtigen KPIs auszuwählen, gehen Sie von den in der Produktstrategie festgelegten Anforderungen und Geschäftszielen aus und überlegen, wie Sie feststellen können, ob diese erfüllt werden. Wenn Ihr Produkt beispielsweise direkt Umsatz generiert, kann der monatliche Umsatz ein wichtiger Indikator sein. Möglicherweise möchten Sie auch die Kundenzufriedenheit, die Loyalität und die Weiterempfehlungsrate messen, um herauszufinden, ob Ihr Produkt den gewünschten Nutzen für die Anwender bringt.

Verwenden Sie außerdem die Produktziele auf Ihrer Produkt-Roadmap, um weitere KPIs zu ermitteln. Voraussetzung dafür ist natürlich, dass Sie aus Ihrer Strategie eine Produkt-Roadmap abgeleitet und die entsprechenden Ergebnisse oder Ziele darin festgehalten haben. Wenn das angestrebte Produktziel beispielsweise »eine erste Nutzerbasis aufbauen« lautet, sollten Sie eine Kennzahl wie den Marktanteil wählen, um die Zielerreichung zu messen.

5.1.2 Verwenden Sie Gesundheitsindikatoren

Zu messen, inwieweit Ihr Produkt die Bedürfnisse, Geschäfts- und Produktziele erfüllt, ist großartig, aber das ist nicht genug. Angenommen, Ihr Produkt erreicht seine Umsatz- und Gewinnziele, und die Kundenbindung und Empfehlungsraten sind hoch. Dies deutet darauf hin, dass Ihr Produkt gut funktioniert. Es scheint keinen Grund zur Sorge zu geben. Wenn jedoch die Motivation des Teams nachlässt oder sich die Codequalität verschlechtert, müssen Sie sich Sorgen machen. Diese Indikatoren sind ein Hinweis, dass es in Zukunft viel schwieriger sein wird, einen Produkterfolg zu erzielen, sei es aufgrund einer Zunahme der Fehlzeiten, der Fluktuationsrate oder der technischen Schulden.

Sie müssen daher über die üblichen Finanz- und Kundenindikatoren hinausgehen und die relevanten Produkt-, Prozess- und Personaldaten erfassen. Dies hilft Ihnen zu verstehen, wie gesund Ihr Produkt und Ihr Team sind, wichtige Warnzeichen frühzeitig zu erkennen und schnell darauf zu reagieren. Das heißt aber nicht, dass Sie als Produktperson alle Daten selbst erheben müssen. Der Scrum Master kann beispielsweise am Ende einer Sprint-Retrospektive Feedback einholen, um die Motivation des Teams zu ermitteln, und die Mitglieder des Entwicklungsteams können Ihnen Daten zur Codekomplexität liefern, damit Sie die Softwarequalität verfolgen können.

KPIs und technische Schulden

Ebenso wie ein Unternehmen, das finanzielle Schulden aufbaut, können auch Produkte nach [Cunningham 1992] »technische Schulden« haben. Dies geschieht, wenn falsche oder suboptimale Entscheidungen in Bezug auf Architektur, Technologie und den Quellcode getroffen werden. Das führt möglicherweise zu einer weniger flexiblen Softwarearchitektur als notwendig. Auch kann der Quellcode übermäßig komplex werden und schwer zu verstehen sein.

Als Verantwortlicher für das Produkt machen Sie sich vielleicht keine großen Gedanken darüber, wie sauber und gut strukturiert die Software ist. Aber die Qualität eines digitalen Produkts wirkt sich direkt auf Ihren Produkterfolg aus: Technische Schulden erschweren es, mit neuen Ideen zu experimentieren, neue Leistungsmerkmale zu veröffentlichen und schnell auf das Nutzerfeedback zu reagieren. Es liegt daher in Ihrem Interesse, sicherzustellen, dass die Qualität Ihres Produkts angemessen ist. Dies beginnt mit der Auswahl der richtigen Indikatoren und der regelmäßigen Messung der Produktqualität. Bei einem digitalen Produkt gehören dazu die Komplexität des Quellcodes, das Refactoring-Potenzial der Architektur sowie die Anzahl und der Schweregrad der offensichtlichen Fehler.

Sobald Sie verstehen, wie empfindlich oder fragil der Quellcode ist, können Sie gemeinsam mit dem Entwicklungsteam die richtigen Maßnahmen ergreifen. Wenn der Umfang der technischen Schulden überschaubar ist, können ein oder zwei Sprints ausreichen, um diese zu beseitigen. Wenn das nicht der Fall ist, müssen Sie möglicherweise mehr Zeit einplanen. Nehmen Sie als Beispiel die MacOS-Version *Snow Leopard*, die 2009 nach fast zwei Jahren Arbeit verfügbar gemacht wurde. Snow Leopard bot zwar keine neuen Leistungsmerkmale, legte aber den Grundstein für künftige Versionen, u.a. durch Refactoring des Codes und Verbesserungen bei Leistung und Zuverlässigkeit.

Ich will damit nicht sagen, dass man unbedingt zwei Jahre damit verbringen muss, Spaghetti-Code zu entfernen und die Software aufzuräumen. Aber wenn Sie mit einer größeren Menge an technischen Schulden konfrontiert sind, sollten Sie in Erwägung ziehen, die Beseitigung dieser Schulden als Produktziel in die Roadmap aufzunehmen. So haben Sie die nötige Zeit, um die Softwarequalität zu verbessern und Ihr Produkt zukunftssicher zu machen.

5.1.3 Setzen Sie realistische Ziele

Legen Sie realistische Ziele fest, an denen Sie die Leistung Ihres Produkts messen können. Wenn Sie z.B. die Kundenzufriedenheit als KPI verwenden, sollten Sie einen Zielwert von z.B. 70–85 % festlegen.[1] Dieses Ziel könnte zwar falsch sein, sollte aber als Ausgangspunkt ausreichen. Wenn sich herausstellt, dass der Wert zu niedrig oder zu hoch ist, sollten Sie ihn anpassen. Die Validierung der Produktstrategie *vor der* Auswahl von Leistungsindikatoren sollte Ihnen das nötige Wissen vermitteln, um Ziele festzulegen, die realistisch sind.

Verwenden Sie außerdem Bandbreiten und Verhältniszahlen, um Ziele zu formulieren, wie ich es für das Beispiel des Kundenzufriedenheitswerts getan habe [Croll & Yoskovitz 2013]. Diese Technik ist besonders hilfreich, wenn erhebliche Unsicherheiten bestehen, z.B. wenn Sie ein neues Produkt einführen oder den Lebenszyklus verlängern. Die Verwendung von Bandbreiten und Verhältniszahlen gibt Ihnen einen gewissen Spielraum. Dadurch vermeiden Sie auch den Eindruck, dass Sie genaue und präzise Ziele für Ihr Produkt festlegen können.

5.1.4 Kombinieren Sie quantitative und qualitative KPIs

Wie der Name schon sagt, messen quantitative Indikatoren die Menge von etwas. Beispiele hierfür sind die Anzahl täglich aktiver Nutzer oder Einnahmen. Dies hat den Vorteil, dass »harte« und statistisch repräsentative Daten gesammelt werden. Dem entgegen stehen qualitative KPIs, wie z.B. Nutzerfeedback. Mithilfe dieser Indikatoren können Sie verstehen, *warum* etwas passiert ist, z.B. warum die Nutzer nicht so zufrieden mit dem Produkt sind, wie Sie es erwartet haben. Außerdem erfahren Sie auf diese Weise mehr über die einzelnen Personen und können ihre Bedürfnisse besser verstehen.

Durch die Kombination beider Arten von Indikatoren erhalten Sie einen ausgewogenen Überblick darüber, wie Ihr Produkt funktioniert. Wenn Sie nur quantitative Indikatoren verwenden, riskieren Sie, den wichtigsten Erfolgsfaktor aus den Augen zu verlieren: die Menschen hinter den Zahlen, die Personen, die Ihr Produkt nutzen und kaufen. Wenn Sie nur qualitative Metriken verwenden, besteht die Gefahr, dass Sie auf der Grundlage von Daten handeln, die möglicherweise nicht für die gesamte Zielgruppe repräsentativ sind.

---

1. Um die Kundenzufriedenheit zu ermitteln, fragen Sie Ihre Kunden, wie zufrieden sie mit dem Produkt sind, z.B. durch eine Umfrage mit der folgenden Skala: *sehr zufrieden*, *zufrieden*, *neutral*, *unzufrieden* oder *sehr unzufrieden*. Ermitteln Sie dann die Anzahl der sehr zufriedenen und zufriedenen Kunden, dividieren Sie diese Zahl durch die Anzahl der Antworten und multiplizieren Sie sie mit 100. Daraus ergibt sich der Prozentsatz der zufriedenen Kunden, der auch als *Kundenzufriedenheitswert* (*Customer Satisfaction Score, CSAT*) bezeichnet wird.

Ich empfehle Ihnen daher, sowohl quantitative als auch qualitative KPIs zu verwenden, um zu verstehen, wie gut Ihr Produkt funktioniert und ob Sie die Kunden-, Geschäfts- und Produktziele erreichen können.

5.1.5 Profitieren Sie von Trends

Stellen Sie die von Ihnen gesammelten Daten in einen Kontext und vergleichen Sie sie mit anderen Zeiträumen. Vergleichen Sie z. B. die Einnahmen des letzten Monats mit den Umsatzzahlen der vorangegangenen sechs Monate. So können Sie Trends erkennen. Zum Beispiel, ob die Einnahmen steigen, stagnieren oder zurückgehen. Anhand von Trends können Sie besser verstehen, was vor sich geht, und dann die richtigen Maßnahmen ergreifen. Handelt es sich bei einem Umsatzrückgang beispielsweise um ein einmaliges Ereignis, besteht kein Grund zur Sorge. Wenn es sich jedoch zu einem Trend entwickelt, sollten Sie untersuchen, wie Sie ihn stoppen und umkehren können. Es sei denn, Sie wollen Ihr Produkt vom Markt nehmen.

5.1.6 Setzen Sie Spät- und Frühindikatoren wirksam ein

Spätindikatoren, wie z. B. monatliche Einnahmen und Kosten, sind rückwärtsgerichtet und geben Aufschluss über das Ergebnis vergangener Aktionen. So können Sie beispielsweise die Umsatzzahlen der letzten sechs Monate für eine Prognose der künftigen Erträge verwenden. Zeigen die Zahlen einen Aufwärtstrend, ist es wahrscheinlich, dass sich diese Entwicklung fortsetzen wird. Auch wenn dies eine vernünftige Annahme ist, ist ein anhaltender Umsatzanstieg keineswegs sicher.

Frühindikatoren hingegen machen es einfacher zu verstehen, wie wahrscheinlich es ist, dass Ihr Produkt ein zukünftiges Ziel erreichen wird. Nehmen wir als Beispiel die Produktqualität. Wenn der Code immer komplexer oder fehleranfälliger wird, wird das Hinzufügen neuer Leistungsmerkmale teurer, und es wird schwieriger, ein Gewinnziel zu erreichen. Der Nachteil ist, dass qualitative Frühindikatoren schwieriger anzuwenden sind und es schwieriger sein kann, die entsprechenden Daten zu sammeln.

Analog zur Kombination von qualitativen und quantitativen KPIs sollten Sie Spät- und Frühindikatoren kombinieren, um eine gute Datenbasis für die Bewertung Ihres Produkts zu erhalten.

5.1.7 Überprüfen und passen Sie regelmäßig die KPIs an

Vergessen Sie nicht, Ihre Indikatoren regelmäßig zu überprüfen. Wenn sich die Ziele der Nutzer, des Unternehmens oder des Produkts ändern, werden sich voraussichtlich auch Ihre KPIs ändern. Möglicherweise müssen neue hinzugefügt und bestehende entfernt werden. Wenn das aktuelle Produktziel zum Beispiel darin besteht, mehr Nutzer zu gewinnen, wäre der Marktanteil ein nützlicher Indikator. Wenn sich Ihr Schwerpunkt jedoch auf die Umsatzgenerierung verlagert, können Sie den monatlichen Umsatz zu Ihren KPIs hinzufügen und den Marktanteil entfernen, zumindest vorläufig.

Außerdem sind einige Indikatoren nur in bestimmten Lebenszyklusphasen anwendbar. Nehmen wir an, Ihr Produkt hat den Product-Market Fit erreicht. Dann können Sie mit der Messung der Rentabilität beginnen und den Nettogewinn als neuen Indikator einführen, sofern das Produkt direkt Einnahmen generiert. Ein anderes Beispiel ist ein Produkt, das in die Reifephase eintritt. Eine Metrik wie die Empfehlungsrate wird dann möglicherweise nicht mehr benötigt und kann entfallen.

5.1.8 Vermeiden Sie diese häufigen Fehler bei der Verwendung von KPIs

Bei der Arbeit mit Leistungsindikatoren gibt es vier häufige Fehler, die ich beobachtet habe:

- die Verwendung von Metriken, die Nichtigkeiten messen,
- die Messung von allem, was gemessen werden kann,
- das blinde Vertrauen in eine Reihe von »Standardindikatoren« und
- hochrangigen Stakeholdern zu erlauben, die KPIs zu diktieren.

Sehen wir uns diese Fehler genauer an und untersuchen wir, wie Sie sie vermeiden können.

- Vermeiden Sie Metriken, die Ihr Produkt gut aussehen lassen, aber keinen Mehrwert bieten [Ries 2009a]. Nehmen wir an, ich habe die Anzahl der Downloads als KPI für meine App zur gesunden Ernährung gewählt. Auch wenn viele Menschen das Produkt herunterladen, sagt der Indikator nichts darüber aus, wie viele Personen die App tatsächlich nutzen. Stattdessen gibt er Aufschluss über die Wirksamkeit meiner Marketingmaßnahmen. Anstatt die Downloads zu messen, wäre es besser, eine Metrik wie die Anzahl der täglich aktiven Nutzer zu wählen.

- Messen Sie nicht alles, was gemessen werden kann, auch wenn ein Analysetool die Daten automatisch für Sie sammelt. Andernfalls riskieren Sie, Zeit mit der Analyse von Informationen zu verschwenden, die wenig oder gar keinen Wert haben. Im schlimmsten Fall handeln Sie auf der Grundlage irrelevanter Daten und treffen die falschen Entscheidungen. Denken Sie an das Autofahren. Einige wenige Anzeigen sind hilfreich, um während der Fahrt die richtigen Entscheidungen zu treffen. Bei einem Elektroauto sind dies z.B. die Geschwindigkeit und der Ladezustand der Batterie. Wenn auf dem Armaturenbrett ständig zusätzliche Daten wie Reifendruck oder ABS-Status angezeigt würden, wäre es schwieriger, die relevanten Informationen zu erfassen. Im schlimmsten Fall würden Sie wichtige Daten übersehen, z.B. wenn die Batterie leer ist oder der Kraftstoff ausgeht.
- Machen Sie nicht den Fehler, eine Reihe von »Standard«- oder »Must-have«-Indikatoren zu übernehmen, ohne sorgfältig zu prüfen, ob jeder KPI relevant ist. Bevor Sie beispielsweise allgemein empfohlene Kennzahlen wie Kundenakquisitionskosten (Customer Acquisition Cost, CAC), Kundenfluktuation und Anzahl aktiver Benutzer für ein SaaS-Produkt verwenden, sollten Sie prüfen, ob diese wirklich dazu beitragen, zu verstehen, ob das Produkt seine Ziele erreicht. Ist dies nicht der Fall, ignorieren Sie sie.
- Lassen Sie nicht zu, dass hochrangige Stakeholder die KPIs diktieren. Es ist zwar gut, ihre Vorschläge aktiv anzuhören und sich in die Lage der Personen hineinzuversetzen, aber machen Sie nicht den Fehler, eine Kennzahl aufzunehmen, um jemanden zu beschwichtigen. Wenn Sie der Meinung sind, dass es keine Option ist, einen KPI abzulehnen, dann verfügen Sie möglicherweise nicht über ausreichende Befugnisse. Lesen Sie in diesem Fall meine Tipps zur Überwindung eines Mangels an Befugnissen in der *Einleitung* dieses Buches.

5.1.9 Eine Liste von Beispiel-KPIs

Zum Abschluss der Diskussion über wichtige Leistungsindikatoren sehen wir uns einige Beispiele für KPIs an. Die Indikatoren in Tabelle 5–1 sind in vier Gruppen unterteilt: Finanzen, Kunde, Produkt und Prozess sowie Menschen. Die Gruppen orientieren sich an der Arbeit von David Norton und Robert Kaplan zu Balanced Scorecards.[2] Bitte beachten Sie, dass die Liste der Indikatoren keinen Anspruch auf Vollständigkeit erhebt. Verwenden Sie die Beispiel-KPIs als Ausgangspunkt und wählen Sie nur diejenigen aus, die für Ihr Produkt relevant sind.

---

2. [Norton & Kaplan 1996] unterscheiden ebenfalls vier Perspektiven. Sie verwenden jedoch die Begriffe *interne Geschäftsprozesse* und *Lernen und Wachstum* anstelle von *Produkt und Prozess* und *Menschen*.

Gruppe	Beispiel-KPI	Kurzbeschreibung
Finanzen	**Einnahmen**	Wie hoch ist der Umsatz, den Ihr Produkt erzielt?
	Kosten	Wie hoch sind die Kosten für die Entwicklung und Markteinführung neuer wichtiger Leistungsmerkmale oder Produktversionen?
	Akquisitionskosten	Wie viel kostet es, einen Kunden zu gewinnen?
	Gewinn	Wie viel Gewinn wird mit dem Produkt erzielt? Beachten Sie, dass Sie möglicherweise verschiedene Gewinnarten verfolgen wollen, einschließlich Netto- und Bruttogewinn.
	Customer Lifetime Value (Kundenertragswert)	Wie viel Gewinn erwirtschaften einzelne Kunde über die gesamte künftige Beziehung hinweg?
	Cashflow	Ist der Cashflow positiv oder negativ? Wenn er negativ ist, wann erwarten Sie, den Break-even-Punkt zu erreichen?
Kunde	**Marktanteil**	Wie groß ist Ihr Marktanteil im Vergleich zur Konkurrenz?
	Adoption Rate (prozentualer Anteil der neuen Nutzer)	Hat sich Ihr Produkt auf dem Markt durchgesetzt? Wenn ja, wie schnell?
	Engagement	Wie engagiert sind die Nutzer? Wie viele aktive tägliche Nutzer hat das Produkt zum Beispiel?
	Kundenzufriedenheit	Wie zufrieden sind die Nutzer und Kunden mit dem Produkt?
	Stornoquote	Wie viele Verträge werden in einem bestimmten Zeitraum gekündigt?
	Beschwerden und Supportanfragen	Wie viele Kundenbeschwerden und Supportanfragen erhalten Sie? Wie schwerwiegend sind sie?
	Konversationsrate	Wie gut werden Anfragen und Bewertungen in Verkäufe umgesetzt?
	Kunden- und Nutzerfeedback	Haben die Nutzer und Kunden eine positive, neutrale oder negative Einstellung zu Ihrem Produkt? Welche Bewertungen geben sie ab und welches Feedback teilen sie?
Produkt und Prozess	**Benutzerinteraktion**	Was sind die häufigsten und am wenigsten verbreiteten User Journeys? Wo kommt es zu den meisten Abbrüchen? Welche Leistungsmerkmale werden am häufigsten und welche am wenigsten genutzt?
	Produktqualität	Ist das Produkt leicht zu ändern und zu erweitern? Wie hoch sind die Codekomplexität und das Refactoring-Potenzial? Wie ist die Testabdeckung? Wie viele Fehler wurden gefunden und behoben? Wie schwerwiegend sind sie?
	Terminabweichungen	Werden wichtige Releases und neue Produktversionen pünktlich und innerhalb des Budgets bereitgestellt? Werden die Produktziele erreicht?
	Nachhaltige Geschwindigkeit[a]	Wie gut hält das Team die nachhaltige Geschwindigkeit ein? Machen Teammitglieder regelmäßig Überstunden? Wie hoch sind die Fehlzeiten- und Fluktuationsraten?

→

Gruppe	Beispiel-KPI	Kurzbeschreibung
Menschen	Teamkenntnisse und -fähigkeiten	Verfügt das Team über die notwendigen Kenntnisse, um gute Arbeit zu leisten? Verbessern die Teammitglieder regelmäßig ihre Fähigkeiten und erwerben neue Kenntnisse?
	Stakeholder-Engagement	Nehmen die Stakeholder regelmäßig an Strategie- und Roadmap-Reviews sowie an Sprint-Review-Meetings teil?
	Sponsoring durch das Management	Haben Sie den richtigen Management-Sponsor? Zeigt der Sponsor genügend Interesse an dem Produkt?

a. Nachhaltige Geschwindigkeit (Sustainable Pace) ist ein wichtiger agiler Grundsatz. Es bedeutet, dass die Menschen einem konstanten, gesunden (Arbeits-)Tempo folgen und nicht überlastet werden, schon gar nicht über einen längeren Zeitraum oder auf dauerhafter Basis. Das Agile Manifest für Softwareentwicklung definiert nachhaltige Geschwindigkeit wie folgt: »Die Auftraggeber, Entwickler und Benutzer sollten ein gleichmäßiges Tempo auf unbegrenzte Zeit halten können.« Siehe *http://agilemanifesto.org/principles.html.*

Tab. 5–1 *Beispiele für wichtige Leistungsindikatoren*

5.2 Überprüfen und aktualisieren Sie regelmäßig die Produktstrategie

Die Produktstrategie ist zwar der Schlüssel zur Entwicklung eines erfolgreichen Produkts, doch wäre es ein Fehler, sie blindlings umzusetzen und davon auszugehen, dass sie für immer gültig sein wird. Wenn Ihr Produkt reift und wächst und sich der Markt und die Technologien weiterentwickeln, muss sich die Produktstrategie ändern. Sie sollten sich daher die nötige Zeit nehmen, um sie regelmäßig zu überprüfen und anzupassen.

5.2.1 Fünf Faktoren

Es gibt fünf Faktoren, die Ihnen helfen, die Produktstrategie zu überprüfen und zu beurteilen, ob sie noch gültig ist:

1. **Leistung**
   Was sagen die wichtigsten Leistungsindikatoren über den Wert aus, den das Produkt schafft? Zeigen die Daten positive, flache oder negative Trends? Welche Schlussfolgerungen können Sie aus der Analyse ziehen? Wie können Sie die Produktleistung steigern? Sind die von Ihnen verwendeten Indikatoren noch relevant oder sollten sie geändert werden?
2. **Trends**
   Gibt es neue technologische, rechtliche oder gesellschaftliche Entwicklungen, die sich auf Ihr Produkt auswirken werden? Bieten sie eine Gelegenheit zur Innovation, z.B. um Leistungsmerkmale hinzuzufügen, zu entfernen oder bestehende zu verbessern?

3. **Wettbewerb**
   Führen Ihre Konkurrenten neue Produkte oder Leistungsmerkmale ein? Gibt es neue Player im Markt? Ist Ihr Produkt noch ausreichend differenziert und hebt es sich noch von konkurrierenden Angeboten ab?
4. **Roadmap**
   Hat sich die Produkt-Roadmap geändert? Deuten die änderungen darauf hin, dass die aktuelle Produktstrategie angepasst werden muss?
5. **Änderungen des Geschäfts- und Produktportfolios**
   Gibt es geschäftliche Entwicklungen, die sich auf die Produktstrategie auswirken? Hat sich zum Beispiel die Geschäftsstrategie geändert oder haben wichtige Mitarbeiter das Unternehmen verlassen? Hat sich das Produktportfolio geändert, und wenn ja, erfordern diese änderungen eine Anpassung der Produktstrategie?

5.2.2 Häufigkeit der Überprüfung

Um Chancen zu nutzen und Risiken frühzeitig entgegenzuwirken, empfehle ich Ihnen den folgenden dualen Ansatz, den ich auch in der *Einleitung* dieses Buches erläutere:

- **Kontinuierliche Überprüfungen**
  Sammeln und bewerten Sie *mindestens einmal pro Woche* neue Produktleistungsdaten und prüfen Sie alle neuen Trends und Veränderungen im Zusammenhang mit Ihren Mitbewerbern. Eine kontinuierliche Überprüfung der Produktstrategie ist besonders wichtig, wenn Ihr Produkt erheblichen Veränderungen und Unsicherheiten ausgesetzt ist. Dies gilt für brandneue und junge Produkte, für Produkte, deren Lebenszyklus sich kürzlich verlängert hat, und für Produkte, die einen dynamischen Markt bedienen. In diesen Fällen ist die Produktstrategie voraussichtlich volatil und anfällig für Änderungen. Daher kann es erforderlich sein, häufige Anpassungen vorzunehmen. Für die kontinuierliche Überprüfung der Strategie sollten Sie, wie ich es auch in der *Einleitung* des Buches empfehle, jeden Tag eine Stunde oder einen halben Tag pro Woche einplanen.
- **Gemeinsame vierteljährliche Überprüfungen**
  Gemeinsame Workshops eignen sich nicht nur für die Erstellung einer Produktstrategie, sondern auch für deren Überprüfung und Aktualisierung. Laden Sie die wichtigsten Stakeholder und Mitglieder des Entwicklungsteams zu den Treffen ein. Dabei sollte es sich um dieselben Personen handeln, die Ihnen bei der Erarbeitung der aktuellen Produktstrategie geholfen haben, da dies Kontinuität schafft und kostspielige Übergaben vermeidet. Um sicherzustellen, dass die Überprüfungen der Produktstrategie effektiv sind, sollten Sie die Richtlinien befolgen,

die ich im Abschnitt 2.6.3 erläutert habe. Dazu gehören die Einbeziehung eines engagierten Moderators und die Wahl einer klaren Entscheidungsregel, wie z. B. Konsent.[3]

Die erste der beiden oben genannten Maßnahmen hilft Ihnen, unangenehme Überraschungen zu vermeiden, z. B. wenn Sie von einem Konkurrenten überholt werden. Es erhöht die Wahrscheinlichkeit, dass Sie Frühwarnsignale wie eine Sattigung der Kundenzufriedenheit bemerken, sodass Sie so schnell wie möglich handeln können. Die vierteljährlichen Überprüfungen helfen Ihnen, längere Zeiträume und größere Trends zu berücksichtigen. Durch die Einbeziehung der wichtigsten Stakeholder und Mitglieder des Entwicklungsteams können Sie deren kollektives Wissen nutzen, eine Abstimmung herbeiführen und die Akzeptanz sicherstellen. Auch wenn es sinnvoll ist, die Überprüfungen im Voraus zu planen, sollten Sie nicht bis zur nächsten Sitzung warten, wenn es Entwicklungen gibt, die dringend mit den Stakeholdern und Teammitgliedern angegangen werden müssen. Laden Sie stattdessen so bald wie möglich zu einem gemeinsamen Workshop ein.

Vergessen Sie nicht, die nötige Zeit in Ihrem Kalender einzuplanen, und lassen Sie nicht zu, dass dringende Angelegenheiten wie Vertriebs- und Supportanfragen überhandnehmen und dazu führen, dass Sie die Strategiearbeit vernachlässigen. Andernfalls besteht die Gefahr, dass Sie Chancen und Gefahren übersehen, was in der Zukunft zu mehr ungeplanter Arbeit führen wird.

5.2.3 Vier Auswahlmöglichkeiten

Nachdem Sie die Produktstrategie geprüft haben, müssen Sie entscheiden, was zu tun ist. Dabei gibt es hauptsächlich die folgenden vier Optionen:

- **Keine Änderung**
  Belassen Sie die Strategie, wie sie ist. Das bedeutet, dass die Produktstrategie weiterhin gültig bleibt. Das Produkt funktioniert gut, es gibt keine neuen Trends, keine neuen Wettbewerber und keine Änderungen der Geschäftsstrategie, des Produktportfolios und der Produkt-Roadmap, auf die Sie reagieren müssen.
- **Kleine Änderung**
  Nehmen Sie kleine Anpassungen vor, um die Produktleistung zu verbessern oder auf eine Marktentwicklung zu reagieren. Dazu gehören die Anpassung des Wertversprechens und der Zielgruppe, die Verbesserung der Leistungsmerkmale des Produkts und die Verfeinerung der Geschäftsziele.

3. Weitere Empfehlungen zur kollaborativen Entscheidungsfindung finden Sie in [Pichler 2022].

- **Große Änderung**
  Führen Sie einen grundlegenden Strategiewechsel durch, z.B. eine Neuorientierung, die Entflechtung eines oder mehrerer Leistungsmerkmale oder die Einführung Ihres Produkts in einen neuen Markt. Eine solche Änderung kann erforderlich sein, wenn sich Ihr Produkt nicht mehr effektiv von der Konkurrenz abhebt, wenn Sie seinen Lebenszyklus verlängern wollen, wenn Sie mit einer Störung des Markts konfrontiert sind oder wenn sich die Geschäfts- oder Portfoliostrategie ändert. In der Regel beinhaltet dies die Entwicklung und Validierung einer neuen Produktstrategie.
- **Einstellen**
  Ziehen Sie das Produkt aus dem Verkehr. Dies ist ratsam, wenn Sie keine realistische Chance auf einen Produkterfolg haben, wenn der Markt für das Produkt gesättigt ist und die Kapitalrendite nicht mehr attraktiv ist. Im Fall eines unterstützenden Produkts tritt dies ein, wenn das unterstützte Produkt nicht weiter angeboten wird. Die Einstellung eines Produkts mag zwar drastisch klingen, setzt aber Ressourcen frei und es wird vermieden, Zeit, Geld und Energie in ein Produkt zu investieren, das nicht erfolgreich sein wird. Hinzu kommt, dass es trotz aller Bemühungen und kontinuierlicher strategischer Überlegungen keine Garantie dafür gibt, dass Ihr Produkt erfolgreich wird oder bleibt. Innovation ist riskant und Scheitern ist Teil des Spiels.

5.2.4 Kombinierte Strategie- und Roadmap-Überprüfungen

Obwohl die Verwendung einer Produktstrategie und einer separaten Produkt-Roadmap im Allgemeinen vorteilhaft ist, sind beide Pläne doch eng miteinander verbunden. Die Strategie gibt die Vorgehensweise zur Erreichung der Vision und des Produkterfolgs vor, die Roadmap beschreibt, wie die Strategie umgesetzt wird und welchen konkreten Nutzen das Produkt in den kommenden Monaten schaffen wird. Ich empfehle daher, die Überprüfung von Produktstrategie und Roadmap zu kombinieren. Das spart Zeit und stellt sicher, dass die beiden Pläne synchron gehalten werden. Änderungen an der Strategie werden sofort in die Roadmap übernommen und andersherum.

Ich schlage vor, zwei bis drei Stunden für einen gemeinsamen vierteljährlichen Produktstrategie- und Roadmap-Workshop einzuplanen, vorausgesetzt, er wird gut vorbereitet und moderiert. Dazu gehört, dass alle relevanten Daten und Materialien zur Verfügung stehen und ein kompetenter Moderator anwesend ist.

Die richtigen Leute zur Teilnahme an Strategie-Workshops ermutigen

Manchmal zögern die Stakeholder und Mitglieder des Entwicklungsteams, an Strategie-Workshops teilzunehmen. Wenn das der Fall ist, sollten Sie die Gründe dafür herausfinden. Vielleicht versteht die betreffende Person nicht ganz, warum ihre Anwesenheit erforderlich ist? Vielleicht hat sie schlechte Erfahrungen mit früheren Entscheidungen gemacht? Steht sie unter Zeitdruck? Oder vielleicht gibt es einen Konflikt mit einer anderen teilnehmenden Person? Sobald Sie den Grund erfahren haben, fragen Sie, wie Sie es der Person erleichtern können, am Workshop teilzunehmen, z.B. indem Sie eine feste Timebox für den Workshop festlegen.

Sollte das Gegenteil der Fall sein und Sie müssen feststellen, dass Sie kaum eine strategische Produktentscheidung treffen können, ohne dass bestimmte Personen anwesend sind, dann sind voraussichtlich andere Gründe im Spiel. Vielleicht trauen Ihnen einige Personen nicht zu, dass Sie ihre Anliegen und Bedürfnisse berücksichtigen, oder Sie sind nicht ausreichend befugt, die notwendigen Entscheidungen zu treffen. Sobald Sie die Ursache identifiziert haben, sollten Sie überlegen, wie Sie dieser am besten begegnen können. In der Regel ist es schwierig, effektive Strategie-Workshops mit deutlich mehr als zehn Personen durchzuführen.[4]

4. Weitere Empfehlungen für eine wirksame Zusammenarbeit mit den Stakeholdern finden Sie in [Pichler 2022].

6 Grundlagen der Produkt-Roadmap

Wenn Sie ein starkes Fundament legen,
können Sie selbst die unvorstellbarsten Höhen erreichen.

M. J. Moores

Die Produkt-Roadmap ist ein hervorragendes Werkzeug für das Produktmanagement. Sie kann jedoch erhebliche Probleme verursachen, wenn sie nicht richtig eingesetzt wird. In diesem Kapitel werden die Grundlagen für eine effektive Roadmapping-Praxis gelegt. Es stellt wichtige Roadmapping-Konzepte und -Techniken vor und hilft Ihnen, häufige Roadmapping-Fehler zu vermeiden.

6.1 Die Vorteile, die eine Produkt-Roadmap bieten kann

Während ich dieses Kapitel schreibe, ist es hier in Großbritannien, wo ich lebe, winterlich geworden. Es ist die Zeit des Jahres, in der ich mich nach Sonne sehne und über den nächsten Sommerurlaub nachdenke. Nehmen wir an, meine Familie und ich wollen unseren Urlaub in Südfrankreich verbringen. Nehmen wir weiter an, dass wir beschlossen haben, von unserem Haus aus dorthin zu fahren. Das ist eine gute Ausgangsbasis. Aber damit ist es nicht getan. Wir müssen noch die Details der Reise festlegen. Dazu gehört die Entscheidung, ob wir mit dem Shuttle durch den Eurotunnel oder mit der Fähre über den Kanal fahren, ob wir über Paris oder Lyon fahren und ob wir ein Hotel für eine Zwischenübernachtung buchen sollten. Um diese Entscheidungen zu treffen, würde ich eine Straßenkarte verwenden, um die beste Route zu unserem Ziel zu bestimmen.

Was für eine Reise gilt, trifft auch auf Ihr Produkt zu. Eine gemeinsame Vision und eine gute Strategie sind notwendig, reichen aber nicht aus, um einen Produkterfolg zu erzielen. Sie müssen außerdem die Reise beschreiben, die Sie mit Ihrem Produkt unternehmen möchten. Zusätzlich braucht es einen umsetzbaren und realistischen Plan, der angibt, wie die Strategie ausgeführt werden soll. Mit anderen Worten: Sie brauchen eine Produkt-Roadmap.

Eine Produkt-Roadmap beschreibt im Wesentlichen, wie sich ein Produkt im Laufe der Zeit voraussichtlich entwickeln wird. Dafür werden die spezifischen Ergebnisse dargestellt, die das Vorhaben über die Zeit hervorbringen wird. Wenn sie effektiv eingesetzt wird, bietet eine Roadmap die folgenden fünf Vorteile:

- Sie sorgt für eine Kontinuität des Zwecks über die nächsten Sprints oder die nächste größere Version hinaus. Ein üblicher Zeitrahmen für eine Roadmap für ein digitales Produkt ist zwölf Monate.
- Sie gibt an, wie die Produktstrategie umgesetzt werden soll, und überbrückt so die Lücke zwischen Strategie und Ausführung.
- Sie erzeugt ein gemeinsames Verständnis bei den Stakeholderinnen und den Entwicklungsteams, sodass alle sich in dieselbe Richtung bewegen.
- Sie leitet und entlastet das Product Backlog, worauf ich später in diesem Kapitel ausführlicher eingehen werde.
- Und schließlich hilft es Ihnen, ein Entwicklungsbudget aufzustellen.

Wenn Ihr Produkt ausgereift ist und sich die Produktstrategie stabilisiert hat, wird die Produkt-Roadmap vielleicht sogar zu Ihrem wichtigsten Instrument zur Erfassung strategischer Entscheidungen.

Aber sind Produkt-Roadmaps nicht un-agil?

Eine Produkt-Roadmap ist einfach ein strategischer Produktplan, der auf der Grundlage Ihres derzeitigen Wissens beschreibt, wie sich Ihr Produkt voraussichtlich entwickeln wird. Sie ist weder agil noch un-agil. Um Produkt-Roadmaps in einem agilen Kontext effektiv zu nutzen, sollten Sie die folgenden drei Empfehlungen beachten:

- Verwenden Sie keine leistungsbasierten Roadmaps mehr, sondern zielgerichtete, wirkungsorientierte Pläne, die nicht vorhersagen, wann ein Leistungsmerkmal verfügbar sein wird, sondern den spezifischen Nutzen beschreiben, den ein Produkt schaffen soll, wie ich im nächsten Abschnitt erläutere.
- Sie sollten die wichtigsten Stakeholderinnen und Mitglieder des Entwicklungsteams in die Erstellung und Aktualisierung des Plans einbeziehen. Das gibt den Menschen ein Mitspracherecht, fördert die gemeinsame Verantwortung und erhöht die Wahrscheinlichkeit, einen realistischen Plan zu erstellen, der eine nachhaltige Geschwindigkeit berücksichtigt.
- Stellen Sie schließlich die richtige Beziehung zwischen der Produkt-Roadmap und dem Product Backlog her und stimmen Sie die beiden Pläne aufeinander ab. (Ich werde später in diesem Kapitel mehr über das kolla-

borative Roadmapping und die Verbindung von Roadmap und Backlog sagen.)

6.2 Nutzen Sie die Vorteile zielgerichteter, wirkungsorientierter Produkt-Roadmaps

Traditionell ist eine Produkt-Roadmap ein ergebnisorientierter Plan, der Leistungsmerkmale (Features[1]) wie Registrierung, Suche und Berichterstellung einem Zeitplan zuordnet. Eine solche Roadmap gibt im Wesentlichen an, wann ein Teil der Funktionalität geliefert wird. Dies kann für Kundinnen und Stakeholderinnen beruhigend sein. Sie hat jedoch die folgenden drei Nachteile:

- Bei einer Roadmap, die auf Leistungsmerkmalen basiert, ist es schwierig, eine Einigung herbeizuführen, da die Beteiligten oft darum konkurrieren, ihr Leistungsmerkmal auf die Roadmap zu bekommen.
- Die Roadmap überschneidet sich mit dem Product Backlog und konkurriert mit diesem, insbesondere wenn die Leistungsmerkmale feingranular beschrieben werden. Dadurch wird die Roadmap schwieriger zu verstehen und der Aufwand, sie auf dem neuesten Stand zu halten, steigt.
- Die Leistungsmerkmale werden manchmal als Versprechen und nicht als Teil eines übergeordneten Plans betrachtet, der sich voraussichtlich ändern wird. Dies schränkt Ihre Möglichkeiten ein, durch Experimentieren und Lernen den besten Weg zu finden, die Bedürfnisse der Nutzerinnen und Kundinnen zu erfüllen und einen Mehrwert für das Unternehmen zu schaffen.

Diese Nachteile lassen sich weitgehend vermeiden, wenn eine andere Art von Produkt-Roadmap verwendet wird: eine *zielgerichtete, wirkungsorientierte Roadmap*, die manchmal auch als *nutzen*orientierte oder *themen*bezogene Roadmap bezeichnet wird. Wie der Name schon sagt, konzentriert sich diese Roadmap auf Produktziele oder Wirkungen, wie z.B. die Kundengewinnung, die Steigerung der Nutzerbindung und die Zukunftssicherheit des Produkts durch Beseitigung technischer Schulden. Leistungsmerkmale können weiterhin verwendet werden, aber sie sind von den Zielen abhängig: Jedes Leistungsmerkmal muss einem Ziel dienen und erforderlich sein, um eine bestimmte Wirkung zu erreichen. Abbildung 6–1 veranschaulicht die beiden unterschiedlichen Arten von Roadmaps.

---

1. Der Begriff *Feature* ist leider ziemlich zweideutig. Wie bereits erwähnt, betrachte ich ein Feature als ein Produktleistungsmerkmal, als ein großes Stück Funktionalität, das größer ist als ein Epic (das eine große User Story ist). Daher leite ich Epics von Leistungsmerkmalen ab (und User Stories von Epics).

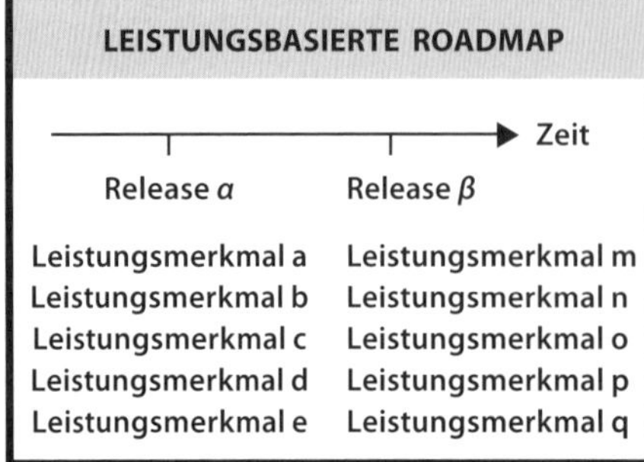

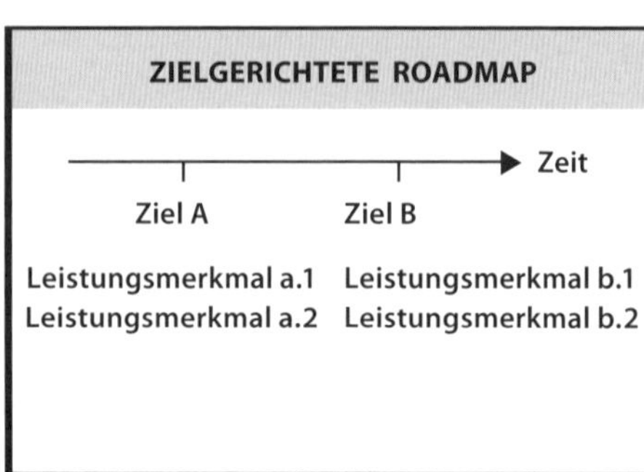

Abb. 6–1 *Leistungsbasierte vs. zielgerichtete Produkt-Roadmap*

Richtig angewandt, bietet eine zielgerichtete Roadmap die folgenden sechs Vorteile:

- Sie vermittelt, warum es sich lohnt, das Produkt weiterzuentwickeln, indem sie den spezifischen Nutzen angibt, den ein Produkt voraussichtlich mit sich bringen wird.
- Sie verbessert das gemeinsame Verständnis der Stakeholderinnen, indem gemeinsame Ziele festgelegt werden, die die Arbeit der einzelnen Personen steuern und ihnen die Autonomie geben, die sie brauchen, um gute Arbeit zu leisten.
- Sie gibt dem Entwicklungsteam die nötigen Leitplanken, die es braucht, um gute Arbeit zu leisten, ohne die detaillierten Leistungsmerkmale im Voraus festzulegen.
- Die Produkt-Roadmap und das Product Backlog werden sauber miteinander verbunden, indem das nächste Roadmap-Ziel zur Fokussierung und Ausrichtung des Product Backlog verwendet wird.
- Ziele machen die Roadmap weniger volatil: Im Vergleich zu Feature-Listen sind sie tendenziell weniger anfällig für Änderungen.[2]
- Schließlich sind zielgerichtete Roadmaps mit der Zielsetzungsmethode Objectives and Key Results (OKR) kompatibel: Sie können sich die Ziele als Objectives und die anderen Elemente der Roadmap als Key Results vorstellen.

Aufgrund dieser Vorteile sind zielgerichtete, wirkungsorientierte Produkt-Roadmaps den traditionellen, auf Leistungsmerkmale und Output fokussierten Plänen vorzuziehen. Dies gilt insbesondere bei digitalen Produkten, da diese während ihres gesamten Lebenszyklus mit Unsicherheiten und Veränderungen behaftet sind.

2. Es ist zwar notwendig, die Produkt-Roadmap regelmäßig zu überprüfen und zu aktualisieren, aber zu häufige Änderungen können das Vertrauen der Stakeholderinnen sowie des Entwicklungsteams in den Plan untergraben und ihn sogar unbrauchbar machen. Als Faustregel gilt, dass eine Produkt-Roadmap mindestens einen Monat, besser zwei bis drei Monate, stabil sein sollte.

Welches Roadmapping-Tool muss ich verwenden?

Bei der Auswahl eines Tools zur Arbeit mit Roadmaps rate ich Ihnen, sich für eines zu entscheiden, das einfach zu verwenden ist und es den Stakeholderinnen und den Mitgliedern des Entwicklungsteams ermöglicht, den Plan einzusehen und mitzugestalten. Wenn Sie unsicher sind, sollten Sie mit einer einfachen Tabelle oder einem digitalen Whiteboard beginnen, bevor Sie entscheiden, welches spezialisierte (und ob überhaupt ein) Produkt-Roadmap-Tool das richtige für Sie ist. Der größte Fehler, den Sie machen können, ist, ein leistungsfähiges Tool auszuwählen und zu hoffen, dass es Ihre Roadmap-Herausforderungen bewältigen wird. Denn, wie Grady Booch, einer der Schöpfer der Unified Modelling Language (UML), einmal sagte: »A fool with a tool is still a fool.«

6.3 Praktizieren Sie gemeinsames Produkt-Roadmapping

Ihre Produkt-Roadmap kann noch so gut durchdacht sein, sie ist wertlos, wenn die relevanten Stakeholderinnen und die Mitglieder des Entwicklungsteams – auch *Akteure* genannt – sie nicht verstehen und unterstützen.[3] Um sicherzustellen, dass die Roadmap gemeinsam genutzt wird, beziehen Sie die Akteure in die Roadmap-Entscheidungen ein, vorzugsweise in Form eines gemeinsamen Workshops, wie ich im nächsten Kapitel näher erläutere. Im Idealfall erstellen und aktualisieren dieselben Personen, die Sie bei der Erstellung und Validierung der Produktstrategie unterstützt haben, auch die Roadmap. Auf diese Weise werden die hoffentlich bereits bestehenden vertrauensvollen Beziehungen genutzt sowie Wissensverluste und Übergaben vermieden.

Vergessen Sie aber nicht, dass Sie als Produktperson das Roadmapping leiten und die Erstellung eines neuen oder aktualisierten Plans vorantreiben müssen. Auch wenn ich Sie ermutigen möchte, eine kollaborative Haltung einzunehmen, den Ideen und Bedenken der Beteiligten aufmerksam zuzuhören und sich in sie hineinzuversetzen, sollten Sie es nicht zulassen, dass einzelne Personen Ihnen vorschreiben, was zu tun ist, oder Ihnen Ziele oder Leistungsmerkmale diktieren. Sonst wird Ihre Roadmap voraussichtlich eher ein schwacher Kompromiss als ein überzeugender, zu einem erfolgreichen Produkt führender Plan sein. Kollaborative Roadmap-Arbeit bedeutet nicht, dass jede Person ihren Willen bekommt oder mit jeder einzelnen Entscheidung zufrieden ist. Es bedeutet, dass das Fachwissen der beteiligten Personen genutzt wird, um eine Roadmap zu erstellen, die den Wert des Produkts

3. Im Abschnitt 2.6 finden Sie weitere Informationen darüber, wie Sie die Akteure einschließlich der wichtigsten Stakeholderinnen bestimmen können.

maximiert und so viel Unterstützung wie möglich erhält. Haben Sie daher den Mut, Wünsche von Stakeholderinnen abzulehnen, wenn sie nicht mit der Produktstrategie übereinstimmen, und treffen Sie eine Entscheidung, wenn keine Einigung erzielt werden kann.

6.4 Bauen Sie Ihre Roadmap auf einer validierten Produktstrategie auf

Damit eine Produkt-Roadmap effektiv ist, muss sie umsetzbar und realistisch sein. Dies lässt sich am besten erreichen, wenn der Plan auf einer validierten Produktstrategie basiert, einer Strategie, deren wichtigste Annahmen getestet wurden und die keine nennenswerten Risiken enthält.

Nehmen Sie das von mir vorhin genannte Beispiel mit der Reise. Es macht keinen Sinn, eine bestimmte Route zu wählen und ein Hotel für eine Zwischenübernachtung zu buchen, wenn ich mir nicht sicher bin, ob die Fahrt nach Südfrankreich der richtige Ansatz ist. Sie müssen daher sicherstellen, dass Sie eine übergreifende Produktstrategie erstellen und validieren, wie in den vorangegangenen Kapiteln dieses Buches beschrieben, bevor Sie eine Produkt-Roadmap entwickeln. Andernfalls könnte sich Ihr Plan als unrealistisch erweisen – was dazu führen kann, dass die Stakeholderinnen und Entwicklungsteams das Vertrauen in die Roadmap und möglicherweise auch in Ihre Führungsfähigkeit verlieren.

Diese Vorgehensweise hat noch einen weiteren Vorteil: Sie ermöglicht es Ihnen, Ihre Produkt-Roadmap systematisch mit der Produktstrategie zu verknüpfen. Berücksichtigen Sie dazu die Bedürfnisse und Geschäftsziele in Ihrer Strategie und leiten Sie daraus die richtigen Produktziele ab. Anders ausgedrückt: Jedes Ziel auf Ihrer Roadmap sollte dazu beitragen, dass Sie den Bedürfnissen und Geschäftszielen näher kommen. Auf diese Weise steuert die Produktstrategie die Roadmap und bestimmt deren Inhalt, wie Abbildung 6–2 zeigt.

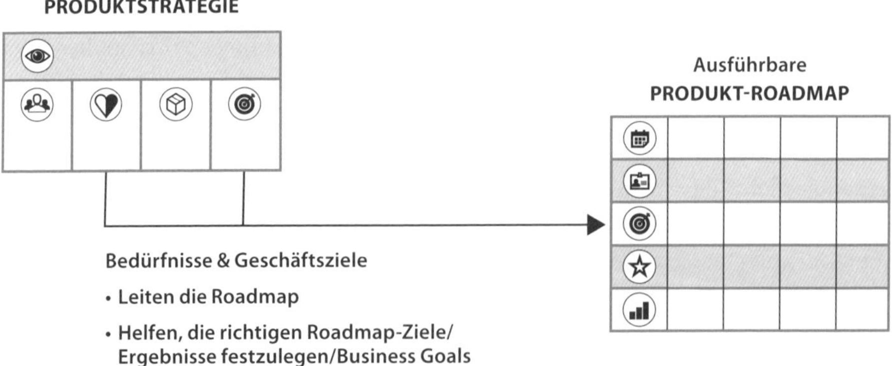

Abb. 6–2 *Die Produktstrategie leitet die Produkt-Roadmap*

Durch die Verwendung der Produktstrategie als Grundlage für die Roadmap wird sichergestellt, dass die beiden Pläne kohärent sind. Die Roadmap beschreibt die Strategie im Detail und gibt an, wie sie voraussichtlich umgesetzt werden soll. Bedenken Sie jedoch, dass größere Änderungen an der Roadmap zu einer Aktualisierung der Produktstrategie führen können. Nehmen wir an, dass Sie mehrere aufeinander folgende Ziele der Roadmap nicht erreichen. Dies könnte darauf hindeuten, dass Sie die in der Produktstrategie genannten Bedürfnisse und Geschäftsziele nicht erfüllen können. Folglich müssen Sie sie möglicherweise anpassen. Die Beziehung zwischen der Strategie und der Roadmap ist also bidirektional. Die Strategie bestimmt die Roadmap, und die Roadmap beeinflusst die Strategie.

6.5 Schaffen Sie das richtige Verhältnis zwischen Roadmap und Product Backlog

Die Produkt-Roadmap und das Product Backlog sind zwei wichtige Pläne im Kontext des Produktmanagements. Beide haben ihre eigenen Stärken und Schwächen. Während die Produkt-Roadmap ein strategischer Plan ist, der beschreibt, wie sich Ihr Produkt voraussichtlich über mehrere Monate hinweg entwickeln wird, ist das Product Backlog taktischer Natur. Es enthält die Details, die für die Weiterentwicklung des Produkts erforderlich sind, und leitet die Arbeit der Entwicklungsteams. Das Backlog enthält Epics, User Stories, nicht funktionale Anforderungen, Designskizzen und andere Artefakte, die beschreiben, wie das Produkt aussehen und funktionieren soll. Beide Pläne ergänzen sich sehr gut, wenn sie richtig angewendet werden, wie Abbildung 6–3 zeigt.[4]

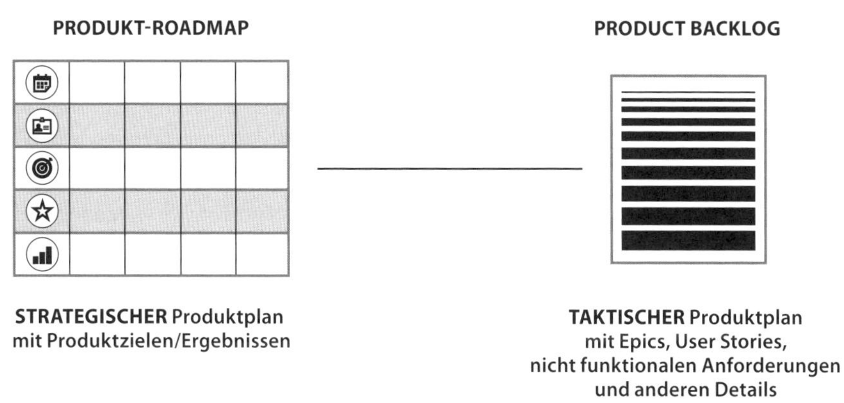

Abb. 6–3 Produkt-Roadmap und Product Backlog

---

4. Wie die Produkt-Roadmap bei der Bestimmung der richtigen Product-Backlog-Einträge hilft, erkläre ich im nächsten Kapitel ausführlicher. Weitere Informationen zum Product Backlog finden Sie in [Pichler 2014].

Leider stelle ich fest, dass Produkt-Roadmaps manchmal zu viele Details enthalten, einschließlich Epics und User Stories. Zudem blicken manche Product Backlogs zu weit in die Zukunft. Dadurch verschwimmt die Grenze zwischen den beiden Plänen, und das Ergebnis ist eine Roadmap, die schwierig zu verstehen, änderungsanfällig und schwer zu managen ist. Daher müssen Sie die beiden Pläne getrennt halten und ihre jeweiligen Stärken nutzen. Verwenden Sie die Roadmap, um den gesamten Weg Ihres Produkts zu beschreiben, das Backlog hingegen, um die Details zu erfassen. Die Anwendung dieser Methode hat einem meiner Kunden, einem großen Spielestudio, geholfen, den Umfang seines Product Backlog von über tausend Einträgen auf weniger als hundert zu reduzieren.

6.6 Unterscheiden Sie zwischen internen und öffentlichen Produkt-Roadmaps

Um eine Produkt-Roadmap mit den richtigen Inhalten zu versehen, ist es hilfreich, zwischen internen und externen, öffentlichen Roadmaps zu unterscheiden. Wie der Name schon sagt, ist eine interne Produkt-Roadmap – auf die ich mich in diesem Buch konzentriere – nur innerhalb des Unternehmens sichtbar, das das Produkt entwickelt und bereitstellt. Sie hilft dabei, dass die Stakeholderinnen und Entwicklungsteams ein gemeinsames Zielbild haben, und ist handlungsleitend für die Arbeit der einzelnen Personen, zum Beispiel bei der Erstellung der notwendigen Marketingmaterialien, der Vorbereitung der Vertriebskanäle und beim Treffen der richtigen Entwicklungsentscheidungen. Externe Produkt-Roadmaps hingegen sind für die Nutzerinnen und Kundinnen sichtbar. Eine solche Roadmap wird manchmal als Marketinginstrument eingesetzt, um zu zeigen, dass sich das Unternehmen für das Produkt engagiert und gute Ideen hat, wie es in Zukunft verbessert werden kann.

Manche Unternehmen arbeiten mit separaten internen und externen Roadmaps, während andere nur einen Plan verwenden. Ich empfehle die erste Option: Verwenden Sie zwei Pläne, wenn Sie eine externe Produkt-Roadmap darstellen wollen. Leiten Sie außerdem den externen Plan vom internen Plan ab. Reduzieren Sie den angezeigten Detaillierungsgrad und entfernen Sie alle Termine. So vermeiden Sie, dass Sie Kundenerwartungen wecken, die Sie möglicherweise nicht erfüllen können.

6.7 Vermeiden Sie diese häufigen Fehler bei der Arbeit mit Roadmaps

Die Produkt-Roadmap kann zwar sehr hilfreich sein, wird aber meiner Meinung nach nicht immer effektiv genutzt. Es gibt sechs häufige Fehler, die Sie vermeiden sollten:

6.7.1 Stakeholderinnen bestimmen die Inhalte der Roadmap

Ich finde es nicht ungewöhnlich, dass Stakeholderinnen bestimmte Leistungsmerkmale in die Produkt-Roadmap aufnehmen wollen. Es ist zwar wichtig, dass Sie für ihre Ansichten und Bedenken offen sind, aber Sie sollten es nicht zulassen, dass die Stakeholderinnen den Inhalt der Roadmap diktieren. Ihre Aufgabe ist es nicht, die Stakeholderinnen zufriedenzustellen, sondern den Produkterfolg zu erzielen. Sie sollten daher die Wünsche der Stakeholderinnen ablehnen, wenn sie nicht mit der Produktstrategie übereinstimmen und nicht dazu beitragen, den Wert zu maximieren, den das Produkt schafft.

6.7.2 Die Roadmap wird als fester Plan angesehen

Manche Menschen betrachten die Produkt-Roadmap als einen in Stein gemeißelten Plan. Aber jede Roadmap basiert auf Ihrem Wissen zum aktuellen Zeitpunkt. Es ist zwar gut, Vertrauen in Ihre Roadmap zu haben, aber sie wird sich ändern, wenn Sie mit der Umsetzung beginnen und mehr darüber erfahren, wie Sie die Bedürfnisse der Nutzerinnen, Kundinnen und des Unternehmens am besten erfüllen können. Das wiederum ist eine gute Sache: Es hilft Ihnen, den Wert des Produkts zu maximieren und das bestmögliche Produkt anzubieten, anstatt blind einen Plan auszuführen, der möglicherweise veraltet ist. Daher müssen Sie die Roadmap regelmäßig überprüfen und anpassen, wie ich im Kapitel 5 näher erläutere.

6.7.3 Die Roadmap ist spekulativ

So nützlich eine Produkt-Roadmap auch sein kann, es hat keinen Sinn, einen spekulativen Plan zu erstellen, der auf Wunschdenken beruht. Er würde die Stakeholderinnen und Entwicklungsteams, die ihn verwenden, in die Irre führen und enttäuschen. Erstellen Sie daher keine Roadmap, wenn Sie noch keine validierte Produktstrategie haben oder wenn Sie nicht über das nächste Produktziel hinausblicken können. Das kann vor allem bei der Arbeit an einem brandneuen, innovativen Produkt vorkommen.

Im ersten Fall sollten Sie mit dem Einsatz einer Roadmap warten, bis Sie eine Produktstrategie erstellt und validiert haben. Verwenden Sie dann diese Strategie, um die richtige Roadmap abzuleiten. Im zweiten Fall sollten Sie vorerst nur das Produktziel verwenden, das Sie identifiziert haben. Während Sie auf das Ziel hinarbeiten, werden Sie hoffentlich besser verstehen, wie Sie Ihr Produkt in Zukunft weiterentwickeln können, und in der Lage sein, eine realistische Produkt-Roadmap zu erstellen.

6.7.4 Die Roadmap führt zu einem »Death March«

Eine Produkt-Roadmap, die zu ehrgeizig ist und unrealistische Ziele enthält, kann die Entwicklungsarbeit in einen »Death March« verwandeln, bei dem die Mitglieder des Entwicklungsteams regelmäßig Überstunden machen, ständig gestresst und am Ende erschöpft sind. Infolgedessen sinken Kreativität, Motivation und Produktivität, das Wohlbefinden und die Gesundheit der Menschen leiden, und die Softwarequalität wird häufig beeinträchtigt, was künftige Aktualisierungen des Produkts erschwert. Sie müssen daher sicherstellen, dass Ihre Produkt-Roadmap realistisch ist und eine nachhaltige Geschwindigkeit unterstützt, damit die Teammitglieder sie umsetzen können, ohne überlastet zu sein, die Motivation zu verlieren und krank zu werden.

Der beste Weg, eine realistische Produkt-Roadmap zu entwickeln, besteht darin, die Mitglieder des Entwicklungsteams in die Arbeit einzubeziehen. Hören Sie sich ihre Ansichten unvoreingenommen an und setzen Sie sie nicht unter Druck, dem Inhalt der Roadmap zuzustimmen. Nehmen Sie stattdessen ihre Bedenken ernst und überarbeiten Sie den Plan so lange, bis er mithilfe der im nächsten Kapitel beschriebenen Techniken machbar ist. Überprüfen Sie außerdem regelmäßig die Produkt-Roadmap und passen Sie sie an, um sicherzustellen, dass sie realistisch bleibt.

6.7.5 Die Roadmap enthält Epics und User Stories

Epics und User Stories beschreiben die Leistungsmerkmale für die Endbenutzerin in Form einer kurzen Geschichte. Eine User Story ist in der Regel klein genug, um in einen Sprint zu passen. Ein Epic ist eine größere Geschichte, die einen größeren Teil der Funktionalität beschreibt. Obwohl Epics und User Stories sehr beliebt sind und von agilen Teams häufig verwendet werden, wäre es ein Fehler, sie in Ihre Produkt-Roadmap aufzunehmen. Dadurch würde der Plan zu detailliert werden, eine Überschneidung mit dem Product Backlog entstehen, die Roadmap anfälliger für Änderungen sein und es schwieriger machen, zu verstehen, wie Sie Ihr Produkt weiterentwickeln wollen. Daher sollten Sie Epics und User Stories nur im Product Backlog verwenden und nicht in der Produkt-Roadmap. Benutzen Sie die Roadmap als strategischen Plan, der die gewünschten Ergebnisse beschreibt, und das Backlog als taktisches Instrument, das die zur Erreichung dieser Ergebnisse erforderlichen Details erfasst.

6.7.6 Die Roadmap wird mit einem Releaseplan verwechselt

Ein Releaseplan sagt voraus, wie ein Major Release[5] oder eine neue Produktversion entwickelt wird. Man kann ihn als das agile Äquivalent eines Projektplans betrachten. Releasepläne gibt es in unterschiedlicher Form und Größe, je nach dem verwendeten Prozessmodell. In Scrum ist das Release Burndown Chart der Standard-Releaseplan. Mithilfe dieses Diagramms können Sie den Fortschritt von Sprint zu Sprint verfolgen und vorhersehen, ob ein Produktziel innerhalb des Zeit- und Budgetrahmens erreicht werden kann – oder wie lange es dauern und wie viel es kosten wird, dies zu erreichen. Auf diese Weise können Sie die Arbeit des Entwicklungsteams steuern und die notwendigen Anpassungen vornehmen, z. B. das Entfernen von Leistungsmerkmalen aus dem Product Backlog. Mit anderen Worten: Ein Releaseplan hilft Ihnen dabei, die Chancen zu maximieren, ein Produktziel zu erreichen.

Die Produkt-Roadmap hingegen gibt an, wie sich ein Produkt voraussichtlich über einen längeren Zeitraum, beispielsweise die nächsten 12 Monate, entwickeln wird. Sie basiert nicht auf dem Product Backlog, sondern auf der Produktstrategie, und enthält mehrere Produktziele. Verwechseln Sie daher die beiden Pläne nicht, sondern unterscheiden Sie sie deutlich und verwenden Sie separate Artefakte, um sie zu erfassen. Mehr über Releasepläne erfahren Sie im letzten Kapitel dieses Buches.

5. Mit dem Begriff »Major Release« bezeichne ich eine Version Ihres digitalen Produkts, die eine spürbare Änderung mit sich bringt, z. B. durch Hinzufügen oder Optimieren von Leistungsmerkmalen oder die Verbesserung der Benutzerfreundlichkeit, und die in der Regel zu einer neuen Produktversion führt. Beispiele hierfür sind Windows 11 oder iOS 15.

7 Entwicklung der Produkt-Roadmap

Glück ist das, was passiert,
wenn Gelegenheit und Planung aufeinandertreffen.

Thomas Edison

In diesem Kapitel werden Praktiken beschrieben, die Ihnen dabei helfen, Ihre Produkt-Roadmap richtig zu erstellen – einen realistischen und umsetzbaren Plan, der die richtigen Ziele und Ergebnisse enthält. Außerdem erörtere ich Techniken zur Priorisierung der Roadmap-Ziele, zur Bestimmung von Terminen und Kosten sowie zur Ableitung eines fokussierten Product Backlog. Betrachten wir jedoch zunächst die Schritte, die Sie unternehmen sollten, um eine effektive zielgerichtete Produkt-Roadmap zu entwickeln.

7.1 Unternehmen Sie die richtigen Schritte

Wenn Sie eine Autoreise planen, müssen Sie in der Regel bestimmte Punkte berücksichtigen, z.B. die Route, auf der Sie fahren wollen, oder die Stopps, die Sie einlegen müssen, um das Auto aufzuladen oder aufzutanken. In ähnlicher Weise gibt es acht Schritte, die Sie bei der Erstellung einer zielgerichteten Roadmap beachten müssen. Ich führe diese Schritte im Folgenden auf und beschreibe sie im weiteren Verlauf dieses Kapitels ausführlicher:

- Identifizieren Sie die Produktziele – die Ergebnisse, die Sie mit Ihrem Produkt erreichen wollen.
- Machen Sie die Ziele spezifisch und, wenn möglich, messbar.
- Priorisieren Sie die Ziele.
- Erfassen Sie ausgewählte grobgranulare Leistungsmerkmale, die zur Erreichung der Ziele notwendig sind.
- Bestimmen Sie realistische, erreichbare Termine oder den Zeitrahmen.
- Schätzen Sie die Kosten (sofern das Budget nicht festgelegt ist).

- Überarbeiten Sie den Plan iterativ. Wägen Sie Zielerreichung, Termintreue und Budgeteinhaltung ab und passen Sie die Roadmap an, bis sie umsetzbar und realistisch ist.
- Leiten Sie das Product Backlog aus der Produkt-Roadmap ab, damit Sie mit der Arbeit am ersten Produktziel beginnen können.

Ich empfehle Ihnen, die Schritte in der angegebenen Reihenfolge durchzuführen – es sei denn, die Termine oder der Zeitrahmen ist festgelegt und Sie können mit Ihrem Produkt alle drei Monate einen Nutzen bieten. Wenn das der Fall ist, beginnen Sie mit der Festlegung der Termine. Entscheiden Sie dann, welche Produktziele Sie realistischerweise erreichen können, ohne die nachhaltige Geschwindigkeit und die Produktqualität zu beeinträchtigen. Fahren Sie dann mit Schritt zwei der obigen Liste fort. Den fünften Schritt können Sie überspringen, da Sie die Termine bereits festgelegt haben.

Die oben genannten Schritte mögen zwar nach viel Arbeit klingen, aber in der Praxis ist es in der Regel gar nicht so schlimm. Zielgerichtete Roadmaps enthalten oft zwischen drei und sechs Produktziele, je nach dem abgedeckten Zeitrahmen und der Größe der Ziele. Nehmen wir an, Sie verwenden eine zwölfmonatige Roadmap mit vierteljährlichen Zielen. Dann müssen Sie vier Produktziele auswählen, sie nach Prioritäten ordnen, drei bis fünf grobe Leistungsmerkmale pro Ziel festlegen und Termine und Kosten bestimmen. Dies sollte nicht mehr als ein paar Stunden in Anspruch nehmen, vorausgesetzt, Sie haben die notwendige Strategievalidierung durchgeführt.

Stellen Sie sicher, dass Sie die relevanten Stakeholder und Mitglieder des Entwicklungsteams in die obigen Schritte einbeziehen. Vorzugsweise in Form eines gemeinsamen Workshops, wie ich später in diesem Kapitel näher erläutere. So können Sie das Fachwissen der einzelnen Personen nutzen und sicherstellen, dass der Plan realistisch und verständlich wird. Das erhöht die Wahrscheinlichkeit, dass die Roadmap befolgt und umgesetzt wird.

7.2 Erfassen Sie Ihre Roadmap mit der GO-Vorlage

Um Ihnen dabei zu helfen, Ziele und Ergebnisse in Ihrer Produkt-Roadmap zu nutzen, habe ich eine Vorlage erstellt, die ich *GO Product Roadmap* nenne. Abbildung 7–1 zeigt diese Vorlage.

	DATUM oder ZEITRAUM	Wann soll das Ziel erreicht werden?
	NAME	Wenn das Erreichen des Ziels zu einem neuen Major Release oder einer neuen Produktversion führt, wie wird diese heißen?
	ZIEL	Welches Ergebnis soll erreicht werden bzw. welcher spezifische Nutzen soll geboten werden?
	LEISTUNGS-MERKMALE	Welche Arbeitsergebnisse sind erforderlich, um das Ziel zu erreichen? Welches sind die 3–5 wichtigsten Leistungsmerkmale oder Arbeitsergebnisse?
	METRIKEN	Woran können Sie erkennen, dass das Ziel erreicht wurde?

Abb. 7–1 *Die Go-Product-Roadmap-Vorlage*

Schauen wir uns die fünf Zeilen der GO Product Roadmap in Abbildung 7–1 an. In der ersten Zeile steht das *Datum* oder der *Zeitraum*, in dem ein Ziel erreicht werden muss, z.B. der 1. September 2022 oder das dritte Quartal 2022.

In der zweiten Zeile haben Sie die Möglichkeit, einen *Namen* anzugeben. Dies ist nützlich, wenn das Erreichen des Produktziels zu einem neuen Major Release oder einer neuen Produktversion führt. Denken Sie z.B. an iOS 15 oder Windows 11.

Die dritte Zeile ist die wichtigste Zeile: Sie gibt das spezifische *Produktziel* an, das Sie erreichen wollen, und zwar den Nutzen, den das Produkt bieten soll, und das Ergebnis, das es erzielen soll. Ein effektives Produktziel beschreibt den Zweck der Weiterentwicklung des Produkts und steht im Einklang mit den in der Produktstrategie genannten Bedürfnissen und Geschäftszielen. Beispiele für Produktziele sind die Akquise und Kundenbindung, die Steigerung der Kundenbindung, der Abbau technischer Schulden und die Verbesserung der Konversation.

In der vierten Zeile sind die *Leistungsmerkmale* des Produkts aufgeführt. Dies sind die Arbeitsergebnisse, die zum Erreichen des Ziels erforderlich sind. Vergewissern Sie sich immer, dass jedes angegebene Leistungsmerkmal wirklich notwendig ist, um die gewünschte Wirkung zu erzielen. Halten Sie die Leistungsmerkmale eher groß und grobgranular und verwenden Sie nicht mehr als drei bis fünf Leistungsmerkmale pro Ziel, wobei eine kleinere Anzahl zu bevorzugen ist. Es ist ein häufig gemachter Fehler, zu viele Leistungsmerkmale in eine Roadmap aufzunehmen. Dadurch wird der Plan zu detailliert und anfällig für Änderungen. Zudem kommt es zu einer Überschneidung mit dem Product Backlog. Denken Sie daran, dass eine zielgerichtete Roadmap in erster Linie den Wert kommuniziert, den Ihr Produkt schaffen soll. Die Produktdetails, wie z.B. Epics und User Stories, müssen im Product Backlog und nicht in der Roadmap stehen.

Die fünfte und letzte Zeile enthält die *Metriken*, anhand derer festgestellt werden kann, ob ein Produktziel erreicht wurde, z.B. x Anzahl der Nutzer, die das Produkt innerhalb von zwei Wochen nach dem Release mindestens dreißig Minuten pro Tag nutzen. Durch die Angabe der Metriken wird sichergestellt, dass die Ziele in Ihrer Roadmap spezifisch und messbar sind.

Wenn Ihnen die GO-Roadmap-Vorlage zusagt, können Sie es von meiner Website *romanpichler.com* herunterladen. Gerne weise ich darauf hin, dass die Lizenzvereinbarung es Ihnen erlaubt, die Vorlage an Ihre speziellen Bedürfnisse anzupassen. Sie können zum Beispiel eine neue Zeile hinzufügen, die die Marketing- und Vertriebskanäle erfasst. Sie könnten auch Kostenziele für die Ziele einfügen oder die Namenszeile ganz entfernen, wenn Sie diese nicht als Unterscheidungsmerkmal benötigen.

7.3 Legen Sie die richtigen Produktziele fest

Das Herzstück jeder zielgerichteten, wirkungsorientierten Produkt-Roadmap sind ihre Ziele. Aber es ist nicht immer einfach, die richtigen Ziele zu finden. Wie können Sie erkennen, welche Ziele Sie auswählen sollten? In diesem Abschnitt werden zwei Methoden zur Auswahl der richtigen Produktziele vorgestellt: die direkte Ableitung aus den Bedürfnissen und Geschäftszielen in der Produktstrategie und die Bestimmung mithilfe der Leistungsindikatoren (KPIs).

7.3.1 Leiten Sie die Produktziele aus den Bedürfnissen und Geschäftszielen ab

Um zu erörtern, wie die in der Produktstrategie genannten Bedürfnisse und Geschäftsziele Ihnen bei der Auswahl der richtigen Produktziele helfen, verwenden wir als Beispiel wieder die App für gesunde Ernährung, die ich weiter oben in diesem Buch vorgestellt habe. Nehmen wir an, dass der Bedarf darin besteht, »das Risiko, an Typ-2-Diabetes zu erkranken, zu verringern«, und das Geschäftsziel darin, »eine neue Einnahmequelle zu schaffen«. Nehmen wir außerdem an, dass das von mir gewählte Geschäftsmodell ein Freemium-Modell ist. Ich gebe also eine kostenlose Basisversion heraus und generiere Einnahmen durch In-App-Käufe.

Mit diesen Informationen kann ich mich fragen, was ein erster konkreter Schritt ist, um die Bedürfnisse und Geschäftsziele zu erfüllen. Meine Antwort könnte lauten: »Den Nutzern helfen, ihre Essgewohnheiten zu verstehen, und eine erste Nutzerbasis gewinnen.« Was ich hier getan habe, ist, die beiden übergeordneten Ziele in ein spezifischeres Teilziel zu zerlegen. Die Anwendung dieser Methode hilft nicht nur, die richtigen Produktziele zu bestimmen. Sie stellt auch eine systematische Verbindung zwischen der Produkt-Roadmap und der Produktstrategie her. Erstere leitet sich buchstäblich von Letzterer ab.

Beachten Sie, dass ich in diesem Beispiel ein *zusammengesetztes Ziel* verwendet habe, um die gewünschte Wirkung zu erfassen. Das Ziel besteht aus zwei eng miteinander verbundenen Teilen, aus einem Teil für die Nutzer: »den Nutzern helfen, ihre Essgewohnheiten zu verstehen« und einem Teil für das Unternehmen: »eine erste Nutzerbasis gewinnen«. Auf diese Weise kann ich den spezifischen Wert, den das Produkt für die Nutzer und für das Unternehmen schaffen soll, klar beschreiben. Außerdem wird so die Gefahr vermieden, dass die Bedürfnisse der Nutzer vernachlässigt werden, weil man zu sehr auf die Geschäftsergebnisse fixiert ist.

Wenn ich für meine neue App für gesunde Ernährung über diese erste Version oder das Minimum Viable Product (MVP) hinausgehen kann, würde ich weitere Produktziele ableiten. Diese könnten lauten: »Den Nutzern helfen, ihre Essgewohnheiten zu verbessern, und die Nutzerbasis vergrößern. Und den Nutzern helfen, fitter zu werden, und Einnahmen in Form von In-App-Käufen generieren.« Zusammen bilden diese Ziele eine sinnvolle Geschichte. Sie beschreiben, wie sich das Produkt voraussichtlich in den kommenden Monaten entwickeln wird: Jedes Ziel hilft bei der Umsetzung der Produktstrategie und ist ein Schritt zur Verwirklichung der Produktvision.

7.3.2 Verwenden Sie KPIs zur Bestimmung der Produktziele

Die Ableitung von Produktzielen direkt aus der Produktstrategie funktioniert gut, wenn es sich um ein Produkt handelt, das ein hohes Maß an Innovation und Veränderung erfährt, z.B. wenn das Produkt brandneu oder zumindest noch jung ist und Änderungen unterliegt. Bei stabilen oder reifen Produkten, die inkrementelle Änderungen und kleinere Updates erfahren, ist diese Methode leider nicht effektiv. Glücklicherweise gibt es eine Alternative: die Verwendung der Leistungsindikatoren (KPIs) des Produkts, um die richtigen Roadmap-Ziele zu ermitteln.[1]

Angenommen, die Nutzerbindung ist ein Leistungsindikator für meine App zur gesunden Ernährung, der in den letzten drei Monaten stetig gesunken ist. Dann möchte ich vielleicht ein Produktziel wählen, das das Problem angeht und diese Kennzahl verbessert. Je nach Ursache für die geringe Nutzerbindung könnte ich dies durch die Verbesserung der Benutzerfreundlichkeit oder das Hinzufügen neuer Leistungsmerkmale erreichen oder indem ich die Leistung und Stabilität verbessere.

1. Weitere Informationen zu Leistungsindikatoren (KPIs) finden Sie im Abschnitt 5.1.

Ein anderes Beispiel wäre die Zunahme von Softwarefehlern und Codekomplexität, was darauf hindeutet, dass sich der Zustand des Produkts verschlechtert und es immer schwieriger wird, die Software weiterzuentwickeln und zu warten. In diesem Fall würde ich vielleicht ein Produktziel wie »Zukunftssicherheit des Produkts durch Reduzierung der technischen Schulden« wählen, um das Problem anzugehen und den Zustand des Produkts zu verbessern.

7.3.3 Verfolgen Sie nur ein Produktziel auf einmal

Ich halte es für hilfreich, jeweils nur ein Produktziel zu verfolgen, anstatt an mehreren Zielen gleichzeitig zu arbeiten. Dieser Ansatz bietet die folgenden zwei Vorteile:

- Es wird eine einheitliche Ausrichtung und Fokussierung erreicht, da alle Beteiligten das gleiche Ziel verfolgen.
- Es ist einfacher, den Fortschritt zu verfolgen, um zu erkennen, ob das Ziel erreicht und das gewünschte Ergebnis erzielt wurde. Vermeiden Sie daher die Festlegung mehrerer Produktziele für einen bestimmten Zeitraum.

7.3.4 Verwechseln Sie Leistungsmerkmale nicht mit Zielen

Ein Produktziel sollte den Grund für die Weiterentwicklung des Produkts und den spezifischen Nutzen oder die Wirkung beschreiben, die es erzeugen soll. Nach meiner Erfahrung ist es jedoch nicht ungewöhnlich, dass Leistungsmerkmale mit Zielen verwechselt werden. Nehmen wir wieder meine App für gesunde Ernährung, um diesen Fehler zu veranschaulichen.

Angenommen, ich möchte herausfinden, was das Produkt für die Nutzer tun könnte, und mir fällt ein: »Kalorienzufuhr messen und Blutzuckerspiegel bestimmen«. Sind diese Aussagen dann als Produktziele geeignet? Das glaube ich nicht. Meiner Meinung nach beschreiben sie Produktleistungsmerkmale und charakterisieren die Lösung. Aber sie sagen nicht, warum es sich lohnt, das Produkt weiterzuentwickeln.

Ein guter Test für Produktziele ist daher die Frage nach dem Warum. Warum wäre es zum Beispiel hilfreich, die Kalorienzufuhr zu messen? Die Antwort würde dann das wahre Ziel offenbaren, z.B. »den Nutzern helfen, ihre Essgewohnheiten zu verbessern«. Achten Sie also darauf, Ziele nicht mit Leistungsmerkmalen zu verwechseln, und stellen Sie sicher, dass Ihre Produktziele immer die gewünschte Wirkung und nicht die Arbeitsergebnisse erfassen.

Können Produktziele mit OKRs erfasst werden?

OKRs (*Objectives and Key Results*) sind eine Methode, um Ziele zu setzen und zu verfolgen. Ein Objective beschreibt, was erreicht werden soll. Die Key Results geben an, wie Sie das Ziel erreichen [Doerr 2018]. OKRs wurden ursprünglich in den 1970er-Jahren von Andy Grove bei Intel erfunden, um harte, messbare Ziele zu setzen. Damit eignet sich die Methode gut zur Erfassung von Produktzielen, zumindest in der Theorie. Sie können ein Ziel als Objective betrachten und seine Daten, Metriken und Leistungsmerkmale als die entsprechenden Key Results. Aber wie ich bereits in der *Einleitung* des Buches erwähnt habe, finde ich, dass die Verwendung von OKRs zu einem textlastigen Ansatz führt, der es vergleichsweise schwierig macht, eine Produkt-Roadmap zu erstellen, zu verstehen und weiterzuentwickeln. Es fühlt sich an, als würde man die Uhr zurückdrehen und die Vorteile der in den letzten Jahren entwickelten visuellen Produktmanagementtools, einschließlich meiner GO Product Roadmap, nicht nutzen.

7.4 Machen Sie die Ziele messbar

Wenn Sie eine Reise unternehmen und unterwegs eine Sehenswürdigkeit besuchen oder in einem Hotel übernachten, können Sie feststellen, ob die Sehenswürdigkeit interessant und das Hotel komfortabel war. Genauso müssen Sie in der Lage sein, zu erkennen, ob Ihre Roadmap die erwartete Wirkung hat und ob die Ziele erfolgreich erreicht wurden. Die folgenden zwei Schritte helfen Ihnen dabei, messbare Produktziele zu setzen:

- Überarbeiten Sie die Produktziele so lange, bis sie spezifisch genug sind, um ein Ziel zu formulieren. Meiner Erfahrung nach ist es üblich, mit grob formulierten Produktzielen zu beginnen, die weder spezifisch noch messbar sind und die daher überarbeitet und verbessert werden müssen.
- Wählen Sie die Messgrößen aus, mit denen Sie feststellen können, ob ein Ziel erreicht wurde und ob die gewünschte Wirkung eingetreten ist. Fügen Sie diese dann in den Abschnitt *Metriken* Ihrer Produkt-Roadmap ein, vorausgesetzt, Sie verwenden meine GO Product Roadmap oder eine ähnliche Vorlage.

Um diese beiden Schritte erfolgreich durchzuführen, sollten Sie sich überlegen, wie Sie feststellen können, ob das Ziel erreicht wurde. Wenn Ihr Ziel z.B. darin besteht, 5–10 % neue Kunden zu gewinnen, dann legen Sie fest, wie Sie messen wollen, ob das Ziel erreicht wurde. Erfordert eine erfolgreiche Kundenakquise zum Beispiel, dass sich eine Person auf Ihrer Website registriert? Oder müssen Sie messen, ob sich die Zahl der eindeutigen Besuche erhöht hat? Und was bedeutet »neu«? Müssen die Kunden demselben Markt oder Marktsegment angehören, das Sie bereits bedienen, oder wollen Sie ein zusätzliches Marktsegment erreichen? Wenn Sie beispielsweise die technischen Schulden um 50 % reduzieren wollen, fragen Sie sich, wie Sie feststellen können, dass Sie dieses Ziel erreicht haben? Werden Sie messen, ob die Komplexität des Codes oder das Refactoring-Potenzial abnimmt? Oder möglicherweise beides? Geben Sie außerdem an, bis wann das Ziel erreicht sein muss. Bei einer Kundenakquise kann es sein, dass Sie einige Tage oder sogar einige Wochen nach dem Release der Software abwarten müssen, bis genügend Daten vorliegen, um überprüfen zu können, ob der gewünschte Nutzen eingetreten ist.

Wenn Sie feststellen, dass es derzeit zu schwierig ist, alle Ziele auf Ihrer Roadmap messbar zu machen, dann konzentrieren Sie sich auf das erste Produktziel und sorgen Sie dafür, dass zumindest dieses Ziel messbar ist. Lassen Sie die anderen Ziele vorerst unverändert und überarbeiten Sie sie, wenn Sie die Produkt-Roadmap überarbeiten. Wenn Sie Schwierigkeiten haben, das erste Ziel auf Ihrer Roadmap messbar zu machen, kann dies ein Hinweis darauf sein, dass Sie weitere Arbeiten zur Validierung der Strategie durchführen müssen.

Gleichgewicht zwischen Storytelling und Präzision

Einer der Vorteile einer Produkt-Roadmap ist die Möglichkeit, die Reise zu beschreiben, auf die Sie Ihr Produkt mitnehmen wollen, und den Stakeholdern und Entwicklungsteams eine Orientierung zu geben. Je präziser und messbarer Sie die Ziele in Ihrer Roadmap formulieren, desto schwieriger kann es aber sein, den Plan zu verstehen und sich von ihm inspirieren zu lassen. Glücklicherweise bietet der oben beschriebene Ansatz ein ausgewogenes Verhältnis zwischen Storytelling und Messbarkeit: Durch die Verwendung leicht verständlicher Ziele und deren Ergänzung durch Metriken, die in einem separaten Abschnitt der Roadmap erfasst werden, können Sie eine Geschichte über den erwarteten Fortschritt erzählen, ohne auf die Möglichkeit zu verzichten, zu messen, ob die Ergebnisse erreicht werden.

7.5 Priorisieren Sie die Produktziele

Sobald Sie die richtigen Produktziele ausgewählt haben, müssen Sie sich überlegen, in welcher Reihenfolge sie bearbeitet werden sollen. Mit anderen Worten: Sie müssen sie nach Prioritäten ordnen. In diesem Abschnitt gehe ich auf drei Techniken ein, die Ihnen dabei helfen können: die Nutzung semantischer Abhängigkeiten zwischen den Zielen, die Ermittlung von Verzögerungskosten und die Berücksichtigung von Abhängigkeiten zu anderen Produkten.

7.5.1 Semantische Abhängigkeiten

Die Untersuchung der semantischen Abhängigkeiten zwischen den Produktzielen kann Ihnen dabei helfen, diese so zu ordnen, dass jedes Ziel Teil einer logischen Abfolge ist und einen weiteren Schritt in Richtung der allgemeinen Bedürfnisse und Geschäftsziele darstellt, die in der Produktstrategie festgelegt sind. Lassen Sie uns untersuchen, wie diese Technik anhand der drei unten aufgeführten Beispielziele angewendet werden kann, die ich auch im Abschnitt 7.3 angeführt habe. Beachten Sie, dass ich nicht messbare Aussagen verwendet habe, um die Ziele verständlicher zu machen.

- Den Nutzern helfen, ihre Essgewohnheiten zu verstehen, und eine erste Nutzerbasis gewinnen.
- Den Nutzern helfen, ihre Essgewohnheiten zu verbessern, und die Nutzerbasis vergrößern.
- Den Nutzern helfen, fitter zu werden, und Einnahmen in Form von In-App-Käufen generieren.

Ich habe mich für die obige Reihenfolge entschieden, da die Nutzer zunächst ihre Essgewohnheiten verstehen müssen, bevor sie diese verbessern können. Verbesserte Essgewohnheiten sind wiederum die Grundlage für mehr Fitness und einen gesünderen Lebensstil. In ähnlicher Weise müsste ich zunächst eine ausreichend große Nutzerbasis aufbauen, bevor ich Einnahmen erzielen kann, vorausgesetzt, es wird ein Freemium-Geschäftsmodell mit In-App-Käufen verwendet. Mit anderen Worten: Das dritte Ziel hängt vom zweiten ab, und das zweite Ziel hängt vom ersten ab.

Die Verwendung semantischer Abhängigkeiten zwischen den Zielen hilft Ihnen, eine überzeugende Geschichte über die voraussichtliche Entwicklung Ihres Produkts zu erzählen. Für ein brandneues Produkt wie meine App für gesunde Ernährung könnte dies bedeuten, dass Sie mit der Kundengewinnung beginnen, gefolgt von der Aktivierung, der Kundenbindung und schließlich der Umsatzgenerierung, beeinflusst durch das dem Produkt zugrunde liegende Geschäftsmodell.

7.5.2 Verzögerungskosten (Cost of Delay)

Die Verwendung semantischer Abhängigkeiten zwischen Produktzielen eignet sich hervorragend, wenn Ihr Produkt Veränderungen unterliegt und eine gewisse Dynamik aufweist. Wenn sich Ihr Produkt jedoch in einer Phase der Stabilität befindet, entweder da es ein stetiges Wachstum aufweist oder in die Reifephase eingetreten ist, können die von Ihnen festgelegten Produktziele scheinbar unverbunden sein und keine klaren semantischen Abhängigkeiten aufweisen. Folglich ist es nicht einfach, sie in eine logische Abfolge oder eine sinnvolle Geschichte zu bringen.

Angesichts einer solchen Herausforderung empfehle ich, die *Verzögerungskosten* zu nutzen, um die Roadmap richtig zu priorisieren. Einfach ausgedrückt: Fragen Sie sich, wie groß der Verlust oder der nicht eingetretene Vorteil voraussichtlich sein wird, wenn Sie jedes Ziel aufschieben. Wenn Sie sich beispielsweise nicht sicher sind, ob Sie zuerst die Benutzerfreundlichkeit verbessern müssen, um die Nutzerbindung aufrechtzuerhalten, oder ob Sie Fehler beheben müssen, um Kundenfluktuation zu verhindern, dann ermitteln Sie die Auswirkungen einer Verzögerung für jedes Ziel. Sobald Sie die Kosten für die Verschiebung der Ziele ermittelt haben, gehen Sie das Ziel mit den höchsten Verzögerungskosten zuerst an, dann das Ziel mit den zweithöchsten Kosten und so weiter. Wenn es Ihnen schwerfällt, den erwarteten Nutzen zu quantifizieren, dann überlegen Sie, ob der Wert eines Produktziels hoch oder niedrig ist und ob seine Erreichung dringend ist oder nicht. Daraus ergeben sich niedrige, mittlere oder hohe Verzögerungskosten, wie in Abbildung 7–2 dargestellt. Konzentrieren Sie sich zuerst auf die Produktziele mit den höchsten Verzögerungskosten, dann auf diejenigen mit mittleren Verzögerungskosten und schließlich auf die Ziele mit geringen Verzögerungskosten.

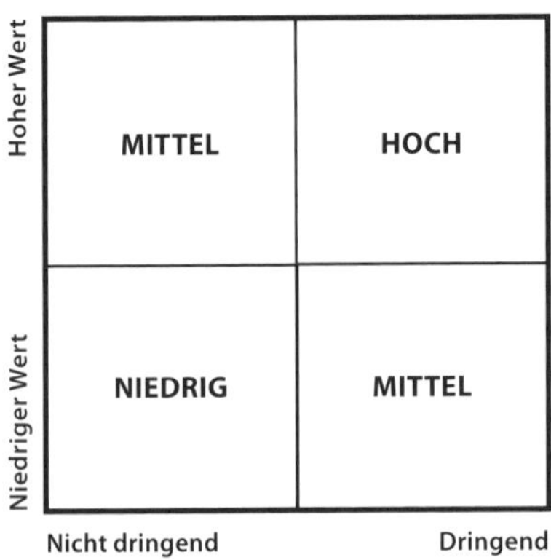

Abb. 7–2 *Qualitative Kosten der Verzögerungskosten-Matrix, basierend auf [Arnold 2016]*

Sie können diesen Ansatz noch weiterverfolgen und eine verwandte Methode namens *Cost of Delay Divided by Duration* (CD3) verwenden. Wie der Name schon sagt, bestimmen Sie nicht nur die Verzögerungskosten für ein Produktziel, sondern legen auch fest, wie lange es voraussichtlich dauern wird, bis das Ziel erreicht wird. Wenn Sie die Verzögerungskosten durch die geschätzte Zeit dividieren, erhalten Sie einen CD3-Wert. Sobald Sie die Punktzahl für jedes Produktziel berechnet haben, geben Sie diese in absteigender Reihenfolge an. Das Ziel mit dem höchsten Wert steht an erster Stelle, gefolgt vom Ziel mit dem zweithöchsten Wert und dem dritthöchsten Wert. Ich halte diese Methode für besonders hilfreich, wenn die Anzahl der Mitglieder in den Entwicklungsteams nicht ohne Weiteres geändert werden kann und zudem die Dauer der Zielerreichung variiert.[2] Die Methode setzt allerdings voraus, dass von den Entwicklungsteams grobe, aber realistische Zeitschätzungen abgegeben werden können. Wenn das nicht der Fall ist, sollten Sie die *Verzögerungskosten* anstelle von CD3 verwenden.

7.5.3 Abhängigkeiten zwischen Produkten

Schließlich sollten Sie nicht vergessen, dass Ihr Produkt möglicherweise durch Abhängigkeiten zu anderen Produkten eingeschränkt ist, was sich auf die Priorisierung der Roadmap auswirken kann. Dies ist besonders bei unterstützenden Produkten relevant. Nehmen Sie das Beispiel eines meiner Kunden, eines großen Spielestudios. Die Gruppe, mit der ich gearbeitet habe, entwickelt eine der Physik-Engines, die in den Computerspielen des Unternehmens verwendet werden. Eine Physik-Engine ist ein unterstützendes Produkt, das komplexe Animationen ermöglicht. Ohne sie würden die Spielfiguren langsame, roboterhafte Bewegungen ausführen, und das Spielen würde wenig Spaß machen. Folglich beeinflussen die Releasetermine und die Animationsanforderungen der Spiele die Roadmap für die Physik-Engine und ihre Prioritätensetzung erheblich. Das Gleiche gilt für eine Softwareplattform, die gemeinsam genutzte Einheiten kapselt und Produkte für Endanwender unterstützt. Die darauf aufbauenden Produkte beeinflussen nicht nur die Produktziele, sondern auch deren Priorisierung. Wenn Sie ein unterstützendes Produkt managen, müssen Sie daher Ihre Produkt-Roadmap auf die Pläne der unterstützten Produkte abstimmen. Ich erläutere später in diesem Kapitel, wie eine Portfolio-Roadmap Ihnen dabei helfen kann.

Abhängigkeiten sind zwar eine Tatsache, können aber auch problematisch sein, insbesondere wenn Ihr Produkt Innovationen, Änderungen und Unsicherheiten ausgesetzt ist. Das ist typischerweise der Fall bei neuen und noch jungen Produkten sowie bei Produkten, deren Lebenszyklus verlängert wird. In diesen Fällen sind ein

2. Eine gute Quelle, um mehr über Verzögerungskosten und CD3 zu erfahren, ist Black Swan Framing, *https://blackswanfarming.com*.

hohes Maß an Autonomie und eine lose Kopplung mit anderen Produkten wünschenswert. Sie können die Abhängigkeiten reduzieren, indem Sie die Produktgrenzen und die Teamzusammensetzung ändern. Um die erste Option anzuwenden, könnten Sie das Produkt entflechten und ein Leistungsmerkmal in ein neues Produkt umwandeln. Sie könnten kleinere Produkte zu einem größeren Produkt bündeln oder gemeinsam genutzte Einheiten, Komponenten und Dienste in einer Plattform kapseln. Dass dies allerdings auch nicht unproblematisch ist, habe ich bereits im vorigen Absatz beschrieben. Bedenken Sie jedoch, dass alle diese Änderungen voraussichtlich ein Architektur-Refactoring erfordern. Um die Teams und ihre Zusammensetzung zu verbessern, sollten Sie spezielle Produktteams bilden – Teams, die nach Produkten organisiert sind. Stellen Sie sicher, dass jedes Team an einem Produkt arbeitet, und dass die Teams stabil bleiben. Als Faustregel gilt: Teams, die End-to-End-Funktionalität bereitstellen und einen ganzen vertikalen Bereich implementieren können, sind Teams vorzuziehen, die um Architekturbausteine wie Dienste und Komponenten herum organisiert sind. Zumindest so lange, wie Ihr Produkt Unsicherheiten und Veränderungen unterliegt.

7.6 Setzen Sie die Leistungsmerkmale auf der Roadmap richtig ein

So mächtig Produktziele auch sein mögen, sie reichen oft nicht aus, um zu verstehen, was getan werden muss, um die gewünschten Wirkungen zu erzielen. An dieser Stelle kommen Leistungsmerkmale ins Spiel. Wie bereits erwähnt, verwende ich den Begriff *Leistungsmerkmal*, um ein Produktfähigkeit, einen großen Teil der Funktionalität, zu beschreiben. Denken Sie an die Fähigkeit, die Kalorienzufuhr zu verstehen, oder an die nahtlose Integration in Smartwatches. Dies sind zwei Beispiele für Leistungsmerkmale meiner App für gesunde Ernährung. Aber Leistungsmerkmale haben auch eine Kehrseite: Wenn Sie nicht aufpassen, können sie Ihre Roadmap überlagern und die Leute dazu bringen, sich mehr auf die Ergebnisse als auf die Wirkung zu konzentrieren.

Um dies zu vermeiden, sollten Sie die folgenden drei Tipps beachten:

- Beginnen Sie immer mit den Produktzielen. Leiten Sie dann die Leistungsmerkmale von diesen ab und ordnen Sie alle vorhandenen Leistungsmerkmale den Zielen zu, die sie unterstützen. Schließlich sind Leistungsmerkmale dazu da, ein Ziel zu erreichen und einen bestimmten Nutzen zu stiften.
- Verwenden Sie nicht mehr als drei bis fünf Leistungsmerkmale pro Ziel. Erfassen Sie nur die Ergebnisse, die zum Erreichen eines Ziels notwendig sind. Denken Sie daran: Die Roadmap ist ein strategischer Plan, der die Wirkungen kommuniziert, die ein Produkt erzielen wird. Sie darf keine reine Liste von Leistungsmerkmalen sein.

- Halten Sie die Leistungsmerkmale grobgranular. Legen Sie die detaillierten Leistungsmerkmale im Rahmen der Entwicklungsarbeit fest und erfassen Sie diese im Product Backlog. Dadurch wird vermieden, dass sich Roadmap und Backlog überschneiden, und es wird sichergestellt, dass das Produkt die richtigen Leistungsmerkmale bietet. Voraussetzung dafür ist die Verwendung von Sprints und das Sammeln von Benutzerfeedback zu frühen Produktinkrementen.

Wenn ein neues Leistungsmerkmal an Sie herangetragen wird, prüfen Sie, ob es dazu beitragen würde, ein bestehendes Produktziel zu erreichen. Ist dies der Fall, erwägen Sie, das Leistungsmerkmal in die Roadmap aufzunehmen und ein anderes Leistungsmerkmal, das zum selben Ziel gehört, zu entfernen oder zu ändern. Wenn kein entsprechendes Ziel existiert, prüfen Sie, ob es sich lohnt, den Plan zu ändern, ein bestehendes Produktziel anzupassen oder ein neues Produktziel einzuführen, damit das Leistungsmerkmal in die Roadmap aufgenommen werden kann. Eine Kosten-Nutzen-Analyse kann Ihnen helfen, die richtige Entscheidung zu treffen. Um diese Technik anzuwenden, bitten Sie die Mitglieder des Entwicklungsteams, den ungefähren Aufwand abzuschätzen, der für die Durchführung der Änderung erforderlich ist. Ermitteln Sie dann den voraussichtlichen Nutzen. Um Letzteres besser zu verstehen, sollten Sie überlegen, wie viele Nutzer von der Änderung profitieren würden und wie sicher Sie sind, dass die gewünschte Wirkung erzielt werden kann, wie es die RICE-Methode[3] vorschlägt.

Natürlich ist es wichtig, eine Roadmap-Änderung objektiv zu bewerten, aber das reicht nicht aus. Meiner Meinung nach müssen sich die Stakeholder wertgeschätzt und verstanden fühlen, damit sie sich auf eine vernünftige Diskussion einlassen und akzeptieren, dass ihre Leistungsmerkmale nicht in den Plan aufgenommen werden können. Ich empfehle Ihnen daher, den Stakeholdern, die Änderungen an der Roadmap fordern, aufmerksam zuzuhören und sich in sie hineinzuversetzen, auch wenn Sie die Personen nicht besonders sympathisch finden und mit ihren Forderungen nicht einverstanden sind. Verfolgen Sie außerdem einen kooperativen Ansatz. Lassen Sie nicht zu, dass die Stakeholder ihre individuellen Wünsche durchsetzen. Diskutieren Sie sie stattdessen gemeinsam mit den anderen Stakeholdern und den Mitgliedern des Entwicklungsteams, z.B. beim nächsten Roadmap-Meeting, das ich im nächsten Kapitel beschreibe.

3. Das Akronym steht für *Reach* (Reichweite), *Impact* (Wirkung), *Confidence* (Vertrauen), *Effort* (Aufwand).

7.7 Legen Sie Termine fest

Die Frage, ob Termine in einer Produkt-Roadmap aufgeführt werden müssen, hat im Produktmanagement viele Diskussionen ausgelöst. Einige argumentieren leidenschaftlich, dass sie aus Roadmaps verbannt werden sollten, während andere behaupten, dass sie nützlich sind. Hier ist meine Ansicht: Wann immer Sie mit einer öffentlichen, kundenorientierten Produkt-Roadmap arbeiten, vermeiden Sie die Verwendung von festen Terminen. Verwenden Sie stattdessen große, vage Zeiträume, die genügend Spielraum bieten. Sie könnten beispielsweise einen Zeitraum von sechs Monaten wählen oder einfach darüber sprechen, was Sie jetzt, als Nächstes und später (now-next-later) zu tun gedenken.[4] Wenn Sie jedoch mit einer internen Roadmap arbeiten, die zur gemeinsamen Ausrichtung von Entwicklungsteams und Stakeholdern dient, empfehle ich die Angabe fester Termine oder eines konkreten Zeitrahmens.

Hierfür gibt es zwei Gründe:

- Einige Produkte müssen bestimmte Termine einhalten, um erfolgreich zu sein. Dies gilt beispielsweise für Produkte wie Computerspiele und Smartphones, deren Hauptabsatzzeitpunkt in der Regel vor Weihnachten liegt. Die rechtzeitige Bereitstellung dieser Produkte ist von entscheidender Bedeutung, da eine Verzögerung erhebliche Umsatzeinbußen zur Folge haben würde.
- Selbst wenn Ihr Produkt keine Deadline hat, ist es in der Regel hilfreich, bei der Entwicklung einer Produkt-Roadmap Termine oder Zeitrahmen zu berücksichtigen. So können Sie nachvollziehen, ob der Plan realistisch ist, d.h., ob die angestrebten Ziele innerhalb eines bestimmten Zeitraums und ohne Einbußen bei der nachhaltigen Geschwindigkeit oder Qualität vollständig erreicht werden können.

Um Termine festzulegen, legt man traditionell fest, was getan werden muss, und berechnet dann, wie lange es dauern wird. Dazu werden die Anforderungen zusammengestellt und Arbeitspakete, Aufgaben und Abhängigkeiten ermittelt. Schließlich werden die Aufgaben geschätzt und ein Liefertermin festgelegt. Dieser Ansatz funktioniert in der Regel, wenn alle Anforderungen und die Softwarearchitektur im Vorfeld korrekt spezifiziert werden können und während der Entwicklungsarbeit keine größeren Änderungen vorgenommen werden. Es funktioniert jedoch nicht gut, wenn mit Innovationen, Unsicherheiten und Änderungen umgegangen werden muss.

---

4. Die »now-next-later«-Zeiträume auf Produkt-Roadmaps wurden ursprünglich von Janna Bastow vorgeschlagen, siehe *https://vimeo.com/100642934*.

Ein besserer und in der Regel schnellerer Weg, Termine in einer Roadmap festzulegen, besteht darin, zu untersuchen, wann ein Ziel erreicht werden muss, um die gewünschte Wirkung zu erzielen. Zwei Techniken können Ihnen dabei helfen: das »Window of Opportunity« [Wysocki 2013] und ein regelmäßiger Releaserhythmus.

7.7.1 Window of Opportunity

Das Window of Opportunity[5] beschreibt den Zeitraum, in dem ein Ziel erreicht werden muss, um die gewünschte Wirkung zu erzielen. Diese Technik ist besonders hilfreich, wenn es sich um ein saisonales Produkt handelt und wenn es aufgrund der bestehenden Unsicherheit sehr schwierig oder gar unmöglich ist, einen traditionellen Ansatz zu verfolgen. In einem solchen Kontext ist es oft nicht möglich, die Leistungsmerkmale in Epics und User Stories aufzuteilen, ohne sie zu hinterfragen und mit einem Product Backlog zu enden, das groß, detailliert und spekulativ ist. Bei saisonalen Produkten ist das Window of Opportunity in der Regel vorgegeben. Nehmen Sie zum Beispiel die Smartphones, die ich vorhin als Beispiel genannt habe. Das Window of Opportunity für Mobiltelefone ist die Vorweihnachtszeit, und große Hersteller wie Samsung und Apple stellen sicher, dass neue Modelle bis Oktober bestellt werden können.

Wenn Sie sich mit Unsicherheiten bei Ihrem Produkt auseinandersetzen müssen, sei es, dass es brandneu ist oder dass Sie eine größere Änderung an einem bestehenden Produkt vornehmen, sollten Sie ermitteln, wie dynamisch Ihr Markt ist. Verändert er sich schnell oder ist er vergleichsweise stabil? Treten neue Player im Markt auf? Arbeiten bestehende Mitbewerber an einem ähnlichen Produkt oder werden sie voraussichtlich vergleichbare Änderungen an einem bestehenden Angebot vornehmen? Wenn Sie die erforderliche Strategievalidierung einschließlich einer Wettbewerbsanalyse durchgeführt haben, müssen Sie in der Lage sein, diese Fragen zu beantworten und den richtigen Zeitrahmen zu wählen. Sobald Sie mit der Entwicklungsarbeit begonnen haben, sollten Sie die tatsächlichen Fortschritte auf dem Weg zum Produktziel verfolgen. So können Sie feststellen, ob der von Ihnen gewählte Zeitrahmen realistisch ist. Sollte dies nicht der Fall sein, passen Sie die Produkt-Roadmap an.

---

5. *Anm. d. Übers.*: dt. etwa Fenster der Gelegenheit, d. h. ein Zeitfenster, innerhalb dessen bestimmte Möglichkeiten gegeben sind.

7.7.2 Gleichmäßiger Releaserhythmus

Ein gleichmäßiger Releaserhythmus bedeutet, dass die Software in einem festen Rhythmus veröffentlicht wird, z. B. alle sechs Wochen, alle zwei Monate oder drei Monate. Im Wesentlichen legen Sie Ihre Produktziele in einem Zeitrahmen fest und wählen für alle die gleiche Dauer.[6] Dies bietet Ihnen zwei Vorteile:

- Es vereinfacht und verbessert den Planungsprozess. Da das Datum feststeht, können Sie sich darauf konzentrieren, die richtigen Ziele festzulegen und diese so zu dimensionieren, dass sie in die vordefinierten Zeitfenster passen. Mit der Zeit werden Sie lernen, wie viel Sie innerhalb einer bestimmten Zeitspanne tatsächlich erreichen können, und Sie werden besser darin, realistische Ziele zu setzen.
- Ihre Nutzer und Kunden werden regelmäßig in den Genuss von Produktverbesserungen kommen. Dies kann Ihnen einen Wettbewerbsvorteil verschaffen: Die Konkurrenten müssen mit Ihrem Tempo mithalten.

Ein gleichmäßiger Rhythmus mit kurzen Releasezyklen kann besonders dann hilfreich sein, wenn sich Ihr Produkt stabilisiert hat – sei es, weil es stetig wächst oder weil es in die Reifephase eingetreten ist. Nehmen Sie zum Beispiel den Google Chrome-Browser. Google benötigte etwa zwei Jahre für die Entwicklung der Version 1.0, die das Unternehmen im Dezember 2008 veröffentlichte. In den folgenden zwei Jahren brachte das Chrome-Team etwa alle vier bis sechs Monate eine neue Version heraus. Danach wurde alle sechs Wochen eine neue Version herausgegeben. Zu diesem Zeitpunkt befand sich das Produkt bereits in der Wachstumsphase und war gemessen am Nutzungsanteil der drittgrößte Browser.[7]

6. Beachten Sie, dass dieser Ansatz Sie nicht daran hindert, kontinuierlich kleinere Verbesserungen und Fehlerbehebungen bereitzustellen.
7. Siehe *http://en.wikipedia.org/wiki/Timeline_of_web_browsers* und *http://en.wikipedia.org/wiki/Usage_share_of_web_browsers*.

7.8 Schätzen Sie die Kosten top-down

Keine Leistung ohne Gegenleistung sagt ein bekanntes Sprichwort. Auch die Umsetzung einer Produkt-Roadmap ist natürlich mit Kosten verbunden. Die Ermittlung der Ausgaben ist nützlich, um zu verstehen, wie viel Geld für die Entwicklung des Produkts voraussichtlich benötigt wird. Wenn das Budget vorgegeben ist und nicht geändert werden kann, hilft die Kostenermittlung dabei, herauszufinden, ob die Roadmap überhaupt umgesetzt werden kann.

7.8.1 Bottom-up vs. top-down

Traditionell werden die Entwicklungskosten bottom-up ermittelt. Ausgehend von einer umfassenden und detaillierten Anforderungsspezifikation werden Arbeitspakete und Aufgaben abgeleitet, die dann geschätzt werden. Auf diese Weise können Sie den Liefertermin und die Entwicklungskosten berechnen. Doch wie bereits erwähnt, setzt dieser Ansatz nicht nur voraus, dass Innovation, Ungewissheit und Änderungen weitgehend ausgeschlossen sind. Er ist auch kostspielig. Es kann Wochen dauern, bis die notwendigen Arbeiten abgeschlossen sind.

Ich empfehle Ihnen daher, eine andere Methode anzuwenden. Anstatt einen traditionellen Ansatz zu verfolgen, bei dem Sie ein Product Backlog aus der Roadmap ableiten, dessen Elemente detailliert auflisten und schätzen sowie die Änderungen im Backlog und die Geschwindigkeit des Teams prognostizieren müssen, können Sie die Kosten nur auf der Grundlage Ihrer Produkt-Roadmap top-down schätzen. Auf diese Weise sparen Sie nicht nur Zeit und Geld, sondern vermeiden auch die Entstehung eines übermäßig langen und komplexen Product Backlog, das schwer anzupassen und zu pflegen ist.

Zugegeben, dieser Ansatz führt zu einer groben Schätzung auf hohem Niveau. Meine Erfahrung zeigt jedoch, dass ein Bottom-up-Ansatz keine solidere Zahl liefert. Er scheint lediglich präziser zu sein. Aber wie der Ökonom John Maynard Keynes sagte: »Es ist besser, grob richtig zu liegen als exakt falsch.«

7.8.2 Flexibles Budget

Nehmen wir an, Sie haben die Befugnis, das benötigte Budget festzulegen. In diesem Fall sieht Ihr Vorgehen wie folgt aus: Ermitteln Sie, wie viele Personen voraussichtlich für die Umsetzung der Produkt-Roadmap benötigt werden und über welche Fähigkeiten diese verfügen müssen. Ziehen Sie dazu die Kenntnisse heran, die die Mitglieder des Entwicklungsteams bei der Validierung der Produktstrategie erworben haben, sowie ihre Erfahrungen bei der Entwicklung ähnlicher Produkte oder früherer Versionen desselben Produkts. Auf diese Weise können Sie eine grobe Schätzung der Personalkosten vornehmen.

Addieren Sie die Kosten für Ausstattung, Geräte, Lizenzen und andere relevante Posten, um eine grobe Kostenschätzung zu erhalten. Um den Eindruck zu vermeiden, dass es sich um eine präzise Schätzung handelt, geben Sie eine Spanne an, z.B. 350.000–400.000€. Wenn das Ergebnis zu hoch ist oder nicht genügend Personen mit den richtigen Fähigkeiten zur Verfügung stehen und nicht eingestellt werden können, haben Sie zwei Möglichkeiten: Sie können entweder weitermachen und Ihre Roadmap anpassen oder sich nach einer kostengünstigeren und machbaren Strategie umsehen.

Vergessen Sie nicht, den Entwicklungsfortschritt und die tatsächlichen Ausgaben zu verfolgen, sobald die Entwicklung begonnen hat. Auf diese Weise können Sie feststellen, ob die ursprüngliche Kostenschätzung realistisch war. Falls dies nicht der Fall ist, nehmen Sie die notwendigen Änderungen vor.

7.8.3 Festes Budget und Entwicklungsteam

Wenn Ihr Budget im Voraus zugewiesen wurde und Sie weder ein bestehendes Entwicklungsteam vergrößern noch neue Teams hinzufügen können, dann fragen Sie die Teammitglieder, ob sie zuversichtlich sind, dass sie die Produktziele auf der Roadmap innerhalb des gewünschten Zeitrahmens erreichen können. Achten Sie darauf, die Mitglieder des Entwicklungsteams nicht unter Druck zu setzen. Wenn die Antwort Nein lautet, passen Sie Ihre Roadmap an. Reduzieren Sie den Anspruch an die Produktziele oder verlängern Sie den Zeitrahmen. Überarbeiten Sie den Plan so lange, bis er machbar ist und mit einer nachhaltigen Geschwindigkeit umgesetzt werden kann.

7.9 Halten Sie die Produktziele, Termine und Kosten im Gleichgewicht

Theoretisch würden Sie gerne alle Produktziele der Roadmap pünktlich und innerhalb des Budgets erreichen. Aber in der Praxis ist das nicht immer möglich. So kann es beispielsweise sein, dass technische Herausforderungen Sie daran hindern, die gewünschte Wirkung zum richtigen Zeitpunkt zu erzielen, oder dass es nicht möglich ist, genügend Personen mit den richtigen Fähigkeiten einzustellen. Ein ausgewogenes Verhältnis zwischen Zielen, Terminen und Kosten wird Ihnen helfen, den Wert Ihres Produkts zu maximieren und gleichzeitig sicherzustellen, dass Ihre Roadmap realistisch und umsetzbar ist, d.h., dass sie ohne Abstriche bei der nachhaltigen Geschwindigkeit und ohne technische Schulden umgesetzt werden kann.[8]

7.9.1 Das eiserne Dreieck

Ein praktisches Werkzeug zur Veranschaulichung, dass Produktziel, Zeit und Kosten nicht gleichzeitig festgelegt werden können, ist das *eiserne Dreieck*. Das in Abbildung 7–3 dargestellte Dreieck verbindet die drei Schlüsselfaktoren Produktziel, Zeit und Kosten.[9] Jeder Faktor bildet eine der Spitzen des Dreiecks.

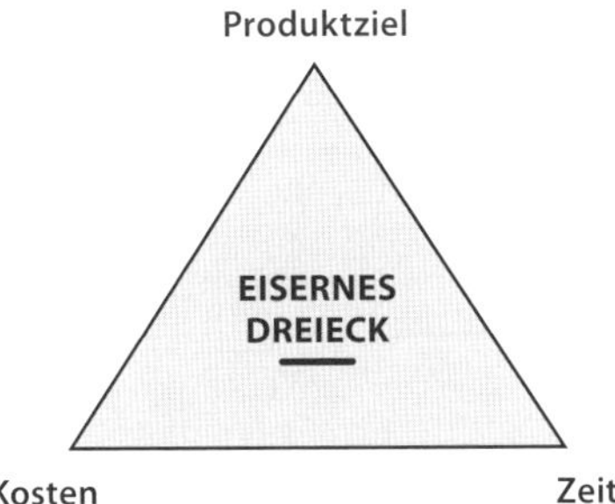

Abb. 7–3 *Das überarbeitete eiserne Dreieck*

8. Wie bereits erwähnt, kann es zu einem Rückgang der Kreativität, der Motivation und der Produktivität kommen, wenn von den Mitarbeitenden zusätzliche Arbeit abverlangt wird. Darunter können das Wohlbefinden und die Gesundheit der Menschen leiden. Dies kann dazu führen, dass einzelne Personen das Team oder sogar das Unternehmen verlassen. Die Verschlechterung der Softwarequalität und das Entstehen technischer Schulden erschweren künftige Aktualisierungen und Änderungen am Produkt.
9. Traditionell betrachtet das eiserne Dreieck den Umfang, die Zeit und das Budget. Um es für zielgerichtete Roadmaps zu optimieren, habe ich in Abbildung 7–3 den Umfang durch das Produktziel ersetzt.

Das eiserne Dreieck besagt, dass mindestens eine seiner Ecken flexibel bleiben und als Ventil für unvorhergesehene Ereignisse dienen muss. Sie können nicht alle drei Faktoren festschreiben. Andernfalls besteht die Gefahr, dass die Qualität beeinträchtigt wird und die Mitarbeitenden Überstunden machen – beides ist nicht wünschenswert. Wie bereits erwähnt, erschweren Qualitätseinbußen Änderungen und Verbesserungen des Produkts in der Zukunft. Überstunden führen voraussichtlich zu geringerer Produktivität, sinkender Motivation und im schlimmsten Fall, wenn sie zu lange andauern, zu gesundheitlichen Problemen. Ich kenne mehrere Personen, die Herzinfarkte und Bandscheibenvorfälle erlitten und mit dauerhaften Nahrungsmittelunverträglichkeiten zu tun haben, weil sie über einen längeren Zeitraum hinweg hohem Stress in der Softwareentwicklung ausgesetzt waren. Kein Produkt ist es wert, diesen Preis zu zahlen. Legen Sie deshalb die Softwarequalität als nicht verhandelbar fest und akzeptieren Sie, dass die Roadmap mit regulären Arbeitszeiten umgesetzt wird.[10]

Wenn aber nicht alle Eckpunkte fixiert werden können, welche müssen Sie dann festlegen? Welcher der drei Faktoren ist der wichtigste? Um diese Frage zu beantworten, müssen Sie den primären Erfolgsfaktor bestimmen.

7.9.2 Primärer Erfolgsfaktor

Der primäre Erfolgsfaktor ist das Element, das sich am stärksten auf den Erfolg des Produkts auswirkt – das Erreichen des Ziels, die rechtzeitige Freigabe der Software oder die Einhaltung des Budgets [Kerzner 2013]. Manchmal ist der primäre Erfolgsfaktor offensichtlich. Wenn Sie z.B. wissen, dass Ihr Produkt zum Weihnachtsgeschäft oder zu einer großen Messe fertig sein muss, dann ist die pünktliche Lieferung ein Muss und damit der primäre Erfolgsfaktor. Wenn Sie jedoch unsicher sind, führen Sie eine Wirkungsanalyse durch. Fragen Sie sich, ob das teilweise Erreichen des Produktziels, die verspätete Freigabe oder die Überschreitung des Budgets die schlimmsten Auswirkungen auf die Wertschöpfungsfähigkeit des Produkts haben würde.

10. Wie ich bereits im Kapitel 5 erläutert habe, empfehle ich, die Softwarequalität und die nachhaltige Geschwindigkeit zu Ihren KPIs hinzuzufügen. So können Sie sicherstellen, dass die Produkt- und Entwicklungsteams gesund bleiben. Darüber hinaus ist in einem agilen Framework wie Scrum die Qualität in der Definition of Done verankert und die Mitglieder des Entwicklungsteams können selbst entscheiden, wie viel Arbeit sie in einem Sprint übernehmen können. Ein anderes agiles Framework, Extreme Programming, bietet eine Praxis an, die als *40-Stunden-Woche* bezeichnet wird [Beck 2000]. Sie besagt, dass die Mitarbeitenden zwei Wochen hintereinander keine Überstunden machen dürfen – was ich schon immer für eine sehr praktische Anwendung von nachhaltiger Geschwindigkeit gehalten habe.

Nehmen wir an, ich mache mit meiner Familie einen Ausflug und wir haben im Voraus eine Übernachtung in einem Hotel gebucht. Die Übernachtung in diesem Hotel wäre dann mein wichtigster Erfolgsfaktor. Und zwar aus folgendem Grund: Es nicht bis zum Hotel zu schaffen und im Auto schlafen zu müssen, wäre schlimmer, als zu spät zu kommen oder das Reisebudget zu erhöhen, indem wir z. B. schnellere Mautstraßen benutzen.

Sobald Sie den primären Erfolgsfaktor gefunden haben, müssen Sie ihn schützen. Wenn es zum Beispiel die pünktliche Lieferung ist, sollten Sie alles tun, um Ihr Produkt pünktlich auszuliefern. Nehmen wir als Beispiel das erste iPhone. Um das Produkt pünktlich auf den Markt zu bringen, war Apple bereit, einige Leistungsmerkmale nur teilweise zu implementieren und die Kosten zu erhöhen, indem mehr Personen in die Entwicklung einbezogen wurden. Die allererste Version wurde z. B. ohne die Möglichkeit ausgeliefert, Textnachrichten an mehrere Empfänger zu senden – ein Leistungsmerkmal, das jedes normale Mobiltelefon bietet. Wie dieses Beispiel zeigt, erfordert der Schutz des primären Erfolgsfaktors, dass Sie bei mindestens einem anderen Faktor Flexibilität zeigen.

7.9.3 Sekundärer Erfolgsfaktor

Es ist gut, den primären Erfolgsfaktor identifiziert zu haben. Aber oft reicht das nicht aus, und Sie werden von der Ermittlung des sekundären Erfolgsfaktors profitieren. Wie der Name schon sagt, hat dieser Faktor den zweitgrößten Einfluss auf die Wertschöpfung des Produkts.

Nehmen wir das Beispiel der Reise von vorhin. Wenn das Erreichen des Hotels mein primärer Erfolgsfaktor ist, dann ist es immer noch hilfreich zu wissen, ob ich pünktlich ankommen muss oder ob es besser ist, mein Reisebudget einzuhalten. Dies ermöglicht mir, die richtigen Entscheidungen zu treffen. Um herauszufinden, was wichtiger ist, würde ich die Auswirkungen einer verspäteten Ankunft und eines verpassten Abendessens gegen die Möglichkeit abwägen, mehr Geld auszugeben, um die Reise zu beschleunigen und das Hotel schneller zu erreichen. Ich persönlich würde lieber das Reisebudget überziehen, als mit einem knurrenden Magen zu schlafen. Damit wird das pünktliche Erreichen des Hotels zum zweitwichtigsten Erfolgsfaktor.

Da der sekundäre Erfolgsfaktor nicht so entscheidend ist wie der primäre, sollten Sie ihn so gut wie möglich schützen. Bewahren Sie sich dabei aber ein gewisses Maß an Flexibilität. Übertragen auf das Beispiel der Reise könnte dies bedeuten, dass ich später als geplant, aber noch rechtzeitig zum Abendessen ankomme.

7.9.4 Feste vs. sich ändernde Erfolgsfaktoren

Manchmal gelten die primären und sekundären Erfolgsfaktoren für die gesamte Roadmap. In anderen Fällen trifft das nicht zu. Bei der Entwicklung eines neuen Produkts müssen Sie beispielsweise das anfängliche Produktziel vollständig erreichen (primärer Faktor) und Ihr Bestes tun, um das Produkt innerhalb eines bestimmten Zeitrahmens auf den Markt zu bringen (sekundärer Faktor). Für den weiteren Verlauf der Roadmap könnte jedoch die termingerechte Lieferung zum primären Erfolgsfaktor werden und das vollständige Erreichen der Produktziele zum sekundären.

Beachten Sie, dass das Gleichgewicht zwischen den Produktzielen, den Terminen und dem Budget es erforderlich machen kann, Ihre Produkt-Roadmap iterativ zu überarbeiten, bis Sie einen akzeptablen Kompromiss gefunden haben. Das gilt insbesondere, wenn ein erhebliches Maß an Ungewissheit oder Änderung besteht.

7.10 Leiten Sie das Product Backlog von der Roadmap ab

Bevor ich eine Reise antrete, gebe ich normalerweise mein Ziel in einen Routenplaner ein und wähle die gewünschte Strecke aus. Auf der Grundlage dieser Auswahl bietet mir die App detaillierte Anweisungen, die mich während der Fahrt leiten. In ähnlicher Weise muss Ihr Product Backlog auf der Roadmap basieren: Es muss die Arbeiten enthalten, die notwendig sind, um die von Ihnen gesetzten Produktziele zu erreichen.

Sie können diesen Ansatz noch weiterverfolgen und Ihr Product Backlog auf das nächste Produktziel ausrichten. Führen Sie dazu gemeinsam mit den Mitgliedern des Entwicklungsteams die folgenden vier Schritte durch:[11]

- Kopieren Sie das nächste Produktziel aus Ihrer Produkt-Roadmap in Ihr Product Backlog.
- Entfernen Sie alle Elemente, die zur Erreichung des Ziels nicht erforderlich sind.
- Kopieren Sie die Leistungsmerkmale, die zum Produktziel gehören, aus der Roadmap in das Backlog. Fragen Sie sich dann, welche zusätzlichen Elemente notwendig sind, um das Ziel zu erreichen, und fügen Sie diese dem Product Backlog hinzu.
- Priorisieren Sie das Backlog, zerlegen Sie die Elemente mit hoher Priorität und verfeinern Sie sie, damit sie für die Umsetzung bereit sind.

11. Dieser Ansatz steht im Einklang mit dem Scrum Guide 2020, der das Konzept des Produktziels in das Scrum-Framework einführt. Weitere Informationen finden Sie unter *https://scrumguides.org*.

Dieser Ansatz bietet zwei Vorteile: Zunächst verbindet er systematisch die Produkt-Roadmap mit dem Product Backlog: Letzteres wird aus Ersterem abgeleitet. Außerdem wird der Umfang des Product Backlog durch die Konzentration auf jeweils ein Produktziel deutlich reduziert. Ein solches Backlog ist leichter zu verwalten, zu priorisieren, zu verfeinern und zu aktualisieren als ein Backlog, das beispielsweise die nächsten zwölf Monate abdeckt. Dies ist besonders hilfreich, wenn Sie mit Unsicherheiten, Risiken und Innovationen konfrontiert sind, z.B. wenn Ihr Produkt brandneu oder jung ist oder wenn Sie eine größere Änderung vornehmen wollen, z.B. das Hinzufügen neuer Leistungsmerkmale, die Anpassung des Geschäftsmodells oder die Änderung des Technologie-Stacks.[12]

Beachten Sie jedoch, dass die Verbindung zwischen der Produkt-Roadmap und dem Product Backlog bidirektional ist: Das Backlog kann auch die Roadmap beeinflussen. Größere Backlog-Änderungen können zu Anpassungen der Roadmap führen. Wenn z.B. der verbleibende Aufwand im Product Backlog aufgrund des Nutzerfeedbacks steigt, kann dies ein Hinweis darauf sein, dass das Ziel nicht wie erwartet erreicht werden kann. Folglich müssen Sie es möglicherweise anpassen. Dies könnte einen Dominoeffekt haben und dazu führen, dass andere Produktziele oder Termine in der Roadmap aktualisiert werden. Wenn die Entwicklungsarbeiten nicht so schnell voranschreiten wie erwartet, müssen Sie die Produkt-Roadmap anpassen und z.B. das Ziel oder den Termin ändern. Es ist daher wichtig, dass Sie die Produkt-Roadmap und das Product Backlog synchron halten, wie ich im Kapitel 8 näher erläutere.

Umgang mit einem bestehenden Product Backlog Backlog

Wenn Sie in der Situation sind, dass Sie ein bestehendes Product Backlog übernommen haben, aber keine Produkt-Roadmap haben, dann gibt es zwei Möglichkeiten: Sie können die Roadmap aus dem Backlog ableiten oder ganz von vorne anfangen und das bestehende Product Backlog verwerfen.

Im ersten Fall könnten Sie zusammenhängende Backlog-Einträge gruppieren, die Ergebnisse ermitteln, die Sie durch deren Umsetzung erreichen könnten, und diese Ergebnisse dann zur Ableitung einer zielgerichteten Roadmap verwenden. Im zweiten Fall würden Sie eine Produkt-Roadmap aus der Produktstrategie ableiten – vorausgesetzt, es existiert eine validierte

12. Ich finde es hilfreich, bestehende Anforderungen generell als Verbindlichkeit und nicht als Vermögenswert zu betrachten. »Schließlich beschreibt eine Anforderung lediglich Produktfunktionalität, welche zu einem bestimmten Zeitpunkt als notwendig erachtet wurde. Doch Anforderungen könnten rasch obsolet werden: Markt und die Technologien ändern sich, und das Scrum-Team lernt im Lauf des Projekts immer besser zu verstehen, wie Kundenbedürfnisse am besten adressiert werden« ([Pichler 2014], S. 60).

Strategie – und dann die vier oben genannten Schritte befolgen, um ein neues Product Backlog zu erstellen. Anschließend können Sie anhand des alten Product Backlog überprüfen, ob Sie etwas Wichtiges übersehen haben, und wenn dies der Fall ist, das neue Backlog anpassen. Anschließend löschen oder archivieren Sie das alte Backlog.

Ich bevorzuge den zweiten Ansatz und leite aus der Roadmap ein neues Product Backlog ab. Auf diese Weise wird sichergestellt, dass die beiden Pläne effektiv miteinander verbunden sind, dass das neue Backlog übersichtlich ist und dass die darin enthaltenen Punkte erforderlich sind, um das gewählte Produktziel zu erreichen.

7.11 Stimmen Sie verwandte Produkte mit einer Portfolio-Roadmap aufeinander ab

Einige Produkte sind aufgrund ihrer Beschaffenheit eng mit anderen Produkten verbunden. Dies gilt insbesondere für unterstützende Produkte und interne Softwareplattformen. Wenn dies auf Ihr Produkt zutrifft, können Sie von einer Portfolio-Roadmap profitieren: einem Plan, der zeigt, wie sich eine Gruppe verwandter Produkte gemeinsam entwickeln wird. Die Verwendung einer Portfolio-Roadmap kann die Koordinierung der Entwicklung und Freigabe verwandter Produkte erleichtern und Ihnen helfen, die Abhängigkeiten zwischen den Produkten zu erkennen und zu managen. Abbildung 7–4 zeigt meine bevorzugte, auf der GO-Roadmap basierende Version einer Portfolio-Roadmap.

TERMIN/ZEITRAHMEN					
PORTFOLIO α	**PRODUKT A**				
	Ziel				
	Leistungsmerkmale				
	Metriken				
	PRODUKT B				
	Ziel				
	Leistungsmerkmale				
	Metriken				

Abb. 7–4 *Die GO Portfolio Roadmap*

Die GO Portfolio Roadmap in Abbildung 7–4 fasst die Roadmaps mehrerer verwandter Produkte in einem einzigen zielgerichteten Plan zusammen. Der obere Abschnitt zeigt die gemeinsamen Termine oder Zeitrahmen des Portfolios an. Anschließend werden die Produkte aufgeführt, die das Portfolio bilden: Produkt A und Produkt B. Jedes Produkt hat seine eigenen Ziele, Leistungsmerkmale und Metriken. Sie können einer Portfolio-Roadmap natürlich auch mehr als zwei Produkte hinzufügen. Achten Sie jedoch darauf, dass der Plan lesbar und leicht verständlich bleibt. Portfolio-Roadmaps mit mehr als fünf Produkten können aufgrund der Fülle an Informationen unübersichtlich und schwer nachvollziehbar sein.

Wenn Sie ein größeres Portfolio haben, sollten Sie eine Portfolio-Roadmap verwenden, die nur die Produkte enthält, die besonders eng miteinander verbunden sind. Diese ergänzen Sie durch einzelne Produkt-Roadmaps für die anderen Produkte des Portfolios. Nehmen wir an, Sie verwalten ein Produktportfolio wie Microsoft Office und wollen dessen Kernprodukte aufeinander abstimmen. Bei diesem Beispiel würde ich empfehlen, eine Portfolio-Roadmap für Word, PowerPoint und Excel zu erstellen und individuelle Roadmaps für die anderen Produkte wie Outlook und Teams.

Wenn Ihr Produkt durch eine große Anzahl von Abhängigkeiten eingeschränkt ist, reicht eine Portfolio-Roadmap unter Umständen nicht aus. Möglicherweise müssen Sie einige der Abhängigkeiten aufbrechen, wie im Abschnitt 7.5 beschrieben.

7.12 Nutzen Sie gemeinsame Workshops

Eine gute Möglichkeit, die Stakeholder und die Mitglieder des Entwicklungsteams in die Roadmap-Arbeit einzubeziehen, sind gemeinsame Workshops – ob online oder vor Ort –, wie sie im Kapitel 2 beschrieben sind.

Die Durchführung eines solchen Workshops bietet die folgenden drei Vorteile:

- Es hilft Ihnen, bessere Entscheidungen zu treffen, indem Sie die kollektive Kreativität und das Fachwissen der Teilnehmenden nutzen. Dies erleichtert die Erstellung einer Roadmap, die den Wert des Produkts maximiert und realistisch und umsetzbar ist.[13]
- Es schafft ein gemeinsames Verständnis über das Produktziel und richtet die Stakeholder und Mitglieder des Entwicklungsteams auf die Produktziele aus.

13. Während die Fähigkeiten und die Kapazitäten des Entwicklungsteams oft Einfluss darauf haben, ob die Entwicklung eines neuen Produkts oder Leistungsmerkmals möglich ist, habe ich Organisationen erlebt, in denen das Marketing, die Rechtsabteilung oder eine andere Geschäftseinheit den Engpass darstellten und somit die Machbarkeit der Roadmap bestimmten.

- Es führt zu einer höheren Akzeptanz. Wenn man Menschen dazu einlädt, zu einer Entscheidung beizutragen, erhält man in der Regel mehr Unterstützung und erhöht die Wahrscheinlichkeit, dass die Roadmap umgesetzt wird und die darin festgelegten Ziele verfolgt werden.

Beginnen Sie den Workshop mit einem kurzen Rückblick auf die Produktstrategie. Im Idealfall waren die Teilnehmenden an der Erstellung und Validierung der Strategie beteiligt und sind bereits mit ihr vertraut. Befolgen Sie dann die zuvor in diesem Kapitel beschriebenen Praktiken: Wählen Sie die richtigen Produktziele aus, machen Sie die Ziele spezifisch und messbar und ordnen Sie sie. Leiten Sie wichtige Leistungsmerkmale ab; legen Sie Termine und Kosten fest und stimmen Sie schließlich Ziele, Termine und Kosten ab. Achten Sie außerdem darauf, dass Sie die richtigen Techniken der kollaborativen Entscheidungsfindung anwenden, einschließlich der folgenden vier Methoden, die auf [Pichler 2022] basieren.[14]

- **Bitten Sie Ihren Scrum Master, den Workshop zu moderieren.**
  Dies ist vor allem dann von Vorteil, wenn sich die Personen noch nicht kennen und einander noch nicht vertrauen und wenn sie noch nicht mit kollaborativer Entscheidungsfindung vertraut sind. Außerdem können Sie sich so darauf konzentrieren, einen Beitrag zur Roadmap zu leisten, anstatt dafür zu sorgen, dass jede Person gehört wird und niemand dominiert.
- **Verwenden Sie Konsent als Entscheidungsregel.**
  Dies bedeutet, dass eine Entscheidung getroffen wird, wenn niemand dagegen ist und es keine bedeutenden Einwände gibt. Ich habe die Erfahrung gemacht, dass ein Konsent vergleichsweise schnell zu erreichen ist und dass dadurch in der Regel eine ausreichend Zustimmung für Roadmap-Entscheidungen erzeugt wird.
- **Gehen Sie mit gutem Beispiel voran.**
  Hören Sie den Personen aufmerksam zu und bleiben Sie dabei aufgeschlossen. Treffen Sie Ihre Entscheidungen auf der Grundlage empirischer Erkenntnisse und nicht nach dem Bauchgefühl oder der Meinung der bestbezahlten Personen (HiPPO).
- **Überstürzen Sie die Arbeit an der Roadmap nicht.**
  Nehmen Sie sich vor allem für die Festlegung der richtigen Produktziele ausreichend Zeit. Sie sind das Rückgrat einer effektiven, zielgerichteten und wirkungsorientierten Produkt-Roadmap.

14. Weitere Entscheidungstechniken finden Sie im Abschnitt 2.6.

Die Anwendung der oben genannten Techniken wird Ihnen dabei helfen, die richtigen Entscheidungen zu treffen und gleichzeitig die größtmögliche Zustimmung von den Stakeholdern und Mitgliedern des Entwicklungsteams zu erhalten. Darüber hinaus wird das Risiko gemindert, dass einzelne Personen den Inhalt der Roadmap dominieren und diktieren oder dass Sie am Ende einen schwachen Kompromiss eingehen und sich auf den kleinsten gemeinsamen Nenner einigen – beides wird voraussichtlich nicht zu einer effektiven Produkt-Roadmap führen.

Planen Sie für den Workshop zwei bis vier Stunden ein. Wenn Sie deutlich mehr Zeit benötigen, kann dies ein Hinweis darauf sein, dass Sie nicht die notwendige Recherchearbeit geleistet haben, dass Ihre Produktstrategie nicht ausreichend validiert wurde oder dass Sie nicht die richtigen Entscheidungstechniken anwenden.

8 Überprüfung der Produkt-Roadmap

Intelligenz ist die Fähigkeit, sich dem Wandel anzupassen.

Stephen Hawking

Es kann verlockend sein, die Produkt-Roadmap als einen feststehenden Plan zu betrachten, der einfach nur gut umgesetzt werden muss. Doch das wäre falsch. Auch bei sorgfältiger Planung können in der Produktentwicklung unvorhergesehene Dinge passieren. Wie Murphys Gesetz besagt: »Alles, was schiefgehen kann, wird auch schiefgehen.«[1] Der Fortschritt ist vielleicht nicht so schnell wie erwartet, der Aufwand zum Erreichen eines Produktziels könnte höher sein als ursprünglich geschätzt, oder eine der Technologien könnte Probleme verursachen. Da sich diese Herausforderungen auf Ihre Produkt-Roadmap auswirken können, ist es wichtig, den Plan regelmäßig zu überprüfen und zu aktualisieren. Nur so können Sie sicherstellen, dass Ihre Roadmap den aktuellen Gegebenheiten und Bedürfnissen gerecht wird.[2]

8.1 Verfolgen Sie den Entwicklungsfortschritt

Angenommen, ich habe die Route zu meinem Urlaubsziel sorgfältig geplant. Trotz aller Bemühungen werde ich erst dann herausfinden, ob mein Plan stimmt, wenn ich die Reise angetreten habe. Vielleicht stelle ich fest, dass ich freie Fahrt habe und schneller vorankomme als erwartet, oder ich bleibe im zähfließenden Verkehr stecken und es gibt eine Verzögerung. Das Gleiche gilt für Ihre Produkt-Roadmap. Erst wenn Sie mit der Arbeit an einem Produktziel begonnen haben und in der Lage sind, den Entwicklungsfortschritt zu messen, werden Sie herausfinden, ob der Plan richtig ist.

---

1. Siehe *https://de.wikipedia.org/wiki/Murphys_Gesetz*.
2. Es ist seit Langem bekannt, dass ein Plan nicht lange gültig bleibt, vor allem nicht in einem wechselhaften, unbeständigen Umfeld. Helmuth Karl Bernhard Graf von Moltke, ein deutscher Feldmarschall, der im 19. Jahrhundert lebte, stellte bekanntlich fest, dass »kein Operationsplan mit Sicherheit über die erste Begegnung mit der Hauptstärke des Feindes hinausreicht«. Mit anderen Worten: Kein Plan überlebt den ersten Kontakt mit dem Feind [Kenny 2016].

Ein praktisches Werkzeug zur Verfolgung und Vorhersage des Entwicklungsfortschritts ist das in Abbildung 8–1 dargestellte *Release Burndown Chart.*[3]

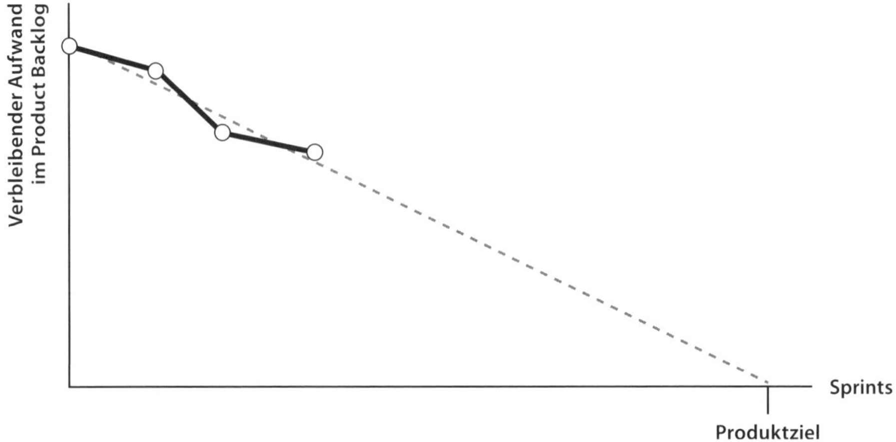

Abb. 8–1 *Release Burndown Chart*

Die horizontale Achse des Release Burndown Chart in Abbildung 8–1 zeigt die Sprints; die vertikale Achse gibt die verbleibende Arbeit im Product Backlog an. Der erste Datenpunkt auf dem Diagramm ist der geschätzte Aufwand im Product Backlog, bevor irgendeine Entwicklung stattgefunden hat.[4] Um zum nächsten Datenpunkt zu gelangen, bestimmen Sie den verbleibenden Aufwand im Product Backlog am Ende des ersten Sprints, nachdem Sie bewertet haben, welche Product-Backlog-Einträge fertiggestellt wurden. Ziehen Sie dann eine Linie zwischen diesen beiden Punkten. Diese Linie wird als *Burndown* bezeichnet. Beachten Sie, dass der Burndown des dritten Sprints langsamer ist als der Burndown des zweiten Sprints. Dies könnte auf einen Geschwindigkeitsrückgang zurückzuführen sein, z.B. weil Teammitglieder im Urlaub, krank oder auf einer Schulung waren. Es könnte aber auch an Änderungen im Product Backlog liegen: Aufgrund des Feedbacks auf das letzte Produktinkrement könnten neue Elemente zum Backlog hinzugefügt worden sein. Oder die Mitglieder des Entwicklungsteams haben einige der Aufwandsschätzungen korrigiert. Folglich hat sich der Aufwand im Product Backlog erhöht.

3. Das Release Burndown Chart ist ein in Scrum häufig verwendetes Werkzeug; eine ausführlichere Beschreibung dieses Werkzeugs finden Sie bei [Cohn 2005]. Wenn Sie z.B. mit einem Kanban-basierten Prozess arbeiten, möchten Sie vielleicht stattdessen eine Alternative wie das *kumulative Flussdiagramm* verwenden [Anderson 2011]. Unabhängig davon, für welches Werkzeug Sie sich entscheiden, sollte es Ihnen helfen zu verstehen, ob das Ziel, an dem Sie arbeiten, innerhalb des Zeit- und Budgetrahmens erreicht werden kann.
4. Dabei wird davon ausgegangen, dass das Entwicklungsteam für alle Product-Backlog-Einträge, die zur Erreichung des Produktziels erforderlich sind, Schätzungen auf einer hohen Flugebene abgeben kann.

Sobald der Burndown einige Sprints umfasst, sollte sich ein Trend abzeichnen, der Sie in die Lage versetzt, den zukünftigen Fortschritt zu prognostizieren. Diese Prognose wird durch die gepunktete Linie in Abbildung 8–1 dargestellt. Glücklicherweise zeigt diese Linie an, dass alles nach Plan läuft, dass die Backlog-Einträge innerhalb des gewünschten Zeitrahmens geliefert werden können und dass das Produktziel wie geplant erreicht werden kann. Aber das ist nicht immer der Fall. Wenn die Prognose ergibt, dass das Ziel nicht in vollem Umfang rechtzeitig erreicht werden kann, sollten Sie erkennen, dass die Entwicklungsarbeit derzeit aus der Spur geraten ist. Suchen Sie dann gemeinsam mit den Mitgliedern des Entwicklungsteams nach den Ursachen. Es könnte sich herausstellen, dass es dem Team an Personen oder Fähigkeiten mangelt, dass nicht wie erwartet einige der Technologien eingesetzt werden können oder mehr Leistungsmerkmale implementiert werden müssen. Sobald Sie die Ursachen ermittelt haben, ergreifen Sie, basierend auf Ihrem primären Erfolgsfaktor, die richtigen Maßnahmen. So können Sie beispielsweise beschließen, das Ziel abzuschwächen, den Termin zu verschieben oder das Budget zu erhöhen. Aktualisieren Sie dann die Produkt-Roadmap, wie im nächsten Abschnitt beschrieben.

8.2 Überprüfen und passen Sie die Roadmap an

Um Ihre Produkt-Roadmap wirksam überprüfen und aktualisieren zu können, müssen Sie die richtigen Daten berücksichtigen und die Überprüfungen in der richtigen Häufigkeit durchführen. Betrachten wir nun diese beiden Aspekte, beginnend mit den Überprüfungsfaktoren, den Daten, die Ihnen helfen zu beurteilen, ob die Roadmap noch Bestand hat.

8.2.1 Überprüfungsfaktoren

Es gibt drei Faktoren, anhand derer Sie feststellen können, ob die Produkt-Roadmap angepasst werden muss: Änderungen der Produktstrategie, der Arbeitsfortschritt und Änderungen im Product Backlog.

- **Die Produktstrategie ändert sich.**
  Wenn die Produktstrategie geändert wird, muss in der Regel auch die Roadmap angepasst werden. Insbesondere die Produktziele müssen ersetzt oder überarbeitet werden. Dadurch wird sichergestellt, dass die Produkt-Roadmap weiterhin ein umsetzbarer Plan ist, der mit der Strategie übereinstimmt.[5]

5. Im Abschnitt 5.2 finden Sie Hinweise dazu, wann und wie Sie Änderungen an der Produktstrategie vornehmen sollten.

- **Fortschritt**
  Überlegen Sie, wie weit die Arbeit an dem Produkt fortgeschritten ist. Ist die Entwicklung auf dem richtigen Weg? Werden Sie voraussichtlich das aktuelle Produktziel rechtzeitig und im Rahmen des Budgets erreichen? Und wie geht es mit der Arbeit der Stakeholderinnen voran? Werden z.B. die Marketing- und Vertriebsmaterialien rechtzeitig zur Verfügung stehen? Wenn der Fortschritt langsamer oder schneller als erwartet ist, sollten Sie überprüfen, ob die Roadmap noch gültig ist. Wenn dies nicht der Fall ist, passen Sie sie an. Möglicherweise müssen Sie sogar die Ziele und Termine sowie die Metriken und Leistungsmerkmale anpassen.
- **Änderungen im Product Backlog**
  Überprüfen Sie, ob es größere Änderungen am Product Backlog gibt. Haben Sie auf der Grundlage des Feedbacks, das Sie von Nutzerinnen erhalten haben, Product-Backlog-Einträge hinzugefügt, entfernt oder wesentlich geändert? Erfordern diese Änderungen eine Aktualisierung der Roadmap? Müssen Sie zum Beispiel einige der Ziele oder deren Leistungsmerkmale anpassen? Die Durchführung dieser Arbeiten hilft Ihnen, Roadmap und Backlog synchron zu halten. So vermeiden Sie, dass die beiden Pläne auseinanderlaufen und inkonsistent werden.

Beachten Sie, dass Erkenntnisse aus der Arbeit am Produkt – von der Entwicklung des eigentlichen Produkts über die Messung des Fortschritts, das Sammeln von Nutzerfeedback und die Anpassung des Product Backlog – zu Änderungen der Produkt-Roadmap führen können. Wenn diese signifikant sind, können sie eine Änderung der Produktstrategie nach sich ziehen. Strategie und Umsetzung sind demnach, wie in der *Einleitung* des Buches beschrieben, miteinander verbunden. Die Strategie leitet die Arbeit am Produkt, und die Arbeit am Produkt generiert Informationen für strategische Produktentscheidungen.

Brooks'sches Gesetz

Um ein Ziel fristgerecht zu erreichen, könnte man versucht sein, mehr Personen in die Entwicklungsarbeit einzubeziehen und das Budget zu erhöhen. Die Skalierung muss jedoch sorgfältig geplant werden und darf keine Brandbekämpfungsmaßnahme sein. Wie das Brooks'sche Gesetz besagt: »Der Einsatz von zusätzlichen Arbeitskräften in einem verspäteten Softwareprojekt verzögert dieses nur noch mehr« [Brooks 1995]. Hierfür gibt es zwei Gründe: Erstens brauchen die neuen Mitglieder in der Regel Zeit und Hilfe, um sich einzuarbeiten, und zweitens wirkt sich ein Teamwechsel tendenziell negativ auf die Gruppendynamik aus. Beide Faktoren führen zunächst zu einem Produktivitätsrückgang. Wenn die Entwicklung nur langsam vorankommt, könnte es daher die beste Option sein, das Produktziel und den Termin anzupassen, anstatt das Budget zu erhöhen und mehr Leute einzustellen.

8.2.2 Häufigkeit der Überprüfung

Um sicherzustellen, dass Ihre Produkt-Roadmap valide und umsetzbar bleibt, empfehle ich den folgenden dualen Ansatz: Kombinieren Sie Sprint-Ende-Reviews und vierteljährliche strategische Reviews, um den Plan zu bewerten.

- **Sprint-Ende-Reviews**
  Betrachten Sie am Ende eines jeden Sprints die neuesten Entwicklungsfortschritte und das Feedback der Nutzerinnen. Beurteilen Sie, ob das aktuelle Produktziel innerhalb des Zeit- und Budgetrahmens erreicht werden kann. Wenn dies nicht der Fall ist, ermitteln Sie die Auswirkungen auf die Produkt-Roadmap und passen Sie den Plan wie oben beschrieben an. Um unnötigen Mehraufwand zu vermeiden, empfehle ich Ihnen, diese Arbeit in die regelmäßigen Sprint-Review-Meetings einzubetten.
- **Vierteljährliche Überprüfungen**
  Bewerten Sie die Produkt-Roadmap zusammen mit der Produktstrategie alle drei Monate. Die Kombination von Strategie- und Roadmap-Überprüfungen erspart Ihnen ein zusätzliches Meeting und stellt sicher, dass die beiden Pläne eng aufeinander abgestimmt bleiben. (Weitere Informationen finden Sie im Abschnitt 5.2).

Beachten Sie, dass Sprint-Ende-Reviews besonders dann hilfreich sind, wenn Sie mit einem hohen Maß an Unsicherheit und Veränderungen konfrontiert sind, z.B. wenn Ihr Produkt noch jung ist oder wenn Sie eine größere Änderung an einem bestehenden Angebot vornehmen. Sobald Ihr Produkt eine Phase der Stabilität durchläuft oder in die Wachstumsphase eingetreten ist, können Sie überlegen, die Sprint-Ende-Reviews wegzulassen und zumindest vorerst nur vierteljährliche Überprüfungen durchzuführen. Machen Sie aber nicht den Fehler, auf die nächste vierteljährliche Überprüfung zu warten, wenn eine größere Änderung der Roadmap dringend erforderlich ist. Planen Sie stattdessen so bald wie möglich einen Workshop ein, damit Sie den Plan gemeinsam anpassen können.

Das Sprint-Review-Meeting in Kurzform

Das Sprint-Review-Meeting ist wahrscheinlich das wichtigste Scrum-Event für Produktpersonen. Es hilft Ihnen zu verstehen, was in einem Sprint erreicht wurde, und Feedback zum letzten Produktinkrement zu sammeln. Ersteres ermöglicht es Ihnen, das Release Burndown Chart zu erstellen oder zu aktualisieren, den Entwicklungsfortschritt zu beurteilen sowie die Entwicklungsteams und die wichtigsten Stakeholderinnen, die regelmäßig an dem Meeting teilnehmen sollten, neu auszurichten.

Das Sammeln von Nutzerfeedback hilft Ihnen, das Produktinkrement und die detaillierten Produktentscheidungen, die Sie getroffen haben, zu validieren, neue Möglichkeiten zur Änderung und Verbesserung des Produkts zu entdecken und, falls erforderlich, das Product Backlog und die Produkt-Roadmap zu aktualisieren. Dies setzt allerdings voraus, dass (ausgewählte) Nutzerinnen und Kundinnen bei dem Treffen anwesend sind und eine Methode wie eine Produktdemo verwendet wird, um das Feedback zu sammeln. Weitere Informationen zur effektiven Nutzung des Meetings finden Sie bei [Pichler 2017].

8.3 Beziehen Sie richtigen Leute mit ein und nehmen Sie die Einzelnen mit in die Verantwortung

Es wird Sie wahrscheinlich nicht überraschen, dass ich empfehle, die wichtigsten Stakeholderinnen und Mitglieder des Entwicklungsteams in die Überprüfung und Aktualisierung der Produkt-Roadmap einzubeziehen. Auf diese Weise können Sie deren Fachwissen nutzen und die richtigen Roadmap-Entscheidungen treffen, ein gemeinsames Verständnis schaffen und ihre Zustimmung maximieren. Eine gute Möglichkeit, die notwendigen Personen einzubinden, besteht darin, sie zu den vierteljährlichen Überprüfungen einzuladen. Gestalten Sie diese Treffen, wie im vorherigen Kapitel beschrieben, als gemeinsame Workshops. Seien Sie jedoch vorsichtig und sagen Sie nicht zu jeder Idee oder Anfrage Ja. Dies würde die Roadmap in eine Wunschliste verwandeln und möglicherweise zu einem Frankenstein-Produkt mit verpfuschten Leistungsmerkmalen und einem schwachen Wertversprechen führen. Hören Sie sich die Wünsche der Einzelnen aufgeschlossen an, versetzen Sie sich in ihre Lage und versuchen Sie, ihre Bedürfnisse und Interessen zu verstehen. Haben Sie aber auch den Mut, Nein zu sagen, wenn die Anforderung nicht mit der Produktstrategie übereinstimmt oder die Kosten für eine Änderung der Roadmap den Nutzen der Leistungsmerkmale übersteigen.

Vergessen Sie auch nicht, die Stakeholderinnen und die Entwicklungsteams für die Einhaltung der Ziele der Produkt-Roadmap mit in die Verantwortung zu nehmen, vorausgesetzt, sie haben diesen zugestimmt. Stellen Sie sich vor, die Leute, die mit Ihnen reisen, kommen zu spät zu einem Ausflug, vergessen ihr Gepäck oder beschweren sich ständig über die Wahl der Route. Ich vermute, Sie würden ihnen dann ein ehrliches Feedback geben und sie auffordern, ihr Verhalten zu ändern. Ebenso sollten Sie sich nicht scheuen, das Problem anzusprechen, wenn z.B. Personen aus dem Marketing es versäumen, die notwendigen Arbeiten auszuführen. Es ist nicht akzeptabel, dass eine Stakeholderin oder ein Teammitglied absichtlich gegen eine gemeinsame Entscheidung verstößt oder ein vereinbartes Ziel nicht verfolgt.

Wenn eine Person wiederholt und wissentlich gegen die in der Produkt-Roadmap festgehaltenen Entscheidungen verstößt, obwohl sie am Entscheidungsprozess beteiligt war, und Sie mit der Person gesprochen und versucht haben, das Problem einvernehmlich zu lösen, sollten Sie erwägen, sie zu bitten, die Gruppe zu verlassen. In jedem Fall sollten Sie toxisches Verhalten nicht hinnehmen und sich nicht vor schwierigen Gesprächen scheuen. Menschliche Probleme, die nicht angesprochen und behoben werden, verschwinden selten von selbst. Stattdessen werden sie in der Regel größer, beeinträchtigen die Produktivität und erschweren den Umgang mit den betreffenden Personen.

Probleme im Entwicklungsteam angehen

Wenn Sie mit der Arbeit des Entwicklungsteams unzufrieden sind, dann sprechen Sie das Problem in der nächsten Sprint-Retrospektive an. Geben Sie ehrliches Feedback und teilen Sie Ihre Sichtweise mit – aber ohne Wertung und Schuldzuweisung. Seien Sie aufgeschlossen und hören Sie den Vorschlägen der Mitglieder des Entwicklungsteams aktiv zu. Sie könnten zum Beispiel feststellen, dass der langsame Entwicklungsfortschritt durch große und unklare Product-Backlog-Einträge sowie durch eine mangelnde Beteiligung der Teammitglieder an der Verfeinerung des Backlogs verursacht wurde. Diese Ursachen können nur dann vollständig behoben werden, wenn Sie bereit sind, Ihre Arbeitsweise zu ändern.

Wenn ein Problem trotz der Ermittlung seiner Ursachen und der Durchführung von Verbesserungsmaßnahmen fortbesteht, sollten Sie weitere Schritte in Betracht ziehen. Beispielweise könnte es sinnvoll sein, ein Team aufzulösen, dessen Mitglieder an unterschiedlichen Bereichen desselben Produkts arbeiten und damit begonnen haben, zwei Unterteams zu bilden. In einigen Fällen kann es auch notwendig sein, eine Person, die ständig störendes Verhalten zeigt, zu bitten, das Team zu verlassen. Allerdings sollte dem Team keine dieser Änderungen aufgezwungen werden. Gehen Sie stattdessen integrativ vor und suchen Sie nach einer Lösung, die für alle funktioniert. Dies schafft Transparenz, gibt den Menschen die Möglichkeit, sich einzubringen, und verringert das Risiko, dass Einzelne am Ende frustriert sind und sich ungerecht behandelt fühlen, wie ich in [Pichler 2022] ausführlicher darlege.

9 Epilog

Ihre gegenwärtigen Umstände bestimmen nicht, wohin Sie gehen können. Sie bestimmen lediglich, wo Sie anfangen.

Nido Qubein

Ich hoffe, dass Sie die in diesem Buch behandelten Konzepte, Techniken und Werkzeuge hilfreich fanden. Aber genau wie eine Strategie ohne Umsetzung nur von begrenztem Nutzen ist, so ist es auch, wenn Sie dieses Buch lesen und die gewonnenen Erkenntnisse nicht anwenden. Ich möchte Sie daher ermutigen, Ihr neues Wissen in die Tat umzusetzen. Das bedeutet nicht unbedingt, dass Sie die Art und Weise, wie Ihr Unternehmen strategische Produktentscheidungen trifft, grundlegend ändern müssen. Manchmal kann ein kleiner erster Schritt den Weg zu tiefgreifenden Veränderungen weisen. Ein solcher Schritt könnte darin bestehen, auf (potenzielle) Nutzerinnen zuzugehen und mit ihnen zu sprechen, anstatt sich ausschließlich auf Analysedaten und den Input des Vertriebsteams zu verlassen. Es könnte damit beginnen, mit einer zielgerichteten Produkt-Roadmap zu arbeiten oder einen kollaborativen Ansatz zu verfolgen und die wichtigsten Stakeholderinnen und Mitglieder des Entwicklungsteams in strategische Produktentscheidungen einzubeziehen. Wie Laotse sagte, beginnt auch eine Reise von tausend Meilen mit dem ersten Schritt.

Anhang

Über den Autor

Roman Pichler ist als Berater, Trainer und Autor im Bereich Produktmanagement tätig. Er verfügt über eine langjährige Erfahrung in der Ausbildung und Betreuung von Produktmanager:innen und Product Ownern, in der Beratung von Product Leadern und in der Unterstützung von Unternehmen beim Aufbau erfolgreicher Produktmanagement-Organisationen. Er ist Autor mehrerer Bücher, darunter *Agiles Produktmanagement mit Scrum: Erfolgreich als Product Owner arbeiten* und *Leadership im Produktmanagement: Wie Sie Stakeholder und Entwicklungsteams effektiv führen*, schreibt einen beliebten Produktmanagement-Blog und moderiert einen eigenen Podcast. Als Gründer und Geschäftsführer von Pichler Consulting kümmert sich Roman um die Produkte und Dienstleistungen von Unternehmen. Dies hält seine Produktmanagementpraxis auf dem neuesten Stand und ermöglicht es ihm, mit neuen Ideen zu experimentieren. Roman lebt mit seiner Frau und seinen drei Kindern in der Nähe von London, Großbritannien. Sie können Roman unter *www.romanpichler.com* kontaktieren und mehr über seine Arbeit erfahren.

Über den Übersetzer

Stefan Zumbrägel ist seit Langem im agilen Umfeld tätig und aktuell als Certified Scrum Trainer bei der it-agile GmbH beschäftigt. Durch seine mehr als 13-jährige Erfahrung im agilen Umfeld konnte er sich umfassende Kenntnisse in diesem Bereich aneignen. Dabei hat er in verschiedenen Rollen gearbeitet und ein breites Spektrum an Kompetenzen und Erfahrungen gesammelt. Als zertifizierter Scrum-Trainer verfügt Stefan über umfangreiche Erfahrung in der Schulung und Unterstützung von Teams und Einzelpersonen, um Scrum und agile Praktiken erfolgreich einzusetzen. Seine pädagogischen Fähigkeiten und seine tiefgehende Kenntnis agiler Methoden machen ihn zu einem wichtigen Vermittler von Wissen und Fähigkeiten im agilen Bereich. Stefan ist in der agilen Community sowohl national als auch international bekannt. Sie können ihn unter *www.it-agile.de* erreichen, um mehr über seine Arbeit und seine Beiträge zur agilen Welt zu erfahren.

Literatur

[Anderson 2011] Anderson, D.: *Kanban: Evolutionäres Change Management für IT-Organisationen*. Aus dem Englischen übersetzt von Arne Roock und Henning Wolf. dpunkt.verlag, 2011.

[Andreessen 2007] Andreessen, M.: »The only thing that matters«. The PMARCA guide to startups, 25 June 2007. *https://pmarchive.com/guide_to_startups_part4.html*, Zugriff am 11.07.2023.

[Ansoff 1957] Ansoff, I.: »Strategies for Diversification«. Harvard Business Review 35 (5):113–24, 1957.

[Arnold 2016] Arnold, J.: »Qualitative Cost of Delay«. Black Swarm Farming, 2016. *http://blackswanfarming.com/qualitative-cost-delay*, Zugriff am 11.07.2023.

[Baker & Hart 2007] Baker, M.; Hart, S.: *Product Strategy and Management*. 2nd ed., Financial Times/Prentice Hall, 2007.

[Beck 2000] Beck, K.: *Extreme Programming Explained*. Embrace Change. Addison-Wesley, 2000.

[Bland & Osterwalder 2019] Bland, D. J.; Osterwalder, A.: *Testing Business Ideas: A Field Guide for Rapid Experimentation*. John Wiley & Sons, 2019.

[Blank 2014] Blank, S.: »The Key to Startup Success: Get out of the Building«. Inc. Video The Playbook, 2 November 2014. *http://www.inc.com/steve-blank/key-to-success-getting-out-of-building.html*, Zugriff am 11.07.2023.

[Brignull 2021] Brignull, H.: »Type of Dark Patterns«. *https://www.darkpatterns.org/types-of-dark-pattern*, Zugriff am 22.02.2021.

[Brooks 1995] Brooks, F. P.: *The Mythical Man Month and Other Essays on Software Engineering*. 2nd ed., Addison-Wesley, 1995.

[Brown 2009] Brown, T.: *Change by Design*. HarperBusiness, 2009.

[Cagan 2018] Cagan, M.: *Inspired: How to Create Tech Products Customers Love*. 2nd ed., John Wiley & Sons, Kindle Edition, 2018.

[**Case 2015**] Case, A.: Calm Technology: *Designing for Billions of Devices and the Internet of Things*. O'Reilly Media, 2015.

[**Christensen 1997**] Christensen, C. M.: *The Innovator's Dilemma: When New Technologies Cause Great Firms to Fail*. Harvard Business School Press, 1997.

[**Christensen & Raynor 2013**] Christensen, C. M.; Raynor, M. E.: *The Innovator's Solution, Revised and Expanded: Creating and Sustaining Successful Growth*. 2nd ed., Harvard Business Review Press, 2013.

[**Cohn 2005**] Cohn, M.: *Agile Estimating and Planning*. Prentice Hall, 2005.

[**Collins 2005**] Collins, J.: *Built To Last: Successful Habits of Visionary Companies*. Random House Business, 2005.

[**Cooper 1999**] Cooper, A.: *The Inmates Are Running the Asylum*. Sams Publishing, 1999.

[**Coyne 2008**] Coyne, K.: »Enduring Ideas: The GE–McKinsey nine-box matrix«. McKinsey Quarterly, September 2008. *https://www.mckinsey.com/business-functions/strategy-and-corporate-finance/our-insights/enduring-ideas-the-ge-and-mckinsey-nine-box-matrix*, Zugriff am 20.09.2021.

[**Croll & Yoskovitz 2013**] Croll, A.; Yoskovitz, B.: *Lean Analytics. Use Data to Build a Better Startup Faster*. O'Reilly Media, 2013.

[**Cunningham 1992**] Cunningham, W.: »The WyCash Portfolio Management System«. OOPSLA '92 Experience Report, 1992. *http://c2.com/doc/oopsla92.html*, Zugriff am 11.07.2023.

[**Doerr 2018**] Doerr, J.: *Measure What Matters: OKRs: The Simple Idea that Drives 10x Growth*. Portfolio Penguin, 2018.

[**Downes & Nunes 2013**] Downes, L.; Nunes, P.: »Big-Bang Disruption«. Harvard Business Review (May): 44–56, 2013.

[**Drucker 1985**] Drucker, P. F.: *Innovation and Entrepreneurship*. Harper & Row, 1985.

[**Eden & Ackermann 2011**] Eden, C.; Ackermann, F.: *Making Strategy: Mapping Out Strategic Success*. 2nd ed., SAGE Publications, 2011.

[**Gray 2017**] Gray, D.: »Updated Empathy Map Canvas«. Medium. *https://medium.com/the-xplane-collection/updated-empathy-mapcanvas-46df22df3c8a*, Zugriff am 11.07.2023.

[**Henderson 1970**] Henderson, B.: »The Product Portfolio«. BCG Publications, 1970. *https://www.bcg.com/publications/1970/strategy-the-product-portfolio*, Zugriff am 11.07.2023.

[**Islam & Ozcan 2012**] Islam, N.; Ozcan, S.: »Disruptive Product Innovation Strategy: The Case of Portable Digital Music Players«. In: *Disruptive Technologies, Innovation and Global Redesign: Emerging Implications*. Edited by Ndubuisi Ekekwe and Nazrul Islam, 27–45. IGI Global, 2012.

[Kano 1984] Kano, N.: »Attractive Quality and Must-Be Quality«. Journal of the Japanese Society for Quality Control (April): 39–48, 1984.

[Kenny 2016] Kenny, G.: »Strategic Plans Are Less Important than Strategic Planning«. Harvard Business Review, 21 June 2016. *https://hbr.org/2016/06/strategic-plans-are-less-important-than-strategic-planning*, Zugriff am 11.07.2023.

[Kerzner 2013] Kerzner, H. R.: *Project Management: A Systems Approach to Planning, Scheduling, and Controlling*. 11th ed., John Wiley & Sons, 2013.

[Kim & Mauborgne 2004] Kim, W. C.; Mauborgne, R. A.: *Blue Ocean Strategy*. Harvard Business Review Press, 2004.

[Knapp et al. 2016] Knapp, J.; Zeratsky, J.; Kowitz, B.: Sprint: *How To Solve Big Problems and Test New Ideas in Just Five Days*. Bantam Press, 2016.

[Lapowsky 2013] Lapowsky, I.: »Ev Williams on Twitter's Early Years«. Inc.com, 4 October 2013. *www.inc.com/issie-lapowsky/ev-williams-twitter-early-years.html*, Zugriff am 11.07.2023.

[Levitt 1965] Levitt, T.: »Exploit the Product Life Cycle«. Harvard Business Review 43:81–94, 1965.

[Liker 2004] Liker, J.: *The Toyota Way: 14 Management Principles from the World's Greatest Manufacturer*. McGraw-Hill Professional, 2004.

[Martin 2013] Martin, R.: *Playing to Win: How Strategy Really Works*. Harvard Business Review Press, 2013.

[Maurya 2012] Maurya, A.: *Running Lean. Iterate from Plan A to a Plan That Works*. 2nd ed., O'Reilly Media, 2012.

[MacMillan & McGrath 1997] MacMillan, I.; McGrath, R. G.: »Discovering New Points of Differentiation«. Harvard Business Review (July): 133-8, 1997.

[Moon 2005] Moon, Y.: »Break Free from the Product Life Cycle«. Harvard Business Review (May): 86–94, 2005.

[Moore 2006] Moore, G.: *Crossing the Chasm. Marketing and Selling Disruptive Products to Mainstream Customers*. Collins Business Essentials, 2006.

[Nagji & Tuff 2012] Nagji, B.; Tuff, G.: »Managing Your Innovation Portfolio«. Harvard Business Review (May): 66–74, 2012.

[Norton & Kaplan 1996] Norton, D. P.; Kaplan, R. S.: *The Balanced Scorecard: Translating Strategy into Action*. Harvard Business School Press, 1996.

[Osterwalder & Pigneur 2010] Osterwalder, A.; Pigneur, Y.: *Business Model Generation*. John Wiley & Sons, 2010.

[Osterwalder & Pigneur 2014] Osterwalder, A.; Pigneur, Y.: *Value Proposition Design: How to Create Products and Services Customers Want*. John Wiley & Sons, 2014.

[Pichler 2014] Pichler, R.: *Agiles Produktmanagement mit Scrum: Erfolgreich als Product Owner arbeiten*. dpunkt.verlag, 2014.

[Pichler 2016] Pichler, R.: »Scaling the Product Owner Role«. 28 June 2016. *https://www.romanpichler.com/blog/scaling-the-product-owner*, Zugriff am 11.07.2023.

[Pichler 2017] Pichler, R.: »Sprint Review Tips for Product Owners«. 6 November 2017. *https://www.romanpichler.com/blog/sprint-review-tips-for-product-owners*, Zugriff am 11.07.2023.

[Pichler 2022] Pichler, R.: *Leadership im Produktmanagement: Wie Sie Stakeholder und Entwicklungsteams effektiv führen*. dpunkt.verlag, 2022.

[Porter 1996] Porter, M. E.: »What Is Strategy?«. Harvard Business Review (November-December 1996): 61–78, 1996.

[Ries & Trout 1994] Ries, A.; Trout, J.: *The 22 Immutable Laws of Marketing*. Profile Books, 1994.

[Ries 2009a] Ries, E.: »Vanity Metrics vs. Actionable Metrics«. The Tim Ferriss Experiment, 19 May 2009. *http://fourhourworkweek.com/2009/05/19/vanity-metrics-vs-actionable-metrics*, Zugriff am 11.07.2023.

[Ries 2009b] Ries, E.: »Pivot, don't jump to a new vision«. Startup Lessons Learned, 22 June 2009. *http://www.startuplessonslearned.com/2009/06/pivot-dont-jump-to-new-vision.html*, Zugriff am 11.07.2023.

[Ries 2009c] Ries, E.: »Minimum Viable Product: a product guide«. Startup Lessons Learned, 3 August 2009. *http://www.startuplessonslearned.com/2009/08/minimum-viable-product-guide.html*, Zugriff am 11.07.2023.

[Ries 2011] Ries, E.: *The Lean Startup: How Constant Innovation Creates Radically Successful Businesses*. Portfolio Penguin, 2011.

[Rowe 2018] Rowe, B.: »The Rise of the Ethical Product Designer«. December 23, 2018. *http://www.uxmas.com/2018/the-rise-of-design-ethics*, Zugriff am 11.03.2023.

[Torres 2021] Torres, T.: *Continuous Discovery Habits: Discover Products that Create Customer Value and Business Value*. Product Talk LLC, Kindle Edition, 2021.

[Ulwick 2016] Ulwick, A. W.: *Jobs to be Done: Theory to Practice*. Idea Bite Press, Kindle Edition, 2016.

[Womack & Jones 2005] Womack J. P.; Jones, D. T.: *Lean Solutions. How Companies and Customers Can Create Value and Wealth Together.* Simon & Schuster, 2005.

[Wysocki 2013] Wysocki, R. K.: *Effective Project Management: Traditional, Agile, Extreme*. 7th ed., Wiley, 2013.

Index

A

Adaptive Planung 6
Agilität 6
Akteur 137
Aktives Zuhören 9
Angrenzende Innovation 30, 84, 101, 114
Angrenzendes Produkt 33, 84
Ansoff-Matrix 29
Authority Bias *siehe Autoritätsverzerrung*
Autoritätsverzerrung 100

B

Basismerkmal 73
Bedarf
    Konkretisierung des 65
    primärer 66
Bedarfsanalyse 62
Bedarfsklärung 66
Befugnisse 7
    Mangel an 8
Begeisterungsmerkmal 73
Beispielindikatoren 125
    Finanzen 126
    Kunde 126
    Menschen 127
    Produkt und Prozess 126
Benutzerbeobachtung 106
    direkte 61, 64, 106
Beobachtereffekt 106
Bestätigungsfehler 99, 112
Bewertung der technischen Machbarkeit 111
Big Design Up Front (BDUF) 13, 111
Big Hairy Audacious Goal (BHAG) 26
Blue Ocean Theory 70, 75
Brooks'sches Gesetz 176
Burndown 174–175
Business Case 83
Business Model Canvas 82–83

C

Calm Technology 85
Cashcow 45–46
Confirmation Bias *siehe Bestätigungsfehler*
Cost of Delay Divided by Duration (CD3) 155

D

Dark Patterns 11, 85
Daten
    Sammeln von 99
Datenanalyse 112
Datenerhebung 112
Death March 142
Definition of Done 86, 164
Denkweise
    kollaborative 53
    offene 106
    unternehmerische 45
Design Sprint 110
Design Thinking 14
Design- und Technologieentscheidungen
    ethische 85
Digitales Produkt 11, 18, 84
    Qualität 121
Disruptive Innovation 31, 84, 101, 114
Disruptives Produkt 31, 33, 84, 101

E

Early Adopter 37
Einführungsphase 48
Einstellung 33, 60
    warmherzige 84
Eintrittsbarriere 59

Eisernes Dreieck 163
primärer Erfolgsfaktor 164
sekundärer Erfolgsfaktor 165
sich ändernde Erfolgsfaktoren 166
Eliminate-Reduce-Raise-Create (ERRC)-Raster 74–75
Empathiekarte 62
Empirisches Management 6
Entflechtung des Produkts 86
Entscheidungsregel 170
Entwicklungsphase 48
Entwicklungsteam 2
Einbeziehen in die Ermittlung des Hauptrisikos 105
Einbeziehen in die Roadmap-Arbeit 169, 178
Einbeziehen in die Strategieentwicklung 13
Einbeziehen in die Validierungsarbeiten 98
Fachwissen nutzen 8
Probleme angehen 179
Teilnahme an gemeinsamen Workshops 26, 80, 128, 131
Zusammenarbeit mit 49
Epic 23, 135, 139–140, 142
Erfolgsfaktoren für ein Produkt 9
Erfolgsziel 27
Ethik 9–10
Ethisches Produkt 9, 84

F

Feature 135
Feature *siehe Leistungsmerkmal*
Fehlerkultur 100
Frankenstein-Produkt 7
Frühindikator 123
Full-Stack Ownership 15

G

Gemeinsamer Workshop 8, 26, 52, 80, 128, 169, 178
Geschäftsmodell 81
Abonnement~ 81
faires 85
Freemium 81, 110
für digitale Produkte 81
Lockvogelmethode 81
Verkauf von Werbeplätzen 81
Geschäftsstrategie 27–28
als Leitfaden für strategische Produktentscheidungen 27
Geschäftsziel 7, 23, 80, 120
Gesprächstechniken 108–109
Gesundheitsindikator 120
GE/McKinsey-Matrix 57–58
Glaubenssätze, persönliche 100
GO Portfolio Roadmap 168
GO Product Roadmap 4, 147

H

Hackathon
unternehmensinterner 101
Hauptnutzen 78
Hauptproblem 78
HiPPO 99, 170

I

Inkubator 32, 100–101
Innovation
angrenzende 30, 84, 101, 114
disruptive 31, 84, 101, 114
im Kerngeschäft 30, 84, 114
Innovation Ambition Matrix 29
Innovationsprozess 12
mit zeitlich begrenzter Strategieentwicklung 12
Innovationstypen 28, 33–34, 84
Innovator 37
Integration von verschiedenen Plänen und Planungsebenen 4
Interview
problemzentriertes 107–108

K

Kanban-Board 98, 115
Kano-Analyse 74
Kano-Modell 73
Kennzahlen 120, 125
Kernprodukt 30, 33, 84
Key Performance Indicators (KPIs) 15
Kombinierte Strategie- und Roadmap-Überprüfung 130
Komponente 18
Konsumkettenkarte 62, 64
Kontinuierliche Strategieentwicklung 14
Kontinuierlicher Arbeitsablauf 15
Kumulatives Flussdiagramm 174
Kundenbefragung 106
Kundenbeziehung 59
Kundenbindung 120
Kundenzufriedenheit 120, 122
Kundenzufriedenheitswert 122

L

Lean-Canvas 77
Leistungsindikator 80, 119, 127
qualitativer 122
quantitativer 122
Leistungskennzahlen *siehe Key Performance Indicators (KPIs)*
Leistungsmerkmal 3, 18, 73–74, 79, 135, 145, 147
Elimierung von 76
zentrales 22

M

Major Release 143, 147
Markt 22
Markteinführung eines Produkts 37
Marktforschung 97
Marktsegment 78
Marktsegmentierung 55
Auswahl des richtigen Segments 57
nach Kundenmerkmalen 56
nutzungsbasierte 56–57
Metriken 3, 148
Minimal funktionsfähige Softwareplattform 91
Minimum Viable Product (MVP) 37–38
Modell für Produktstrategie und Produkt-Roadmap 1–2
Bestandteile 2

N

Nachhaltige Geschwindigkeit 126–127, 142, 146, 163
Nachhaltiger Produkterfolg 9
Negatives Feedback 100
now-next-later-Zeiträume 158
Nutzerbedürfnis 7, 22, 60, 65, 67, 79, 107, 120
entdecken 61
Nutzererfahrung 12

O

Objectives and Key Results (OKRs) 6, 136, 151
Organisatorischer Rahmen 100–101

P

Persona 67
Erstellung 69
primäre 69
Persona-Vorlage 67–68
Planung, strategische 6
Portfolio-Roadmap 168
Problemzentriertes Interview 107–108
Product Backlog 3, 134–136, 139
Ableiten von der Produkt-Roadmap 166
bestehendes, Umgang mit 167
Product Discovery 12
Product Vision Board 4, 77
erweitertes 82
testbares 80
Product-Market Fit 35, 124
Produkt 18, 27
Abhängigkeit zu anderen Produkten 155
Alleinstellungsmerkmal 79
angrenzendes 33, 84
Attraktivität 9
Auswirkungen auf die Umwelt 86
digitales 11, 18, 84
disruptives 31, 33, 84, 101
Entflechtung 86
Erfolgsfaktoren 9
ethisches 9, 84
Innovationsstrategie 28
Innovationstyp 28, 84
Kern~ 30, 33, 84
Machbarkeit 9
Markteinführung 37
»Nice-to-have«-Nutzen 59
Nordstern 2
Rentabilität 9
Wertversprechen 75, 85, 102–103, 105
Produktattrappe 109
Produktentwicklung 12
Produkterfolg
nachhaltiger 9
Produktfamilie *siehe Produktgruppe*
Produktgruppe 87–88
Erstellung 92

Produktidee 79
Produktinkrement 5
Produktlebenszyklus 48, 55
  Verlängerung 44
Produktlebenszyklusmodell 34–35, 41
Produktlinie 87–88
Produktportfolio 89
Produktqualität 121, 123, 146
Produkt-Roadmap 120, 134, 138–139
  Einfügen von Leistungsmerkmalen 156
  Entwicklung 145
  externe, öffentliche 140
  flexibles Budget 162
  Grundlagen 133
  interne 140
  Kosten 161
  leistungsbasierte 136
  nutzenorientierte 135
  Termine festlegen 158
  themenbezogene 135
  Überprüfung 173, 175
    Häufigkeit 177
  Überprüfungsfaktoren 175
  umsetzbare 3
  Verfolgen des Entwicklungsfortschritts 173
  Vorteile des Einsatzes 133
  wirkungsorientierte 135
  zielgerichtete 135–136
  zur Erfassung strategischer Entscheidungen 134
Produkt-Roadmapping
  gemeinsames 137
Produkt-Roadmap-Tool 137
Produktstrategie 3, 21–23, 48, 81, 129, 138
  Aktualisierung 127
  effektive 21
  Entwicklung 55
  für digitale Produkte 18
  für entflochtene Produkte 89
  für Produktvarianten 89
  initiale 95
  übergreifende 138
  Überprüfung 119, 127
    gemeinsame vierteljährliche 128
    kontinuierliche 128
  validierte 3, 138
  Validierung 95–96
  wirksame 22
Produktstrategie- und Roadmap-Workshop 130
Produktstrategieprozess 11
Produktstrategie-Workshop 26, 50, 52–54, 98
Produktstrategiezyklus 5
Produktteam 156
Produktvariante 86–87
Produktvision 2, 24, 28, 77, 98
  ehrgeizige 26
  Eigenschaften 25
  ethische 25
  gemeinsame 133
  geteilte 25
  inspierende 25
  prägnante 25
  stabile 26
Produktziel 3, 7, 120, 138, 143, 145, 147, 150
  abgeleitet aus den Bedürfnissen und Geschäftszielen 148
  abgeleitet aus der Produktstrategie 149
  messbares 151
  Priorisieren 153
  semantische Abhängigkeiten 153
  zusammengesetztes 149

R

Reifephase 43, 48
Release Burndown Chart 143, 174
Releaseplan 143
Releaserhythmus
  gleichmäßiger 160
Review-Meeting
  wöchentliches 116
Risiko 95–96, 98, 101, 103
  Bestimmen 103
  funktions- und technologiebezogenes 104
  im Geschäftsziel enthalten 104
  im Zusammenhang mit der Zielgruppe und den Bedürfnissen 103
  in Bezug auf Termine und Entwicklungskosten 104
  markt- und bedarfsbezogenes 103
  technisches 111
  verstecktes 103
Risikoauswahl
  Prozess 105
Rückgangsphase 46, 48

S

SAFe® 43
Scheitern 100
Scrum 6, 12, 43, 74, 86, 101, 117, 143, 164, 174
Scrum Master 98, 116–117, 120, 170
Scrum Product Owner(in) 43
Scrum-Master-Aufgaben 17
Softwareplattform 89
  minimal funktionsfähige 91
Spätindikator 123
Spike 111
Sponsor aus dem Management 2
Sprint 142–143, 174, 177–178
Sprint-Ende-Review 177
Sprint-Retrospektive 120, 179
Sprint-Review-Meeting 177–178
Stakeholder-Analyse 49
Stakeholder-Engagement 49
Stakeholder-Gruppen 49
  Akteure 50
  Anwender 50
  Crowd 51
  Kontext-Geber 51
Stakeholder-Management 51
Stakeholder-Map 49–50
Stakeholder(in)
  Einbeziehen in die Roadmap-Arbeit 169, 178
  Einbeziehen in die Strategieentwicklung 13
  Einbeziehen in die Validierungsarbeiten 98
  Einbeziehung in die Ermittlung des Hauptrisikos 105
  Fachwissen nutzen 8
  Teilnahme an gemeinsamen Workshops 26, 80, 128, 131
  Zusammenarbeit mit 49
Standup-Meeting 116
Start-up-Unternehmen 28
Strategie-Canvas 70–72
Strategieentwicklung
  kontinuierliche 14
  zeitlich begrenzte 12, 14
Strategische Entscheidungen 7
Strategische Planung 6

T

Technische Schulden 121, 163
Termine 3
Theme 23
Timebox 13, 114
Trends 123, 127

U

Ungewissheit 95
Unsicherheit 97, 101, 114
Unternehmensvision 28
User Experience *siehe Nutzererfahrung*
User Journey Map 64
User Story 135, 139–140, 142

V

Validierung der Produktstrategie 95
  iterative 96
  risikoorientierte 96
  Timebox 114
Validierungsaufwand 114
Validierungstechniken 106
Value-Proposition-Canvas 77
Verzögerungskosten 154
Verzögerungskosten-Matrix 154

W

Wachstumsphase 42, 48
Wegwerfprototyp 106, 109
Weiterempfehlungsrate 120
Wertversprechen 66, 78, 86, 103, 105
Window of Opportunity 159
Wirtschaftsgut *siehe Produkt*
Work-in-Progress-Limit (WIP) 116

Z

Zeitlich begrenzte Strategieentwicklung 12, 14
Zeitrahmen 3
Zielmarkt 27
Zusammenarbeit 7

Ziffern

20 %-Regel 101

Roman Pichler

Leadership im Produkt- management

Wie Sie Stakeholder und Entwicklungsteams effektiv führen

2022
174 Seiten, Broschur
€ 24,90 (D)

ISBN:
Print 978-3-86490-850-7
PDF 978-3-96910-571-9
ePub 978-3-96910-572-6
mobi 978-3-96910-573-3

Auf *dpunkt.de* auch als Bundle (Print & E-Book) erhältlich.

»›Leadership im Produktmanagement‹ ist ein lesenswertes Buch, theoretisch fundiert und mit zahlreichen Beispielen aus der Praxis untermauert.«
(iX, 3/2022)

Produktverantwortliche und Product Owner benötigen nicht nur die richtigen Fachkenntnisse, um erfolgreiche Arbeit zu leisten. Entscheidend ist die Fähigkeit, Menschen wirksam zu führen. Dieses Buch hilft Ihnen, die entsprechenden Kompetenzen zu erweitern und zu vertiefen. Es bietet eine gezielte Auswahl an praktischen Methoden, um Stakeholder auf gemeinsame Ziele auszurichten, Entwicklungsteams auch unter herausfordernden Umständen anzuleiten und gemeinsam Wert zu schaffen sowie häufige Führungsfehler zu vermeiden und als Führungskraft zu wachsen.

In einem ansprechenden und leicht verständlichen Stil geschrieben, bietet »Leadership im Produktmanagement« eine Fülle von praktischen Tipps und Strategien. Hilfreiche Beispiele veranschaulichen, wie Sie die Techniken direkt auf Ihre Arbeit anwenden können.

Rezensieren
Sie dieses Buch

Senden
Sie uns Ihre Rezension
unter **www.dpunkt.de/rez**

Erhalten
Sie Ihr Wunschbuch aus
unserem Verlagsangebot